本书是教育部人文社会科学研究青年基金项目
"新中国成立以来西南铁路助力区域扶贫的历史进程和基本经验研究"（20YJC770001）的研究成果

曹文翰

著

新中国成立以来

党的铁路政策

The CPC's

Railway Policy

Since the Founding of PRC

社会科学文献出版社
SOCIAL SCIENCES ACADEMIC PRESS (CHINA)

目 录
Contents

第一章　绪论

第一节　新中国成立以来党的铁路政策研究背景和意义

习近平同志指出："历史唯物主义作为马克思主义哲学的重要组成部分，是关于人类社会发展一般规律的科学。"[①] 因此，用马克思主义的立场、观点、方法来解析新中国成立以来在党的领导下铁路取得的辉煌成就具有非常重要的意义。

1840 年以来，中华民族饱经沧桑和磨难，西方列强以坚船利炮打开了中国国门。百余年来，无数仁人志士前赴后继地探索国家独立和民族复兴的道路。1921 年，中国共产党的诞生标志着中国人民找到了救亡之道和发展之途。中国近现代史雄辩地证明了只有社会主义才能救中国，只有改革开放才能发展中国。

以近代史视角来看，腐朽无能的清政府屡战屡败，签订了许多丧权辱国的条约。终于，开明人士在不断挫败中认识到向西方学习，择其善者而从之，是中国发展道路上的必选项。因此朝野上下先后出现了"实业强国""实业富国""实业救国"等观点。而中国铁路的发展自洋务运动始，逐渐演变成了"师夷长技"的代表性缩影之一。

以党史视角来看，中国铁路是党领导下的社会主义建设和改革成就的

_____

① 习近平：《坚持历史唯物主义不断开辟当代中国马克思主义发展新境界》，《求是》2020年第 2 期。

1

重要历史缩影。特别是改革开放以来的铁路建设与发展，从根本上改变了我国因交通技术落后形成的贫弱局面，是中国共产党领导各族人民实现伟大复兴的光辉典范，是新中国伟大历史成就的重要组成部分，集中体现了中国共产党领导下的社会主义的优越性。

综上所述，新中国成立以来中国共产党的铁路政策研究，从党史角度来看，它证明了中国共产党是中国社会主义革命和建设的领导核心；从新中国史角度来看，它展现了社会主义现代化接续奋斗的光辉历程和辉煌成就；从改革开放史角度来看，它呈现了中国特色社会主义的伟大创新；从社会主义发展史角度来看，它彰显了科学真理的巨大生命活力。

一　新中国成立以来党的铁路政策研究的背景

中国铁路的发展道路是中华民族追求民族复兴的缩影，先后经历了从无到有，从弱到强，从线到网，从跟跑到领跑的历史性变化。纵观新中国成立以来铁路发展全过程，大致可划分为三个历史阶段：一是新中国成立至改革开放前（1949—1975 年），形成了高度集中的铁路管理体系，并以计划为主发展铁路；二是铁路逐步改革的历史时期（1975—1992 年），从1975 年邓小平主持铁路整顿开始，中国铁路实际拉开了改革序幕，至1992 年处在市场与计划交织进行的时期；三是中国铁路高速发展时期（1992—2018 年），铁路网规模快速增加，高速铁路领跑全球，到 2018 年成立中国国家铁路集团，"高大半"① 的铁路系统终于完成了市场化改革的最后一公里。

本书试图解决以下问题：一是新中国成立以来中国共产党制定的各项铁路政策与马克思主义理论的联系与发展；二是新中国成立以来党领导下的铁路政策的发展与变迁；三是勾勒党领导下的中国铁路发展所彰显的社会主义制度优越性的历史图景。

二　新中国成立以来党的铁路政策研究的意义

（一）研究的理论价值

首先，有助于进一步研究马克思主义经典作家关于铁路发展的相关理

---

① "高大半"，指的是高度集中、大联动机制、半军事化管理。

论。新中国成立以来，在中国共产党的领导下铁路政策几经变化。在改革开放之前，铁路政策的主要特点是"集中统一"和"以计划为主"，这些政策的出台都没有离开马克思主义经典作家的理论范畴，具体来说，它们是与中国具体实际相结合的产物。新中国成立以来，铁路一直在国民经济发展中承担着"先行官"的角色。国民经济恢复时期，要保证工农业生产的正常化，必须快速恢复已有铁路线。社会主义建设时期，必须通过铁路搭建起完整的工业体系。改革开放以来，铁路更是承担着调节国民经济冷热的"温度计"功能。经济下行时，需要加大基本建设投资以拉动经济发展；经济过热时，需要缩减基本建设规模。这些措施的主要载体都是铁路。这与马克思对铁路的功能定位密不可分："除了采掘工业、农业和加工工业以外，还存在着第四个物质生产领域，这个领域在自己的发展中，也经历了几个不同的生产阶段：手工业生产阶段、工场手工业生产阶段、机器生产阶段。这就是运输业，不论它是客运还是货运。"[①] 马克思进一步指出，使商品发生空间的、位置变化的劳动，实现在了商品的交换价值中，"表现为商品的交换价值提高了，商品变贵了"。因此"在这个领域里，劳动也体现在商品中，虽然它在商品的使用价值上并不留下任何可见的痕迹"。[②]

　　其次，有助于进一步理解中国化马克思主义同马克思主义基本原理的关系。宏观来看，中国共产党的铁路政策的实质是马克思主义基本原理同各个历史时期中国实际相结合的产物。新中国成立初期，为什么会将铁道部归口中央军委管理？而后，又为什么划归为国务院的组成部门？再之后，为什么撤销了铁道部，组建中国铁路总公司，又进一步改革为中国国家铁路集团？从1949年到"一五"时期，"我国面临着实现全国财政经济统一、对资本主义工商业进行社会主义改造和开展有计划的大规模经济建设的繁重任务，逐步建立起全国集中统一的经济体制"。[③] 因此，中共中央认为，在新中国成立之初，铁路部门的第一任务是保证军事和工业的物资运输，只有按照军事化管理才能实现此任务。此后，铁路部门的定位逐渐改变，这与马克思关于运输组织在经济部门中的作用相关。马克思认为：

---

① 《马克思恩格斯文集》第8卷，人民出版社，2009，第419页。
② 《马克思恩格斯文集》第8卷，人民出版社，2009，第419、420页。
③ 《十二大以来重要文献选编》中，人民出版社，1986，第562页。

"一方面，运输业是真正的生产部门，而在这个部门中使用的资本是生产资本的各大类之一。但是另一方面，运输业同其他工业部门不同的地方，在于它是（一定的）生产过程在流通过程范围内和为了流通过程的继续。从这一点来看，它在流通费用中起一定的作用。"①

最后，有助于进一步理解中国特色社会主义理论的发展逻辑。中国共产党铁路政策的发展变化同中国特色社会主义理论是一脉相承的。换言之，不同时期的铁路政策实际是当时党的最新理论成果的具象化表现。铁路部门之所以会在 1986 年提出"大包干"的模式，是因为当时中共中央对市场经济的认识有了重大突破。1984 年党的十二届三中全会审议通过了《中共中央关于经济体制改革的决定》，拉开了铁路系统体制改革的序幕。进入新时代以来，国家铁路部门进行了两次深化改革，其理论根源主要在于以习近平同志为核心的党中央提出的高质量发展理念在不断深化和推进。党中央提出了"充分发挥市场在资源配置中的决定性作用，更好发挥政府作用，激发各类市场主体活力""推动高质量发展，推动新型工业化、信息化、城镇化、农业现代化同步发展，加快建设现代化经济体系，努力实现更高质量、更有效率、更加公平、更可持续的发展"② 等一系列重大创新理论。

（二）研究的应用价值

首先，以历史的视角呈现中国共产党领导下的铁路发展，有利于对坚定"四个自信"的深刻意蕴进行典型诠释。中国铁路创新发展是国家重大自主创新成果，是从技术落后到领先发展的典型示范。中国铁路的创新发展历程，用不可争辩的事实再一次证明了中国特色社会主义制度优越性，是党中央推动国家治理体系和治理能力现代化的重要体现。尤其是对具有重大示范作用的铁路创新发展进行研究，有助于引导全党全国各族人民更加自觉地增强"道路自信、理论自信、制度自信、文化自信"，也将有助于进一步加强宣传教育，更好地激发全民创新意识和爱国意识。

---

① 《马克思恩格斯全集》第 38 卷，人民出版社，2019，第 241 页。
② 习近平：《在庆祝改革开放 40 周年大会上的讲话》，人民出版社，2018，第 29、31~32 页。

其次，纵深研究中国共产党领导下的中国铁路从跟跑、并跑到领跑的创新发展历程，系统总结中国在技术相对落后的处境下如何"发挥制度优势、激发创新活力、实现技术超越"的中国模式、中国经验和中国智慧，为"交通强国战略"和"创新驱动发展战略"提供重要借鉴。2023 年，我国高铁运营里程已有 4.2 万公里，居世界第一，①毫无疑问已经取得了领先地位。本书研究的重点之一，是通过系统梳理在不同历史时期、不同经济背景下，中国共产党是通过哪些政策来应对各种复杂局面，稳扎稳打地实现了铁路领域的"弯道超车"。

最后，本研究有助于为铁路部门的进一步市场化改革提供历史借鉴。在复杂多变的国际环境和市场背景下，铁路部门继续深化改革是历史的必然选择。本书通过梳理新中国成立以来铁路部门的改革发展历程，归纳总结其中的理论创新和政策实践，为其深化改革提供历史借鉴。

第二节 研究现状

（一）专著类

真正意义上的中国铁路史研究出现于 1906 年，其标志性成果为王盛春《中国铁路要纲》、刘馥和易振乾《中国铁道要鉴》、曾鲲化《中国铁路现势通论》三部具有影响力的著作，均早于英国人肯特的《中国铁路发展史》。自此之后，学人对中国铁路史的研究热情历久而不衰。据本书的统计，中国铁路史目前相关的专著近千部，相关论文则超过 10 万篇。从研究时段来看，从 19 世纪上半叶至 21 世纪初，均有所涉及。从研究领域看，举凡筑路、机构、线路沿革、技术更新，乃至铁路教育、铁路卫生、社会影响、经济影响等兼收并蓄。从著述体例来看，通史、断代史、专门史、编年体通史、史评史论、人物传记、史料汇编等应有尽有。从参与人员来看，中国大陆、港台、日本、欧美等地的人都有参与。从学科门类来看，不仅有史学、文学、哲学、法学、经济、管理等人文学科参与，还有土

---

① 《政府工作报告》，中国政府网，http：//www.gov.cn/xinwen/2023 - 03/14/content_5746704.htm。

木、矿冶、运输、地理、卫生、环境等自然学科加入。由此可见，中国铁路史的既有研究基本能够勾勒出 100 多年来中国铁路发展的粗略线索，基本能够涵摄中国铁路决策、投资、技术、营运、体制及其社会影响的各个方面，为进一步的探索打下了较好的基础。

（1）中国铁路通史类著作，有 10 多部。其记述年限从数十年到上百年不等。如曾鲲化《中国铁路史》（燕京印书局，1924）、肯特（P. H. Kent）《中国铁路发展史》（三联书店，1958）、北京铁道学院经济系研究组编《中国铁路史》（1959 年油刻未刊本）、凌鸿勋《中华铁路史》（台湾商务印书馆，1981）、高韬编《中国铁路史画（1876—1995 年）》（中国铁道出版社，1996），以及距今时间最近的方举《中国铁路史论稿（1881—2000）》（北京交通大学出版社，2006）等。

（2）中国铁路断代史类著作，有数十部。其断代年限下至一年，上至百年不等。如铁路协会编辑部编《民国铁路一年史》（铁路协会会报临时增刊，中华民国二年），中华人民共和国铁道部编《铁路十年（1949—1958）》（铁道部，1959），金士宣、徐文述编著《中国铁路发展史（1876—1949）》（中国铁道出版社，1986），李占才主编《中国铁路史（1876—1949）》（汕头大学出版社，1994），徐增麟主编《新中国铁路 50 年（1949—1999）》（中国铁道出版社，1999）等。

（3）中国铁路专门史类著作，有近千部。以研究对象为标准，又可分为两个小类。

第一小类是着眼于特定问题意识的研究，表现为中国铁路与社会经济文化关系史。有数十种。如：〔法〕Raymond Lefèvre, *Les chemins de fer de pénétration dans la Chine méridionale*（V. Giard & E. Brière, 1902），〔日〕铁道省北京办公处编《支那鐵路の現狀及其の改革案》（铁道省北京办公处，1928），宓汝成《帝国主义与中国铁路（1847—1949）》（上海人民出版社，1980），李占才、张劲《超载——抗战与交通》（广西师范大学出版社，1996），马陵合《清末民初铁路外债观研究》（复旦大学出版社，2004），朱从兵《李鸿章与中国铁路——中国近代铁路建设事业的艰难起步》（群言出版社，2006），〔日〕千葉正史《近代交通体系と清帝国の変貌：電信・鉄道ネットワークの形成と中国国家統合の変容》（东京：日本经济评论社，2006），鲜于浩、张雪永《保路风潮——辛亥革命在四川》（四川人民出版社，2011），朱从兵《铁路与社会经济——广西铁路研究（1885—1965）》（广西师范大学出版社，1999），丁贤勇《新式交通与社会变迁——以民国浙江为中心》（中国社会科学出版社，2007）等。此类著作的研究者主要是专业的历史学家，研究的时段基本在新中国成立之前。

第二小类是着眼于中国铁路特定领域的研究，包括铁路技术史、铁路营运史、铁路管理体制与机制史、铁路人物史、铁路教育史、中外铁路史比较、地方铁路史研究、铁路各局院厂所校史研究、铁路艺术史等。此类著作有数百种之多。这是中国铁路相关研究中著作数量最多的部分。如中华全国铁路总工会编《中国铁路工人运动史大事记》（内部发行，1988）、《中国铁路信号史》编辑委员会编《中国铁路信号史》（中国铁道出版社，1989）、《中国铁路机车车辆工业五十年》编纂委员会编《中国铁路机车车辆工业50年（1949—1999）》（中国铁道出版社，1999）、蔡庆华《中国铁路技术创新工程》（中国铁道出版社，2000）、《中国铁路隧道史》编纂委员会编《中国铁路隧道史》（中国铁道出版社，2004）、苏全有《清末邮传部研究》（中华书局，2005）、中国铁道学会教育委员会编《中国铁路教育史（1949—2000年）》（西南交通大学出版社，2007）、张治中《中国铁路机车史》（山东教育出版社，2007）、《中国铁路桥梁史》编委会编《中国铁路桥梁史》（中国铁道出版社，2009）、《中国铁路文工团60年》编委会编《中国铁路文工团60年》（中国铁道出版社，2010）、黄华平《国民政府铁道部研究》（合肥工业大学出版社，2011）、丁圻墭主编《中国铁路安全志（1876—2011）》（上海交通大学出版社，2012）等。此类著作的研究者主体为铁道部相关机构或铁路从业人员，也有少量历史学者涉猎，但后者研究的时段基本集中在新中国成立之前。

此外，还有大量综合性历史著述涉及中国铁路的内容。如赵尔巽主编《清史稿》、交通铁道部交通史编纂委员会编《交通史路政编》（1935）、中国社会科学院近代史研究所中华民国史研究室编《中华民国史》（中华书局，2011）、中国社会科学院近代史研究所编《中国近代通史》（江苏人民出版社，2007）、白寿彝《中国交通史》（团结出版社，2007）、解学诗主编《满洲交通史稿》（社会科学文献出版社，2012）等。此类著作兼具极高的学术价值与史料价值，历来受到铁路史研究者的重视。

其中对于本书撰写具有较高参考价值的代表作是傅志寰、孙永福主编的《交通强国战略研究》（人民交通出版社，2019）。该书是中国工程院会同交通运输部开展的重大咨询项目"交通强国战略研究"成果，分为三卷。书内《交通强国战略研究总报告》分析了我国交通发展形势与使命，阐述了交通强国的内涵、总体目标与阶段目标、评价指标、战略重点、关键突破点、实现交通治理体系现代化的思路及政策建议，着重强调了走中国特色交通强国之路；《交通强国战略目标与评价指标体系研究》在深入分析中国特色、充分借鉴国内外经验的基础上，提出了交通强国评价指标体系的定义、内涵和计算方法；《运输需求发展态势分析预测研究》分析了未来经济社会发展形势及其对客货运输需求的影响，以及未来交通需求特点和趋势，揭示了其对运输供给的启示和要求；《交通基础设施综合优化研究》分析了交通基础设施的现状、问题与发展趋势，提出了未来发展目标、路线图和发展重点；《运输服务水平提升战略研究》提出了运输服务的发展目标、思路、战略，以及落实运输服务战略的具体措施。

下面重点介绍在铁路史研究方面具有代表性的几种学术专著。

王盛春《中国铁路要纲》。该书与刘馥、易振乾《中国铁道要鉴》和曾鲲化《中国铁路现势通论》共同奠定了中国铁路通史的基础。该书对铁路与经济、社会、军事等之间的关系进行了深入探讨，分析了各种铁路管理和营运方式的利弊得失，介绍了各种与铁路相关的知识，令人受益颇深。不仅如此，该书也探讨了以铁路为载体的契约、法治、主权等现代民族国家的重要理念。无论是从铁路史还是现代史学的角度，该书都具有较高的价值。

方举《中国铁路史论稿（1881—2000）》。该书是目前可见时间跨度最大（1881—2000年），同时也是最新的中国铁路通史著述。作者兼具铁路人、铁路教育者、铁路史研究者三重身份。该书共分为12个专题，探讨了中国铁路起源、共和国铁路政策变迁等问题，既有发展史，也有专门史，以专通结合、以专透通的方式，基本勾勒出了一部较为完整的中国铁路史。但囿于体例，全书整体脉络感不强，对中国铁路发展的一般性规律阐述不够。

中华人民共和国铁道部编《铁路十年（1949—1958）》。该书为新中国成立后的首部中国铁路断代史。该书引用第一手文献资料，采用了大量图表、档案、数据，进行了较多的定量分析，涉及各种客货运转、新旧线建设营运情况、资金、技术创新等专业指标，兼及铁路文化、职工生活等方面。该书详尽记述了1949年之后中国铁路的各方面成就，展现了铁路人研究铁路史的优势。其不足之处是就铁路而言铁路，缺乏更为宏观的历史视野，未能反映铁路与社会之间的辩证关系。

徐增麟主编《新中国铁路50年（1949—1999）》。该书是新中国铁路断代史代表性著作。全书共分"人民铁路的创建""进入有计划发展的轨道""从曲折到稳步发展""在'十年内乱'中""由整顿步入改革""'以路建路'的尝试""驶进改革发展的快车道"等七章，全面记述了新中国铁路发展的历史进程和光辉成就。书后附有新中国铁路主要统计资料等表格，史料价值很高。

（二）期刊论文类

以"铁路＋政策"作为主题词搜索，中国知网（CNKI）中历年共收录CSSCI来源期刊论文22篇。具体来说，这些论文集中研究某一历史时期的铁路政策，如王昉、张铎《民国时期铁路规制思想的发展与演变——基于1912—1937年中华全国铁路协会刊物的考察》，佟银霞《1920年代东北地方政府的铁路政策及其成效》，李学峰《载沣与清朝末年的铁路政策》，陈晓东《清政府铁路"干路国有政策"再评价》等。王昉、张铎认为，1912—1927年，学者们在西方铁路建设经验的影响下，基于规制公共利益论和部门利益论，围绕政府是否应该进行直接规制，分为"国营论"和"民营论"两种意见，但这两种观点均无法解决铁路公益性与发展速度之间的内在矛盾。1927—1937年形成了"经济性规制"和"社会性规制"并行的思想，通过"国有为主、民有为辅"的铁路政策，试图解决铁路发展的现实性约束并实现公益性。① 佟银霞认为，在20世纪20年代，为应对日俄系列化的铁路经济侵略和强化对东北边疆地区的管控，同时，也是基于军事运输，保证东北地方政府拥有独立的近代化交通系统，进而带动东北边疆的整体开发，以张作霖、张学良父子为主导的东北地方政府变被动为主动，努力实施铁路新交通政策，并取得了举世瞩目的成就。其成

① 王昉、张铎：《民国时期铁路规制思想的发展与演变——基于1912—1937年中华全国铁路协会刊物的考察》，《中国社会经济史研究》2020年第1期。

效：一是打破了日俄对东北铁路建设和运输的垄断，东北近代化铁路交通系统形成；二是巩固了奉系军阀的统治地位，加强了东三省之间的联系，形成政治、经济一体化的局面；三是加快了东北地区城市化进程。① 李学峰认为，载沣对湖南、湖北两省绅民根本无力自办铁路的实情不了解，错误地支持了两省的拒债废约运动，对两省拒债废约运动起到了推波助澜的作用，给邮传部带来了巨大的压力。② 朱浒分析了甲午战争前清廷铁路政策的焦点，他认为自"甲申易枢"之后清政府的铁路政策有了根本性的转变，这种转变促成了中国铁路发展的第一个高潮。而且这个发展还是在完全自主的情况下进行的，相较于甲午战争后的情况有天壤之别。因此，我们更应该关注一下这个时期的自强运动。与其说甲午战争的失败刺激了中国铁路的发展，倒不如说甲午战争的爆发打断了中国铁路发展的正常进程。③

上述文章虽然与本书研究内容并不直接相关，但是为本书的撰写提供了有益借鉴。一方面，它们分析不同历史时期的逻辑方法有助于本书的研究；另一方面，它们提供了翔实可靠的历史资料，对于本书研究中国共产党铁路政策的理论来源及其历史演进提供了史料基础。

（三）史料汇编类

目前关于中国铁路建设历程的史料汇编数量有数十部，可分为三种。第一种是中国铁路史专题性史料汇编；第二种是涉及中国铁路史的综合性史料汇编；第三种是铁路相关机构编撰的具有史料价值的档案、文件、年鉴等。如：宓汝成编《中国近代铁路史资料（1863—1911）》（全 3 册）（中华书局，1963）、宓汝成编《中华民国铁路史资料（1912—1949）》（全 1 册）（社会科学文献出版社，2002），铁道部统计中心《全国铁路历史统计资料汇编1949—2006》（内部资料，2008），全国图书馆文献微缩复制中心编《清末民初铁路档案汇编》（全国图书馆文献微缩复制中心，2009），曹宁主编《民国时期铁路史料汇编》（全20册）（国家图书馆出版

---

① 佟银霞：《1920 年代东北地方政府的铁路政策及其成效》，《东北师大学报（哲学社会科学版）》2017 年第 6 期。

② 李学峰：《载沣与清朝末年的铁路政策》，《史学月刊》2014 年第 8 期。

③ 朱浒：《甲午战争以前清政府的铁路政策》，《清史研究》1999 年第 2 期。

社，2013），江沛主编《中国近代铁路史资料选辑》（全104册）（凤凰出版社，2015），唐士清编《中国国家京汉铁路总规章》（缩微品）（全国图书馆文献缩微复制中心，2011），殷梦霞、李强选编《民国铁路沿线经济调查报告汇编》（国家图书馆出版社，2009），中国铁路工程总公司年鉴编委会编《中国铁路工程总公司年鉴》（1998—2009）（中国铁道出版社，1998—2009），张研、孙燕京主编《民国史料丛刊》（史地、地理、经济等卷）（大象出版社，2009），解学诗、苏崇民等主编《满铁档案资料汇编》（社会科学文献出版社，2011）等。

第三节 研究评价

总体来看，现有铁路史研究具有参与者多、成果数量多的特点，但是严谨的学术专著较少，这就导致了从史学研究角度衡量，优秀成果相对数量较少，名家名著凤毛麟角，特别是缺乏具备系统性、全面性、完整性的中国铁路发展历程著作。

就中国铁路通史类著作而言，基本能够完整地展现中国铁路的发展脉络，有较高的学术成就。其不足之处有两点。第一，时间上的通透性不足。特别是尚未有一部时间上通达当前，特别是系统研究中国高铁发展历程的著述。第二，研究内容系统性不够。大部分铁路通史都以线路研究为主体，对铁路网、铁路各子系统、铁路各职能部门、铁路与外部影响等各要素之间的整体性把握不足，有碎片化倾向。

就中国铁路断代史类著作而言，它们分时段对铁路发展历程进行研究，学术价值不菲。但其不足有二。第一，断代方式有比较鲜明的政治史化特征。现有的中国铁路断代史的主要历史节点选择与政治发展史高度契合，比如通常都以1912年、1949年、1978年等来划分阶段。这种断代方式并没有考虑到中国铁路自身的发展特点和规律。例如，现有的研究民国铁路的著作通常以1912年作为开始年限，或者说以1912年作为民国铁路与晚清铁路的划分界限，但是事实上民国交通部几乎是全部继承了清朝邮传部的管理机制，创新管理机制微乎其微，因此将1912年作为民国铁路研究开端并无实际意义。还有，军委铁道部组建于1949年1月，且对国民政府铁路的接收、修复、改造等工作经历了一个过程。因此新中国铁路发展的源头应该追溯至此。又如,历史研究在通常情况下将1978年作为改革开放的开端(事实也是如此)。但是如果考虑到铁路发展的特点,应该将1975年邓小平主持铁路整顿作为铁路改革的"先声"。再如,1992年对中国铁路来说也是一个极为重要的年份,在南方谈话的影响下,中国铁路进入了前所未有的大投资时期。因此,现有研究所展示的不是铁路自身的阶段性特征,而是特定时期历史背景对铁路发展的影响史,从而导致了铁路系统自身的虚化。第二,研究时段"厚古薄今"。学者对近代铁路研究的热情,远远超过了对新中国铁路的研究。但中国铁路发展的重心恰恰是在"今",而不在"古"。

就专门史类著述而言,这些著述积累了足够宽泛的视野、足够丰富的方法、足够深刻的观点,为下一步深入研究打下了坚实的基础。其特点有二:第一,从研究的时段来看,近代铁路史研究基本由历史学者承担,新中国铁路史研究则主要由铁路从业者承担。第二,从研究领域来看,历史学者大多关注铁路对社会的影响,铁路从业者则大多关注铁路内部的某一专业领域。由此产生的结果是,铁路史研究边界模糊,缺乏成熟的研究范式。

综上所述,在目前学界研究基础上可以拓展的空间有三:第一,研究方法上,可以将纯粹的铁路史研究与党史研究相结合,从中国铁路的发展探析中国共产党领导下的民族复兴历程。第二,研究内容上,中国铁路的路网规模和创新技术主要集中在1949年以后,尤其是改革开放以后。但历史学家的研究主要集中在近代铁路史领域。造成这种现状的重要原因是绝大多数新中国铁路相关档案仍未开放,由此导致了中国铁路史研究时间线索不够通透。第三,理论观点上,当前已有研究都是"就史论史",而没有把中国共产党领导下的铁路建设与马克思主义的理论观点相结合,未能充分研究中国共产党的铁路政策的理论来源。

第二章 中国共产党铁路政策的理论资源

1949 年新中国成立以来，中国共产党的铁路政策经过了多次调整，以不断适应生产力和国民经济的发展。总体来看，党的铁路政策有着较为丰厚的理论资源，一部分来源于马克思主义经典作家的论述以及苏联的社会主义实践；另一部分来源于近代以来中国先进分子关于铁路发展的构想。

第一个理论来源是马克思主义经典作家关于铁路的论述。这些论述又可以分为两个部分予以分析：第一部分是马克思、恩格斯在经典著作中关于铁路对社会经济发展的分析。这些是马克思、恩格斯以欧美资本主义国家发展历程为依据，具体分析铁路在英国、美国等国，以及在其海外殖民地经济发展过程中所发挥的作用。第二部分是苏维埃政权建立后，列宁在实行新经济政策及后来恢复和发展国民经济中对铁路的重要性的阐述，其中主要涉及铁路与社会主义的关系、社会主义国家铁路的性质和特征等。

第二个理论来源是在中国近代诞生并演化的铁路发展思想。1840 年以后，中国士大夫阶层出现了两种截然不同、相互排斥的观点。一种坚持"立国之道，尚礼义不尚权谋；根本之图在人心不在技艺"①，将一切外来的"夷务"视为"奇技淫巧"予以抵制。另外一种则相信应该"师夷长技"，这种思想经历了一个变化过程。最初是寄希望以"制夷"，后来则务实地发展为求"自强"。同时，对于"长技"的含义也在增加，按照魏源

---

① 《大清死结：变法亡政，不变法亡国》，网易网，https://m.163.com/dy/article_cambrian/ET792U1I0523889A.html。

最初的理解，"长技"有三：战舰、火器及练兵之法。后来，随着官僚阶层，尤其是以曾国藩、李鸿章为代表的洋务派接触外来事务增多后，演变到了铁路、教育领域。清朝末年朝野发生了三次关于铁路的大规模论争，学界研究较为充分，本书不再赘述，其结果是逐渐凝聚了朝野共识。但铁路对于当时的中国究竟有何用处，朝野上下的观点也发生了三次变化。以中日甲午战争为界，之前朝野希望以铁路求富，之后希望以铁路求强。与洋务运动先求强后求富恰好相反，这同铁路进入中国的时间有关，此处不做详细分析。《辛丑条约》签订后，以梁启超为代表的精英知识分子逐渐提出了"铁路救国"的论点。这些思想虽然在变化，但是可以看出，在19世纪末20世纪初，铁路关乎民族独立的观点已经深入人心。因此辛亥革命成功以后，孙中山先生非常重视铁路的建设与发展。他不仅在多个场合的公开演讲中呼吁尽快开始中国的自建铁路，而且在《建国大纲》《实业计划》中对铁路做了专门论述。

第一节　马克思主义经典作家关于铁路建设的重要论述

一　铁路对生产力和国民经济的影响

18世纪60年代，发源于英国的第一次工业革命从根本上改变了人类对科学技术的认识，开创了以机器代替手工劳动的新纪元。这不仅是一次技术改革，更是一场深刻的社会变革。铁路正是在这样一种背景下产生的。一方面，工业革命推动生产力的发展，催生了铁路；另一方面，铁路的应用又进一步加快了生产力的发展。在铁路发展与生产力的双向互动下，社会生产关系也在发生变革。

恩格斯指出："建立工业的最直接的结果就是交通的改善。在上一世纪，英国的道路和其他国家的道路一样糟，而且在著名的麦克亚当把筑路归结为几条科学原理从而给文明的进步以新的推动以前，一直是这样。从1818年到1829年，英格兰和威尔士修筑了总长1000英里的新公路，比较窄的乡村道路不算在内，而且几乎全部旧有的道路都按照麦克亚当原理重新修建。在苏格兰，公共工程局自1803年以来建造了1000多座桥梁；爱尔兰南方广阔的沼泽地，那里曾住着半开化、好抢劫的居民，现在已经是道路纵横交错的地方。这样一来，国内那些从前一直和整个世界隔绝的偏僻地区，现在全都有路可通了；尤其是威尔士那些讲凯尔特语的地区、苏格兰高地和爱尔兰南方，不得不因此而去了解外部世界，并接受强加于它们的文明。"①

铁路的推广进一步加快了生产力的发展。"资产阶级在它的不到一百年的阶级统治中所创造的生产力，比过去一切世代创造的全部生产力还要多，还要大。自然力的征服，机器的采用，化学在工业和农业中的应用，轮船的行驶，铁路的通行，电报的使用……"②

铁路与传统运输方式，尤其是与人力和畜力相比较，其最重要的特点就是运输速度快、运力大，且运费相对低廉。因此，铁路的重要影响之一是扩大了生产和商品流通范围，极大地扩大了人们的经济活动区域。马克思指出，自1830年从利物浦到曼彻斯特的铁路通车后，"所有大城市彼此之间都用铁路联系起来了。伦敦和南安普敦、布赖顿、多佛尔、科尔切斯特、剑桥、埃克塞特（经过布里斯托尔）、伯明翰之间有铁路相通；伯明翰和格洛斯特、利物浦、兰开斯特（一线经过牛顿和威根，一线经过曼彻斯特和博尔顿）、利兹（一线经过曼彻斯特、哈利法克斯，一线经过莱斯特、德比及设菲尔德）之间有铁路相通；利兹和赫尔、纽卡斯尔（经过约克）之间有铁路相通。此外还有许多正在建设和设计中的支线，不久以后从爱丁堡到伦敦只要一天的时间就够了"。③

这种经济活动空间上的扩大，不仅带来了地域空间上的变化，而且改变了商品的使用价值和交换价值。"它的位置改变了，从而它的使用价值也起了变化，因为这个使用价值的位置改变了。商品的交换价值增加了，增加的数量等于使商品的使用价值发生这种变化所需的劳动量。这个劳动量，一部分决定于不变资本的损耗，即加入商品的对象化劳动量，另一部分决定于活劳动量，这同其他一切商品的价值增殖过程的情况是一样的。"④ 商品在空间的上变化就是指商品的流通，马克思认为，以铁路为代

---

①　《马克思恩格斯文集》第1卷，人民出版社，2009，第104页。
②　《马克思恩格斯选集》第1卷，人民出版社，2012，第405页。
③　《马克思恩格斯文集》第1卷，人民出版社，2009，第401页。
④　《马克思恩格斯文集》第8卷，人民出版社，2009，第419页。

表的交通运输业加快了这种流通。马克思指出："商品在空间上的流通，即实际的移动，就是商品的运输。运输业一方面形成一个独立的生产部门，从而形成生产资本的一个特殊的投资领域。另一方面，它又具有如下的特征：它表现为生产过程在流通过程内的继续，并且为了流通过程而继续。"①

除此之外，随着铁路的推广，生产工人的生活和工作范围也不断扩大，渐渐拓展到原住地以外的地区。"从 1830 年、特别从 1840 年以来，在莱茵地区、萨克森、西里西亚、柏林以及南部一些城市出现的大工业萌芽，现在已迅速成长和扩大，农业地区家庭工业的分布越来越广，铁路建筑速度加快，依然急剧增长的向外移民造就了德国横渡大西洋的轮船航运业，这一行业已不再需要任何津贴。德国商人在所有海外商埠比以往任何时候都更稳固地站住了脚，在世界贸易中所占的份额越来越大，并且逐渐着手不仅销售英国的工业品，而且也销售德国的工业品。"②

交通工具的改良一方面缩短了商品流通的时间，另一方面构建了更加完善的商品贸易网络。铁路在加速自然经济瓦解的同时，也在重新构建新的工业与农业生产方式。铁路建设不同于过往，除了需要大量的人力物力，还需要大量的资金投入。因此，铁路建设成为一种新的投资领域，给原来的以自然经济为基础的国民经济体系带来了深刻变化。这种变化有积极的影响，也有消极的影响。在缺乏完善的管理体制的情况下，铁路建设很容易造成生产过剩，进而引发经济问题。

马克思就铁路对英国经济的影响作出了具体分析。从 1845 年开始的铁路建设热潮造成了规模巨大的生铁生产，由于生铁生产过多，销售量又在缩减，自然也就遇到了供需失衡的问题。早在 1845 年，为东印度和中国市场生产的棉纺织业商品就已经过剩，因而很快就出现了产销下降的情况。1846 年棉花歉收，造成了原料和成品价格的上涨及由此造成的消费量的减少，进一步加重了这个工业部门的收缩状态。马克思指出："由于 1845 年的物价上涨和马铃薯病害而造成谷物投机，1846 年棉花歉收后造成棉花投机，随着英国打开中国市场而来的投机造成对东印度和中国的贸易投机。"③

---

① 《马克思恩格斯选集》第 2 卷，人民出版社，2012，第 337 页。
② 《马克思恩格斯全集》第 28 卷，人民出版社，2018，第 451～452 页。
③ 《马克思恩格斯全集》第 10 卷，人民出版社，1998，第 576 页。

在资本主义原始积累阶段，以英国为代表的西方资本主义强国开始在海外快速拓展殖民地。基于原材料的需求，宗主国也将铁路带入了殖民地。马克思指出："大不列颠的各个统治阶级过去只是偶尔地、暂时地和例外地对印度的发展问题表示兴趣。贵族只是想征服它，金融寡头只是想掠夺它，工业巨头只是想通过廉价销售商品来压垮它。但是现在情势改变了。工业巨头们发现，使印度变成一个生产国对他们大有好处，而为了达到这个目的，首先就要供给印度水利设备和国内交通工具。现在他们正打算用铁路网覆盖整个印度。他们会这样做。其后果将是无法估量的。"① 所以英国资本家着手在印度布局一个铁路网。由于印度交通运输工具极其短缺，同时缺乏能够完成商品交换的适当物质基础，所以印度的生产力发展几乎陷于瘫痪状态。另外，印度的自然资源又极为丰富，但由于缺乏运输网络而使社会非常穷困落后，这种情况比世界任何一个地方都要严重。1848 年英国下院的委员会曾经证明："在坎德什，每夸特粮食售价是 6—8 先令，而在布纳却高达 64—70 先令，那里的居民饿死在街头，粮食却无法从坎德什运来，因为道路泥泞不堪，无法通行。"② 从这样的观点来看，铁路有多方面的重要性是显而易见的，"因为甚至在高止山脉附近地区，经过灌溉的土地也比面积相同而未经灌溉的土地多纳 2 倍的税，多用 9—11 倍的人，多得 11—14 倍的利润"③。

铁路诞生初期，除了在英国及其殖民地产生重要影响外，一些原本落后但徐图奋进的国家也在积极规划铁路建设，以期尽快提升本国经济水平。1892 年 9 月恩格斯在写给俄国经济学家尼古拉·弗兰策维奇·丹尼尔逊（俄译本《资本论》译者）的信中指出："1892 年的俄国不可能作为一个纯粹农业国存在，它的农业生产必然要为工业生产所补充。那末，我认为：当代的工业生产意味着大工业、蒸汽、电力、走锭精纺机、动力织机，还有制造机械设备的机器。从俄国开始敷设本国铁路的那一天起，这些现代生产资料的使用就已确定无疑了。你们必须能够维修你们自己的机车、车厢和铁路；而只有当你们能在国内自己制造你们要维修的一切东西

---

① 《马克思恩格斯选集》第 1 卷，人民出版社，2012，第 858 页。
② 《马克思恩格斯文集》第 9 卷，人民出版社，2009，第 687 页。
③ 《马克思恩格斯选集》第 1 卷，人民出版社，2012，第 859 页。

时，才能廉价地进行维修。"①

资本主义经济发展的过程，也是自然经济逐步解体且最后消亡的过程。铁路的出现加快了这一过程前进的步伐。"正因为工人阶级脱离了原先一切虚假的财产和虚假的特权，正因为在资本和劳动之间形成了公开的对抗，才使得统一的、人数众多的、具有共同利益的工人阶级的存在，以及工人运动和工人政党的存在成为可能。再说这种历史倒退是完全不可能的。蒸汽机、机械化的纺纱机和织布机、蒸汽犁和脱粒机、铁路和电报、现代的蒸汽印刷机都不容许出现这种荒唐的倒退；相反，它们正在逐渐地和无情地消灭封建关系和行会关系的一切残余，并且把以前遗留下来的一切小的社会矛盾溶解到具有世界历史意义的资本和劳动的对抗之中。"②究其原因，是随着铁路和工厂的建立，它们对资本投入有了新的需求，因此已有的银行不得不扩大其规模，同时又有新的银行建立。因此将农民从农奴地位中解放出来，使他们有了迁徙自由。随着铁路建设进一步扩大，这些农民中的很大部分自然而然也从被奴役状况中解放出来。

恩格斯以俄国为例，就这一过程做了详细的分析。恩格斯认为，俄国要发展大工业必须以铁路为基础，而大工业的产生又必须以农民的解放为先决条件。③但是"农民负担了赎金，加之捐税加重，同时分配给农民的土地更少、更差，自然使农民落入高利贷者手中，这些高利贷者大半都是发了财的农民公社社员"。随着这种经济关系被破坏，"穷人沦为富人的债务奴隶……在这里开始导致俄国公社解体"。④

恩格斯同时注意到了1894年中日甲午战争可能对中国带来的影响，尤其指出了铁路可能给中国带来的变化。1894年9月23日，恩格斯给卡尔·考茨基（德国社会民主党和第二国际的领导人之一）的信中提到了这个问题。恩格斯认为，中国在中日战争中落败，意味着古老中国走向了终点。同时也预示着中国可能出现经济上的变革，甚至是彻底革命。这种变化可能带来工业和铁路的发展，最终瓦解原有农村和工业的联系。因此有可能

① 《马克思恩格斯全集》第38卷，人民出版社，1972，第472页。
② 《马克思恩格斯全集》第21卷，人民出版社，2003，第105页。
③ 参见《马克思恩格斯文集》第4卷，人民出版社，2009，第460页。
④ 《马克思恩格斯全集》第29卷，人民出版社，2020，第520、521页。

出现中国劳动力大量流入欧洲的情况。①

二　铁路对商品市场的影响

如前文所述，铁路是因工业革命而生，其基本时代背景是生产力快速发展，生产效率达到了之前任何历史阶段都没有达到的高峰。同时，商品流通速度在加快，国民经济结构也在发生变化，自然经济加速解体。因此，客观上需要更为广阔的商品市场。马克思主义经典作家详尽分析了铁路对于拓展商品市场及其产生的影响。

马克思在 1879 年 4 月致尼古拉·弗兰策维奇·丹尼尔逊的信中充分表达了他的观点。马克思认为："铁路首先是作为'实业之冠'出现在那些现代工业最发达的国家，如英国、美国、比利时和法国等。我把它叫做'实业之冠'，不仅是因为它终于（同远洋轮船和电报一起）成了和现代生产资料相适应的交通联络工具，而且也因为它给巨大的股份公司提供了基础，同时形成了从股份银行开始的其他各种股份公司的一个新的起点。总之，它给资本的积聚以一种从未预料到的推动力，而且也加速了和大大扩大了借贷资本的世界性活动，从而使整个世界陷入金融欺诈和相互借贷——资本主义形式的'国际'博爱——的罗网之中。"②

马克思还从另一方面分析了铁路对资本主义市场及资本主义上层建筑的影响。马克思指出，世界上的主要资本主义国家都在着力构建铁路网，于是"促使甚至迫使那些资本主义还局限在社会的少数点面上的国家在最短期间建立起它们的资本主义的上层建筑，并把这种上层建筑扩大到同主要生产仍以传统方式进行的社会机体的躯干完全不相称的地步"③。

马克思认为，铁路的推广使这些国家的商品市场加速变化，"就像在比较先进的国家中加速了资本主义生产的最终发展，从而加速了资本主义生产的彻底变革一样"④。他进一步分析了铁路对资本主义商品生产和商品市场的影响："在一切国家中（英国除外），政府都让铁路公司依靠国库发财和发展。在美国，铁路公司除了赢利外，还无偿地得到大量国有土地，

---

① 参见《马克思恩格斯论中国》，人民出版社，2015，第 171 页。

② 《马克思恩格斯选集》第 4 卷，人民出版社，2012，第 531～532 页。

③ 《马克思恩格斯选集》第 4 卷，人民出版社，2012，第 532 页。

④ 《马克思恩格斯文集》第 10 卷，人民出版社，2009，第 434 页。

其中不仅有敷设铁路所必需的土地，而且还包括线路两旁许多英里之内布满森林等等的土地。这样，它们就变成了最大的土地所有者，移民中的小农场主当然优先选择这种为他们的产品提供现成的运输工具的土地。"①

马克思虽然认为随着铁路的发展，贸易市场也在不断扩大，但他同时认为这种基于资本主义生产关系的经济交往扩大反而进一步加剧了原料出口国的贫困程度。因为政府为了发展铁路不得不新增借债，而这种债务又会通过赋税的形式转嫁至劳动人民身上。与此同时，以前因为销售市场不够广阔而售价便宜的商品又会出现价格提高的情况。"这一切变化对大地主、高利贷者、商人、铁路公司、银行家等等的确是非常有利的，但对真正的生产者来说却是非常悲惨的！"②

马克思实际上从三个层面分析了铁路对商品市场的影响。其一，铁路是生产资料新的联络工具；其二，铁路催生了新的商品领域，扩大了借贷资本的世界性活动；其三，铁路网连通了世界不同的商品市场。但值得注意的是，马克思认为，在资本主义掠夺过程中，为殖民地修建的铁路，实际上是以当地人民的巨额债务为代价，以更快速度倾销宗主国的商品。这种恶性循环无疑更加深重地增加了殖民地人民的负担。

马克思、恩格斯在《时评》中以美国为例详细分析了铁路给商品市场带来的影响。1848 年 1 月 24 日，工人在加利福尼亚的一个磨坊中发现了金子。随后此消息传播至全美各地，前后吸引了数十万人前往加利福尼亚淘金。该事件对于美国资本主义的原始积累有重要影响，尤其是大资本家为了输送工人和运输黄金，开始了大规模的铁路建造。

马克思分析说："从发现加利福尼亚金矿到现在，仅仅过了 18 个月，美国佬就已经着手修建铁路、宽阔的国家公路，开凿以墨西哥湾为起点的运河；从纽约到查格雷斯，从巴拿马到圣弗朗西斯科已经有轮船定期航班；太平洋的贸易已经集中在巴拿马，绕道合恩角的航线已经过时。一条跨越 30 个纬度的海岸是世界上最美丽最富饶的海岸之一，以前几乎荒无人迹，现在正迅速地变成一个富足的文明区域，这里稠密地居住着一切种族的人：从美国佬到华人，从黑人到印第安人和马来人，从克里奥尔人和梅斯蒂索人到欧

---

① 《马克思恩格斯文集》第 10 卷，人民出版社，2009，第 434 页。
② 《马克思恩格斯选集》第 4 卷，人民出版社，2012，第 533 页。

洲人。加利福尼亚的黄金流遍美洲，流遍亚洲的太平洋沿岸地区，甚至把最倔强的野蛮民族也拖进了世界贸易，拖进了文明。"①

加利福尼亚金矿的发现使美国的繁荣达到了阶段性顶点，其全国交通网也随之不断完善，很快这种交通布局就影响了全球的商品贸易市场。"由于加利福尼亚的发展，必须建立全新的世界交通线，将来这些交通线的作用很快就会超过所有其他交通线。通往太平洋（太平洋实际上只是现在才被打开并将成为世界上最重要的大洋）的主要贸易路线今后是经过巴拿马地峡。以修建公路、铁路和运河的办法来开辟经过这个地峡的通道，对世界贸易来说现在已经成为最迫切的需要，同时这些工程在某些地方已经着手进行。"②

换言之，马克思认为是先有了商品经济的需求（运送黄金），然后才有了修建铁路的需求，而铁路的建成又进一步扩大了商品贸易市场。反之，铁路则无法发展。他就此将美国和瑞士进行了对比："美国在不断变动，不断变化，它所肩负的历史使命之巨大，大西洋两岸的人们现在不过才开始有所认识；而瑞士却停滞不变，如果不是邻邦的工业发展违反它的本意硬把它朝前推动的话，它那些无休止的细小纷争也许会使它永远在狭小的圈子里打转转。对此有怀疑的人，只要仔细看看瑞士铁路的历史就会相信了。如果不是因为有从两侧纵贯瑞士南北的过境运输，在这个国家里根本就不会修起一条铁路来。事实上，现有的铁路也是晚了20年才修建起来的。"③

三　社会主义铁路的特点

我们经常用"人民铁路"来形容社会主义国家的铁路，其原因就在于社会主义国家的铁路是以生产资料公有制为基础。这就决定了社会主义国家建设铁路的受益人必然是人民群众。马克思主义经典作家就这一问题有充分的论证和分析。

恩格斯在《共产主义原理》中强调了生产资料公有制对于社会主义国家的重要意义，并且结合运输行业分析具体原因。在《共产主义原理》

---

① 《马克思恩格斯全集》第10卷，人民出版社，1998，第275~276页。
② 《马克思恩格斯全集》第10卷，人民出版社，1998，第590~591页。
③ 《马克思恩格斯全集》第12卷，人民出版社，1998，第90页。

中，恩格斯以"一问一答"的方式，通俗易懂地解释了马克思主义基本原理的相关问题。其中第十八个问题是："这个革命①的发展过程将是怎样的？"②恩格斯首先指出："如果不立即利用民主作为手段实行进一步的、直接向私有制发起进攻和保障无产阶级生存的各种措施，那么，这种民主对于无产阶级就毫无用处。"③

然后，恩格斯进一步分析了为达到这种目的，无产阶级革命所能采取的措施：一是使用竞争购买或者纸币赎买的方法"逐步剥夺土地所有者、工厂主、铁路所有者和船主的财产"④。二是随着国家财政收入提高，铁路和厂矿的规模也会进一步扩大，随之而来的则是产业工人数量的增加。在工农进一步摆脱物质束缚的情况下，可以开垦新的荒地，进而改变这些新增土地的所有权性质。三是运输业一定要全部掌握在工农阶级手中。

最后，接管并国有化资产阶级企业、改变土地所有制性质和人民群众接管铁路运输企业，是资本主义国家向社会主义国家过渡的重要途径。正如恩格斯所言："把全部资本、全部农业、全部工业、全部运输业和全部交换都越来越多地集中在国家手里。……无产阶级的劳动将使国家的生产力大大增长，随着这种增长，这些措施实现的可能性和由此而来的集中化程度也将相应地增长。最后，当全部资本、全部生产和全部交换都集中在国家手里的时候，私有制将自行灭亡，金钱将变成无用之物，生产将大大增加，人将大大改变，以致连旧社会最后的各种交往形式也能够消失。"⑤

既然社会主义国家的铁路是以生产资料公有制为基础的，那么它的劳动组织形式自然也有其特殊之处。恩格斯在《流亡者文献》"论俄国的社会问题"中专门进行了解释。恩格斯认为"劳动组合是一种自发产生的，因而还很不发达的合作社形式"⑥。这种形式虽然有着较高的群众基础，并且也具有发展优势，但是并不能直接从劳动合作组进入社会主义社会。

同样地，马克思也用科学社会主义的理论分析了以生产资料公有制为基础的社会主义铁路所独有的特征，即在社会主义社会货币会逐渐消失，

---

① 指无产阶级革命。
② 《马克思恩格斯选集》第1卷，人民出版社，2012，第304页。
③ 《马克思恩格斯选集》第1卷，人民出版社，2012，第305页。
④ 《马克思恩格斯选集》第1卷，人民出版社，2012，第305页。
⑤ 《马克思恩格斯选集》第1卷，人民出版社，2012，第306页。
⑥ 《马克思恩格斯选集》第3卷，人民出版社，2012，第329页。

因此"货币资本所引起的交易上的伪装也会消失"①。在社会主义社会必须首先保证"劳动、生产资料和生活资料用在这样一些产业部门而不致受任何损害，……如铁路建设，在一年或一年以上的较长时间内不提供任何生产资料和生活资料，不提供任何有用效果，但会从全年总生产中取走劳动、生产资料和生活资料"②。

第二节　苏联在铁路建设中的实践经验

一　铁路建设是无产阶级革命胜利后面临的重要问题

苏维埃政权建立之后，列宁就指出："在克服国家灾难的各项措施中，首要的任务之一就是必须把大量的劳动力投到煤和原料的生产以及运输业中去。同样，必须把生产军需品的劳动力逐步转到恢复经济所必需的生产中去。"③ 1920 年 2 月 1 日，列宁在《致国防委员会各位委员》中进一步解释了把恢复铁路运输放在社会主义建设首要位置的原因并部署了具体工作步骤："铁路运输情况十分严重。粮食已经运不来了。必须采取非常措施才能挽救危局。这两个月（2—3月）必须实行下列办法（并且要寻求其他一些类似的适当的办法）：一、减少非运输部门工作人员的口粮；增加运输部门工作人员的口粮。即使还要死几千人，但国家将能得救。二、在这两个月内，除粮食人民委员部和军事委员部外，把所有部门四分之三的负责工作人员都调到铁路运输部门和铁路修理部门去。在这两个月内，相应地停止其他人民委员部的工作（或减少工作十分之九）。三、在铁路线两旁30—50俄里的地区以内实行戒严，以动员清扫线路，并把一切有关省份的县、乡执行委员会四分之三的负责工作人员调到这个地区的各个乡去进行工作。"④

列宁认为铁路对社会主义建设的作用，应主要从军事部署和粮食安全

① 《马克思恩格斯文集》第6卷，人民出版社，2009，第349页。
② 《马克思恩格斯文集》第6卷，人民出版社，2009，第349页。
③ 《列宁全集》第30卷，人民出版社，2017，第165页。
④ 《列宁全集》第38卷，人民出版社，2017，第102页。

两个方面进行考虑。他认为当时的国际形势展现出一种稳定的发展态势，因此应该把经济工作放在首要位置。1921年3月27日，苏联召开了全俄运输工人代表大会，列宁在大会讲话中系统论述了铁路运输的相关问题。一是明确了铁路运输的作用。列宁认为在无产阶级中，铁路和水运工人与日常经济生活和工农业的联系最紧密。二是指出了铁路运输的地位。列宁指出铁路和水运是联系工农联盟的物质基础。三是强调了纪律对于铁路运输工作的重要性。列宁特别强调对于铁路和水运员工，应该"百倍加强无产阶级的团结和无产阶级的纪律"①。

如前文所述，铁路的基本特点是运力大、速度快、运价低，那么铁路作用于商品经济则加快了商品流通速度，扩大了商品市场。结合社会主义政权的成立来看，社会主义国家在近代以来都诞生于生产力相对落后，无产阶级极度贫困且饱受压迫的地区。所以铁路对于新兴社会主义国家有着极其不同的重要意义。

列宁在1918年1月13日全俄铁路员工非常代表大会上，甚至将铁路问题上升到没有铁路就没有社会主义的高度。列宁在大会发言中说："你们都是铁路员工，你们亲身体验到铁路无产阶级的劳动群众承担了组织铁路运输的全部重担。这一工作陷入了绝境，这不是臆造，也不是出于偶然：这或者是由于不惜花费数十万卢布，千方百计破坏苏维埃政权的百万富翁收买的资产阶级蓄意阻挠的结果；或者是由于资产阶级拒绝改变事物秩序的结果……其实不然。劳动群众的团结胜过一切，他们会建立自己的同志式的纪律，会利用一切技术和文化的成就来正确地安排铁路运输和城乡产品交换，帮助工人和农民组织全国范围的国民经济，使劳动群众能够在没有地主和资本家的情况下享用自己的劳动成果，使科学技术知识不是为一小撮人服务，不是为了造就脑满肠肥的富人，而是用来改善整个铁路部门的状况。这对我们特别重要。你们知道，在每一个枢纽车站周围有多少贿赂、欺骗和投机活动；你们知道，剥削者怎样花费了数百万卢布来破坏运输，把车厢藏起来，使我们找不着。这一切都是为了加剧饥荒，挑拨人民反对苏维埃政权。但是，你们大家都知道，只有大多数铁路员工的组织都团结起来，把支持苏维埃政权当做自己的任务，才能通过无情的斗争

---

① 《列宁全集》第41卷，人民出版社，2017，第134页。

清除一切骗子、怠工者、资本家和剥削者，清除这一切资产阶级社会的渣滓，才能正确地组织好铁路部门的工作，使工人、士兵和农民完全从压迫者的政权下解放出来，我们才能得到社会主义。"①

1918 年 4 月 29 日，列宁在全俄中央执行委员会会议上，再次提出了铁路问题，而且将之上升到了新兴社会主义政权生死存亡的高度。列宁在大会报告中说："这涉及到工人和铁路的问题。没有铁路不仅不会有社会主义，而且大家都会像狗一样地饿死，而粮食就堆放在附近。"②

1919 年 3 月 12 日，列宁在彼得格勒苏维埃会议上，将铁路建设同新兴社会主义政权和世界局势相结合，再次强调了铁路对于苏维埃政权的极端重要性。他在大会上说："现在我来谈谈那些意思写得很清楚的问题，第一，就是关于租让、特别是关于北方大铁路租让的问题。……这个问题同资产阶级专家、同关于世界帝国主义的问题有密切关系。现在我们能不能打垮世界帝国主义呢？假使我们能做到，那我们一定要这样做，但是你们知道，我们现在还做不到，正像我们在 1917 年 3 月不能推翻克伦斯基一样；当时我们应该等待苏维埃组织发展起来，在这方面做工作，而不是立刻起义反对克伦斯基。同样，现在能不能对世界帝国主义打进攻战呢？当然不能。……我们现在还不能大规模地修筑铁路，能把现有铁路管好就很不错了。我们缺乏粮食和燃料，没有足够的机车，我们有几百万普特粮食堆积在伏尔加—布古利马线上，运不出来。……因为我们没有足够的机车，没有燃料。"③

列宁还强调在社会主义政权中引入外国资本修建铁路并不会改变社会主义铁路的人民属性。他分析说："所以我们说，宁肯向外国资本家纳贡，只要把铁路修成。我们不会因为纳贡而灭亡，但不搞好铁路交通，我们会因人民挨饿而灭亡。不管俄国工人怎样能吃苦，但吃苦是有限度的。因此，采取改善铁路交通的措施是我们的责任，即使我们向资本主义纳贡也在所不惜。不管这种办法是好是坏，暂时是没有别的出路的。"④

---

①　《列宁全集》第 33 卷，人民出版社，2017，第 307～308 页。
②　《列宁全集》第 34 卷，人民出版社，2017，第 251 页。
③　《列宁全集》第 36 卷，人民出版社，2017，第 12～13 页。
④　《列宁全集》第 36 卷，人民出版社，2017，第 13 页。

二　社会主义铁路是促进政治认同的重要载体

无论是以何种方式进入社会主义社会的国家，面临的重要问题就是尽快促进最广泛的政治认同，让人民群众接受无产阶级政权的领导。从历史经验来看，无论是社会主义苏联，还是社会主义新中国，铁路建设在政权建立初期都在此方面发挥了重要作用。列宁认为社会主义铁路至少能从三个方面加强工农联盟基础，从而促进全社会的政治认同。

列宁认为铁路对于巩固社会主义政治认同发挥了三个方面的重要作用。一是社会主义铁路能够让人民群众以更快的速度和更加低廉的价格享受科学艺术宝藏。因为铁路能够为消灭城乡对立提供有力的物质保障，所以在文化物质领域就能使全体人民共同享受文化财富，进而消灭"农村人口同文化隔绝的现象"①。

二是铁路建设能够更加广泛地团结和吸引工农群众参与其中。按照列宁的观点，铁路之所以有此功能原因有二。第一，"按照一个总的计划，把占全部生产总额一半以上的百万农场的生产组织起来，这在现代各种各样的联合以及交通运输技术广泛发展的情况下是完全可以实现的。"② 第二，由于铁路的主要作用是运送粮食，所以，"在无产阶级中，大概要数铁路和水运员工的日常经济活动同工农业的联系最明显了。你们要把食品运往城市，要输送工业品去活跃农村"③。

三是铁路建设能够增加农民同外界的联系，让农民更加深刻地感受无产阶级政权的实际面貌。农民根据粮食和日用品的价格来了解世界的情况，如果有铁路经过村子，农民就会通过他自己的经营来了解这种情况。"不能再照老样子生活了，这是农民感觉到的，而且用一种想扫除整个旧的土地占有制的激进要求表达出来了。"④

正因为铁路在无产阶级政权诞生之初发挥了如此重要的作用，所以列宁也特别强调在铁路建设过程中要注意工农联盟的问题。1917 年 12 月，列宁在全俄铁路工人非常代表大会上特别提出："我们同农民代表一起组

---

① 《列宁全集》第 5 卷，人民出版社，2013，第 132 页。
② 《列宁全集》第 27 卷，人民出版社，2017，第 235 页。
③ 《列宁全集》第 41 卷，人民出版社，2017，第 132 页。
④ 《列宁全集》第 29 卷，人民出版社，2017，第 417 页。

织了工兵农苏维埃政权。在铁路群众中，我们也一定会得到这种合作。你们知道，由于上层官吏的怠工而日益加剧的铁路瘫痪使国家遭到多么大的困难。你们知道，铁路瘫痪使城乡之间不能进行正常的交换，而进行这种交换是调节粮食所必需的。同志们，为了整顿铁路交通，我们需要你们的帮助。只有和你们通力合作，我们才能消除混乱状态和巩固工兵农政权。苏维埃政权也只有在广大劳动群众的支持下，才能保持得住。"①

三　铁路改革对社会主义建设的重要意义

列宁于 1920 年 2 月 2 日在第七届全俄中央执行委员会第一次会议上《关于全俄中央执行委员会和人民委员会工作的报告》中阐述了在国民经济恢复时期，铁路承担的重要作用。列宁首先强调为了保证物质运输，尤其是粮食运输，铁路系统必须"用军事办法动员一切力量，把这些力量组织起来，以便把大批积存的食物收集起来运到工业建设中心去。为了达到这个目的，要坚决建立起劳动军，要按军事方式组织起来，要压缩甚至撤销一系列机关，以便在最近几个月内坚决消除运输瘫痪现象，战胜残冬时节带来的饥寒贫困，摆脱绝境"②。

列宁还认为要做到高度集中的军事化管理，必须开展思想教育，尤其是要让普通群众接受这种观念。他认为："我们能够做到这一点。全俄中央执行委员会一定会批准一切有关劳动义务制和劳动军的措施，更深入地向广大民众灌输这一思想，要求各地工作人员都来实现这一思想，那时候我们就可以完全相信，我们一定能在丝毫不放松作战准备的情况下完成这一最艰巨的任务。我们不应该放松我们的作战准备，但是同时要坚决把苏维埃共和国转上经济建设的新轨道。在最近几个星期，也许在最近几个月，这个任务一定要完成。每个苏维埃组织或党组织必须竭尽全力消灭运输瘫痪现象，增加粮食储备。这样，并且只有这样，我们才能为大规模的工业建设、为俄国的电气化奠立巩固的基础。"③

1920 年 2 月 5 日，列宁主持召开了莫斯科枢纽站铁路员工代表会议，

---

① 《列宁全集》第 33 卷，人民出版社，2017，第 172～173 页。
② 《列宁全集》第 38 卷，人民出版社，2017，第 123 页。
③ 《列宁选集》第 38 卷，人民出版社，2017，第 123 页。

并发表了长篇讲话。列宁在讲话中集中谈了"如何消除运输瘫痪现象"①。他首先指出铁路对于城市建设极端重要的意义在于"火车一停驶，各个无产阶级中心城市就会遭到毁灭"②。其次，他又强调社会主义国家建设铁路的特有优势"在使我们遭到惨重牺牲的国内战争时期，我们能够表现出空前未有的英勇精神，取得了战争的胜利，现在，战争转到了另一条战线上，转到了工业战线上，我们仍然需要表现出同样的英勇精神，作出同样的牺牲。现在我们必须在这条不流血的战线上取得胜利"③。再次，列宁提出在国民经济恢复初期，铁路建设需要注意的重要问题是："工人们自己应当团结起来，同运输瘫痪现象和加剧这种现象的投机倒把活动进行斗争。有些人不把余粮交给国家，而把铁路变成进行投机倒把的工具。他们是在反对我们，因此觉悟的工人应当团结起来同他们作斗争。"④ 最后，他着重强调纪律对于社会主义国家建设铁路的重要意义："我们率领红军取得胜利，不只是靠了鼓动工作，而且是靠了严格的铁的纪律。红军中的一切制度必须在所有的劳动战线上建立起来。应当把建立红军的全部经验在铁路劳动大军中加以运用，把这支军队提高到红军所达到的水平。不作出牺牲，不实行铁的纪律，不利用专家，红军就不会胜利，铁路大军也不会胜利。"⑤

除了注意到铁路对恢复战后国民经济的作用之外，列宁还注意到铁路对发展对外贸易的促进作用，这一点与马克思、恩格斯的思考逻辑非常相似。列宁在全俄苏维埃第九次代表大会上，就专门向与会代表分析了恢复铁路对于发展苏俄对外贸易的重要意义。列宁认为运输在对外贸易交往中占据了举足轻重的地位，"1921 年是我们同国外进行贸易的头一年，这一年我们前进了一大步。这部分地同运输问题有关，而运输是我们整个经济的主要基础，也可以说是最主要的基础之一"⑥。

从 1920 年到 1934 年，苏联铁路建设取得了一定进步，但是仍然与国民经济发展速度不相匹配，所以斯大林在联共（布）十七大上所作的工作

---

① 《列宁全集》第 38 卷，人民出版社，2017，第 126 页。
② 《列宁全集》第 38 卷，人民出版社，2017，第 126 页。
③ 《列宁全集》第 38 卷，人民出版社，2017，第 127 页。
④ 《列宁全集》第 38 卷，人民出版社，2017，第 127 页。
⑤ 《列宁全集》第 38 卷，人民出版社，2017，第 127 页。
⑥ 《列宁全集》第 42 卷，人民出版社，2017，第 340～341 页。

报告中专门指出了这一问题："但是必须指出，问题不能只限于扩展苏维埃商业。我国经济的发展有赖于商品流转的发展，有赖于苏维埃商业的发展，而苏维埃商业的发展又有赖于我国铁路、水路和汽车运输业的发展。可能发生这样的情况：有商品，也有扩大商品流转的充分可能，但是运输业跟不上商品流转的发展，不能运送货物。大家知道，这种情况在我们这里是经常发生的。因此，运输业现在是一个薄弱环节，我国整个经济、首先是我国的商品流转，会受到它的阻碍，而且大概已经开始受到它的阻碍了。固然，铁路运输业的货物周转量由 1930 年的 1390 亿吨公里增加到了 1933 年的 1720 亿吨公里。但是这还不够，这对于我们，对于我国经济来说是太少了。"①

在苏维埃政权成立初期，为了满足基本粮食运输，苏俄政府十分重视铁路运输问题。1918 年列宁在《苏维埃政权的当前任务》中，十分明确地提出了在政权成立初期，铁路整顿十分必要。铁路运输尤其是在社会主义建设中起到了分配生活必需品的作用，而这一点对于稳定政权，推进社会主义建设有着极其重要的意义。列宁指出："在保证大多数居民有起码的生存条件方面，即在保证他们免于饥饿方面，国家还处在极其困难、甚至是非常危急的境地，这些经济状况迫切要求取得一定的实际效果。农村的粮食可以自给，这是没有问题的，但是，只有真正对现有的全部粮食进行最严格的计算并且能够最节约地把这些粮食分配给全体居民，农村才能做到粮食自给。要正确地进行分配，就必须正确地安排交通运输。而交通运输恰恰被战争破坏得最严重。"②

列宁强调指出："要在俄国这样一个幅员辽阔的国家里恢复交通运输，最需要的是协调的巩固的组织。""在这个时候，我们一方面决不停止训练群众参加对社会一切事务的国家管理和经济管理，决不妨碍群众十分详尽地讨论新的任务（相反，应当想方设法帮助他们进行这种讨论，使他们能够独立地作出正确的决定），同时，我们应当开始严格区分民主的两种职能：一种是辩论和开群众大会，另一种是对各项执行的职能建立最严格的责任制和无条件地在劳动中有纪律地、自愿地执行各项必要的指令和命

① 〔苏〕斯大林：《列宁主义问题》，中共中央马克思、恩格斯、列宁、斯大林著作编译局译，人民出版社，1964，第 552 页。
② 《列宁全集》第 34 卷，人民出版社，2017，第 142 页。

令，以便使经济机构真正像钟表一样工作。"①

社会主义政权建立初期，由于将重心工作放在尽快恢复和发展国民经济上，所以往往会出现较为尖锐的社会问题。经过国民经济的集中发展，从1917年到1920年，苏俄的粮食、原料、燃料等物品都有了较为充足的供应。但是在社会中出现了投机和消极怠工的情况，这样一来非常不利于国民经济的进一步发展，因此列宁专门就这一问题进行了部署。1920年2月6日，苏俄召开了各省肃反委员会第四次代表会议，列宁在讲话中专门指出了铁路运输出现的各类情况，并且就必须进行铁路整顿的必要性作出了说明。

列宁对社会主义政权恢复国民经济，推进社会主义充满信心，他认为，"我们有粮食、食盐，我们有足够数量的原料、燃料，我们能够恢复工业"②。但列宁同时看到了在变革社会主义生产关系的初期，会出现投机倒把的情况，因此必须在交通运输组织中开展肃反活动，以保持必须的纪律性。他指出："这需要紧张斗争好几个月，而在这场斗争中肃反委员会的各机关应该成为执行无产阶级集中意志的工具，成为建立我们在红军中得以建立的那种纪律的工具。我深信，会后你们的机关通过实际工作会得出一致的看法，而且在这里你们就会得出一致的看法：县运输肃反委员会应起什么作用，县运输肃反委员会应如何组织起来，它们应如何从自己的队伍中间挑选出新的工作人员，以便打击投机倒把分子和怠工者，这两种人在铁路员工中比在其他方面都要多。这是依靠你们的实际经验可以完成的任务，是你们通过交换意见应该完成的任务。"③

列宁进一步分析了苏俄铁路员工的特点，他首先承认铁路组织中大部分工人是名副其实的工人，只有少数人才参加投机倒把活动。因此运输肃反委员会的任务就是"使劳动分配恰当，节约劳动力这件事有人负责，通过铁路员工中共产党员的努力来做到这一切。只有依靠这些优秀的群众，我们才能建立一支力量来战胜这股投机倒把的自发势力，战胜在腐朽的沙皇政府时代形成的这些投机倒把分子"④。

① 《列宁全集》第34卷，人民出版社，2017，第142、142~143页。
② 《列宁全集》第38卷，人民出版社，2017，第135页。
③ 《列宁全集》第38卷，人民出版社，2017，第135页。
④ 《列宁全集》第38卷，人民出版社，2017，第136页。

同时，列宁特别强调在肃反中必须坚决地依靠党员和基层党组织，他认为："为了战胜资本主义制度遗留给我们的这股势力，我们只有一种手段：这就是最大限度地加强纪律和革命毅力。肃反委员会应该依靠共产党支部，依靠工会，把自己的工作同宣传鼓动工作结合起来，激发铁路员工群众对这场斗争的自觉态度。我深信，只要组织起来，吸取我们过去的经验，我们在新的工作中一定能够取得我们在武装斗争方面所得到的那样巨大的胜利。"①

联共（布）十四大召开时，经过近五年的发展，苏联的国民经济总量进一步提高，与此同时铁路建设却没有跟上国民经济的发展速度，成为制约国民经济进一步发展的"瓶颈"。因此斯大林在会上提出了再一次开展铁路整顿与改革的必要性。根据斯大林在大会上的报告，1924—1925年苏联的农业生产总量比1913年提高了71%。工业增长速度也基本恢复到一战前的水平。苏联最重视的电气化程度也有较大幅度增长。斯大林在报告中指出："按俄罗斯国家电气化委员会在一九二一年所定的计划，在十年至十五年期间内应建成三十个电站，总共发电能力为一百五十万瓩，而总共建筑费则为八亿金卢布。十月革命前各电站总共发电能力为四十万零二千瓩。我们现在已建成了发电能力共为一十五万二千三百五十瓩的电站，并预定在一九二六年还有发电能力为三十二万六千瓩的电站建筑竣工。如果按这样的速度发展下去，那末在十年内，即大概到一九三二年时（最低限度的预定期限），苏联电气化计划即将实现。"②

但是苏联的铁路发展不十分理想，远远落后于国民经济的发展速度。斯大林在报告中称："我还要指出一个缺点和一个不相称的地方，这就是各铁路上的车辆使用标准额已越过了一切限制。对于车辆的要求程度非常之高，明年我们就会不是只要把车头和车厢能力利用到百分之百，而是要把它利用到百分之一百二十至一百三十。这样，交通人民委员部方面的固定资本就会损耗过度，所以我们若不采取坚决办法，那我们在最近将来就会有落到灾祸面前的危险。"③ 所以，斯大林在报告最后专门强调，要"使

---

① 《列宁全集》第38卷，人民出版社，2017，第136页。
② 《斯大林论工业化》，人民出版社，1955，第34页。
③ 《斯大林论工业化》，人民出版社，1955，第43页。

燃料、金属以及铁路运输固定资本数额符合于全国日益增长的需要"①。

第三节 中国近代铁路发展构想

1840年，西方列强用坚船利炮使清王朝被迫卷入世界发展的浪潮中。在备受凌辱的过程中，有志之士开始考虑"师夷长技以自强"的问题。清廷朝野上下，举凡赞成向西方学习者，几乎都认可应该首先学习西方的火器技术。因此，打造热兵器所必需的开矿、运煤诸事成为首要之事。显而易见，依靠人力和畜力远远不能满足工业所需的效率和负载量。于是，国人将目光聚焦在了改进交通运输方式上，铁路理所当然地进入了朝野的讨论范围。

铁路在洋务运动、戊戌变法、清末新政中均是重要议题。因其重要，所以铁路进入中国并为国人接受的过程也颇为曲折复杂。洋务运动经历了求强、求富两个阶段，因铁路进入中国已是洋务运动后期，所以国人对铁路认知的演变过程恰好相反：大体以甲午战争为界，先是修铁路富国，再是修铁路强国，最终衍生出铁路救国论。

一 甲午战争前的铁路富国论

早在甲午战争前，一些关注西方的中国人士，提出了修建铁路可以富国的见解。王韬在《兴利》一文中写到，中国"利之最先者曰开矿"，而开铁矿有"可省各处厂局无穷使费""可铸造枪炮""可创造各种机器""可兴筑轮车铁路"四大利。在具体论述"兴筑轮车铁路"之利时，王韬明确写到，"今南北道阻，货物贱之征贵，贵之征贱，每苦其贩运之烦，劳道途之辽远。自有轮车，而远近相通，可以互为联络，不独利商，并且利国。凡文移之往来，机事之传递，不捷而速，化驰若神。遏乱民，御外侮，无不恃此焉"。在他看来，"诸利既兴，而中国不富强者，未之有也"。②

1879年，马建忠在《借债以开铁道说》一文中，历数西方国家举借国

---

① 《斯大林论工业化》，人民出版社，1955，第43页。
② 赵靖、易梦虹主编《中国近代经济思想资料选辑》中册，中华书局，1982，第17~18页。

债已成惯例，并列举了英、法等国借债数额。西方国家所借之不少巨额债务，"率皆用制铁道"。马建忠有志于研习西学，入李鸿章幕后，曾被派往欧洲学习，他的见闻和建言自有相当的可信度。他认为，"今中国议开铁道，当以筹款为先"。但是，当时的中国，官府"拮据已甚"，而民间"风气未开，集股维艰。无已，则有借洋债之一法"。马建忠断言，中国铁道"创兴之后，利可倍蓰"。因而马建忠在文中还强调，"借债与入股有别，入股可坐分每年赢余，借债者惟指望按年之利息。中国创行铁道，绵亘腹地，岂可令洋商入股，酣睡卧榻之旁"。他提出，"仿效西法，一切借券，第标号数，不标姓名，一俟铁道得利之后，将其券逐渐收回"。马建忠还特地说明，"夫通道为浚利之源，而借债乃急标之举，术虽补苴，要皆气数转移之机，国家振兴之兆"。①

　　另有一些人对中国修建铁路大加责难。将铁路斥为祸国殃民的怪物的，以曾任中国驻英副使的刘锡鸿为代表。1881 年，刘锡鸿以《仿照西洋火车无利多害折》上奏，声称"中国情形，种种不同西洋，仿造火车势不可行，无利而多害"。在他看来，因驻外两年，深知铁路"实古今之奇观，绝世之巧术"，"实西洋之利器"。但是，他竟然断言铁路在中国"不可行者八，无利者八，有害者九"。刘锡鸿所列举的"不可行者"为：中国不能集巨资以成铁路公司；中国缺乏筑路及岁修经费；修筑铁路必然使"山川之灵不安，即旱潦之灾易召"；中国近代企业的管理人员均将管理"视为官事而徒存其貌"；中国铁路管理人员必然因权限及惯例不会"谨守职役"；中国"攘窃之风盛行"，千里铁路"势难节节严守"；中国"各省各属，关卡不一"，而火车停站时间太短，"则走私漏税之弊百出，国课益以不供"；西洋人"常万里远行而不携一物。我中国行李箐篚，担负累累，以十洋人所坐之火车，受五华人而或虞不足。车价少索则我不敷出，多索则人莫能堪"。

　　刘锡鸿所列举的"无利者"为：中国铁路只能在国内运销货物，犹如一家数兄弟之间之交易，"以孟、仲之财易叔、季之货耳。孟、仲得货而失其财，叔、季失货而得其财"。如此看来，"安可以为利"。火车运输外洋所需，"不过徒便洋人，未足为中国利也"。中国人无出游习俗，"安所

---

　　①　赵靖、易梦虹主编《中国近代经济思想资料选辑》中册，中华书局，1982，第 44～50 页。

33

得乎游人?"况"我中国方当禁民惰游,何为利此"。借铁路外债息高兼经手之数重弊端。地方官员可以形式上乘火车巡视所属,实则"借以快遨游则有尔"。铁路快运兵丁可省兵额之说不可信。铁路便于运销煤铁之说不可信,因外洋需中国煤,"是亦彼之利而已,我利则非所知矣"。铁路难以代替漕运。

刘锡鸿列举的铁路之"有害者"为:民众因铁路卖地之后,"银一到手,坐食旋空,此后谋生,伤哉奚恃?斯冻馁者众矣";修铁路必借巨额外债,难以偿还,因此,"借债固自穷之道也";通火车之后,"人心必增奢侈,财日以虚糜",中华原有"以俭为宝"的传统必然丧失,"通商之弊,得铁路而益助以为虐";通铁路后,"火车铁路成本如此其重,工食岁修日给各费又如此其浩繁,而均以加诸货价之内,未有不令军民度日倍艰者";"若造铁路,则不惟不设险,而且自平其险,山川关塞,悉成驰骤之坦途",外敌"一奋臂可直入室矣";火车通后,"洋人踪迹必遍及里间,以利啗人,材愚尤易为惑",导致"民情已不可尽恃";铁路设施均统一且易维修与更换,中国便无法在战时以扣其车头、掘断铁路的方式阻洋兵;中国"山林丛箐,常有踞盗,行李被劫,视为等闲",他们亦可"设法梗道夺车,而胁司火者以驰之,袭邑攻城,随其所指,俄顷即至,则皆不可守矣";"若造一道则火车所到者十之一,不能到者十之九",因而铁路"运货载兵为要义"的目的难以达到。①

与刘锡鸿的看法类似的不乏其人。1889年,翰林院编修丁立钧上书《论洋务奏》,攻击洋务运动,尤其是修筑铁路之议。在他看来,"津通铁路之议,所称调兵、运饷各节,皆属假饰之辞,实则专为包揽漕运及往来商货可获厚利起见"。一旦铁路开行,"向用舟车,坐皆失业",后果不是"怨者必多",就是"盗贼滋多,害及良善"。如是观之,"故开一省之铁路则一省百姓受累,开各省之铁路则天下百姓受累,不独津通一路垄断漕运,使畿辅小民群兴咨怨,如今言事诸臣所争云云也"。丁立钧竟然要求,"将中国开行铁路一节,永远禁止,明著为令,庶以利民生而遏乱萌"。这个奏折,还较为放肆地点名斥责李鸿章、曾纪泽、郭嵩焘、丁日昌、周馥、盛宣怀、杨宗

---

① 赵靖、易梦虹主编《中国近代经济思想资料选辑》中册,中华书局,1982,第419~430页。

濂、唐廷枢、马建忠、张佩纶等曾主持、参与洋务或主张修筑铁路的人士。[①]

二　甲午战争后的铁路强国论

1895 年是近代中国发生重大变化的一年。空前丧权辱国的《马关条约》订立，中国民族资本主义开始初步发展，要求变法、寻求维新的思潮在开明知识分子中逐渐传播，救亡图存的呼声越来越高，朝廷上下求强的议论开始蔓延。

1895 年 7 月 5 日，深受中日战争惨败刺激的光绪皇帝在一道上谕中写道，"为政之要，首在得人"，"当兹时事多艰，尤应遴拔真才"。他要求各部院堂官，各直省将军、督抚，推荐那些"精于天文、地舆、算法、格致、制造诸学"等具有"真知灼见、器识闳通、才猷卓越、究心时务、体用兼备者"。[②] 这道上谕，实际上是要求官员举荐新学人才。而在当时新学人才极为稀少的中国，它使官员们考虑兴办培养新学人才的新式学堂。

1895 年 7 月 20 日，光绪皇帝又在谕旨中强调："自来求治之道，必当因时制宜。况当国事艰难，尤宜上下一心，图自强而弭隐患。朕宵旰忧勤，惩前毖后，惟以蠲除痼习、力行实政为先。叠据中外臣工条陈时务，详加披览，采择施行。如修铁路，铸钱币，造机器，开矿产，折南漕，减兵额，创邮政，练陆军，整海军，立学堂，大抵以筹饷练兵为急要，以恤商惠工为本源，皆应及时举办。"[③] 光绪皇帝这道上谕，把"修铁路"置于"应及时举办"的诸项洋务之首，与刘铭传将铁路视为最急最重要事务的见解是一致的，也结束了此前长达 30 年的争论，将中国是否应当修铁路的问题基本解决了。同时，光绪皇帝这道上谕也将诸项洋务与"立学堂"相提并论，为其后的各级各类专门学堂的开办开了绿灯。由是观之，光绪皇帝这道上谕，在近代中国工商实业史及教育史上应占有相当地位。

光绪皇帝"图自强"的意旨，引起了不少有识之士的共鸣。较早上奏尽快成立铁路公司并开办铁路学堂的是刘坤一。

刘坤一（1829—1902 年），湖南新宁人，湘军重要将领之一。中国在

---

① 赵靖、易梦虹主编《中国近代经济思想资料选辑》中册，中华书局，1982，第 439～444 页。

② （清）朱寿朋编《光绪朝东华录》第 4 册，中华书局，1958，第 3625～3626 页。

③ （清）朱寿朋编《光绪朝东华录》第 4 册，中华书局，1958，第 3657～3658 页。

甲午海战失败后，又面临日本的陆路进攻。当日军攻陷旅大后，刘坤一在严峻的形势下奉旨率湘军御敌。此时，本为两江总督兼南洋大臣的他，被免除原有官职，以钦差大臣、督办关内外军务的头衔领兵 30 万出征。刘坤一的大营驻山海关，往来铁路沿线城市机会较多。又因为任两江总督兼南洋大臣时，对商务、外交、实业颇多了解之故，刘坤一于 1895 年 8 月 10 日（清光绪二十一年六月二十日）拟定《请设铁路公司借款开办折》，写此折的目的是"维国势而收利权"。

在刘坤一看来，"时至今日，谈国是者莫不以富强为要图。顾非富以致强，非强无以保富。而究之富强之本，求其收效速、取利宏，一举而数善备，则莫急于铁路。铁路之裨于军务、商务，今已尽人知之矣"。

刘坤一在折中表示，他对铁路的认知，与他此次督师有莫大关系，"臣自奉命视师，往来榆关、唐山，为铁路所经，与铁路商局总办兼总办开平矿务——江苏候补道张翼考究情形；又令总理营务处——山西道御史冯锡仁，博采旁搜，推穷利弊，窃以铁路必归商办为妥善"。他提出的涉及铁路的应筹办事宜有七项。

其一，权自我操："中国铁路，以南北干路为缩毂，大利在焉。"

其二，商办为宜："然则仍归官办，值此库帑支绌之时，无从筹此巨款……现尚未设商部，一切公司事宜，南、北洋大臣责无旁贷，自应同膺艰巨，力为保护，为国家成此大计。"

其三，可招洋股："铁路既设公司，即责成公司筹款……盖有洋股在中，而华商方无顾虑；亦有华股参集，而洋商无可把持。股本愈丰，推行更利，既可助还洋债，又可分设公司。"

其四，可用洋人："惟铁路系中国创举，熟手不多，不能不用洋人……今选诚实西人精通铁路者，充当首领，各项以洋人提纲，华人副之，效则任用，否则辞退，规划悉视泰西，权柄仍在中国，使彼无所挟持。"

其五，设铁路学堂："应于铁路必经之地，设立铁路、矿务学堂，以聪颖子弟百二十人为学生，延洋教习课之，定以年限，届期有成，再令分赴各国公司印证，以储为己用。数年之后，无须借才异域，而操纵由我，洋人可渐退于无用之地矣。"

其六，定地勘路："大抵干路、支路宜经越城镇以便商货流通。忌逼近江海以夺轮船利益；以用兵论，尤宜腹地而忌海滨。……闻李鸿章饬张翼，已由该局派人前往各路测量踏勘，绘图贴说。应俟勘回，再行核定，以求妥慎。"

其七，推广实业、商务："公司存积愈多，无事不可取给。况开办之始，即可兼办煤铁等矿，以供干路、支路之用。……由是矿务、工务自然取多而用宏，军务、账务亦觉有恃而无恐，而漕务因之益便，税务因之日增，此又铁路推广行之而可操左券者也。"①

刘坤一在山海关期间，除了上述思路外，还有一些举措与铁路学堂、开平煤矿，甚至中国近代史有莫大的关系。刘坤一以其地位与权势，在当时应当是除李鸿章之外的第一汉臣。李鸿章因赴日订立《马关条约》受到朝廷内外的攻讦和责难，刘坤一便有取而代之之势，俨然北洋大臣。在督办军务期间，营务处总办王文韶、编练新军的胡燏棻均在其门下。除此之外，开平矿务公司的张翼也与他交往甚密。他对以胡燏棻、张翼为代表的开明官员赏识有加，还向朝廷推荐了袁世凯，称他可堪大任。

1895 年 9 月 30 日，新任直隶总督兼北洋大臣王文韶上奏朝廷，他援引直隶津海关道盛宣怀的禀称，"自强之道，以作育人才为本；求才之道，尤宜以设立学堂为先"。王文韶同意盛宣怀提出的在天津设立头等、二等学堂各一所的建议。王文韶还进一步提出，光绪皇帝 7 月 20 日上谕所提及的应办之事中，"设立学堂，即其中应办之一端。凡铁路、机器、开矿、治军诸务，均可以西法为宗。则造就人才，尤当以学堂为急"。② 很明显，盛宣怀、王文韶将皇帝所思所想体察非常到位，将前述两道上谕联系，从而较早地提出了开办新式学堂之议。因为此奏得到光绪皇帝的认可，北洋大学得以很快开办。

三　20 世纪初的铁路救国论

八国联军占领直隶地区，尤其是俄国占据东北地区以后，山海关内外铁路就在英国和俄国的实际控制之下。英国主要控制关内段，俄国主要控制关外段。《辛丑条约》订立后，外国军队逐步撤退。但是，英俄两国仍然控制山海关内外铁路，尤其严重的是，俄国军队依旧在中国东北及铁路

---

① 以上详见中国科学院历史研究所第三所编《刘坤一遗集》第 4 册，中华书局，1959。
② （清）朱寿朋编《光绪朝东华录》第 4 册，中华书局，1958，第 3656~3658 页。

沿线驻扎。清政府与英俄两国商谈收回山海关内外铁路问题。随着 1902 年 4 月中俄《交收东三省条约》和同年 10 月中俄《交还关外铁路条约》的订立,该段铁路为中国收回并开始续修。不过,沙俄并没有履行《交收东三省条约》和按期撤兵的诚意。按照《交收东三省条约》的规定,俄军应在条约签订一年半之内分三期从中国撤兵,前 6 个月应将所侵占的各铁路交还中国。1902 年 10 月,俄军只是在 6 个月内部分撤兵。1903 年 2 月,沙皇尼古拉二世批准俄军无限期留驻中国。

20 世纪初,列强加紧掠夺中国铁路的贷款权和修筑权。人们还记得,甲午战争后,英、法、俄、德等国到清政府总理各国事务衙门轮番喧闹,强行要求借款给清政府以偿还巨额的战争赔款。这些贷款均有实付折扣,有较高的年息,并且还有附加的涉及中国内政的条件,因而成为列强勒索清政府、榨取中国人民血汗的手段,是彻头彻尾的奴役性政治贷款。《辛丑条约》订立后,列强又故技重演,争先恐后给清政府铁路贷款。1902—1903 年,正太、汴洛、沪宁三条铁路以清政府贷款修筑的方式,分别被俄国、比利时、英国所控制。这三条铁路的贷款总额达 4200 万两白银,实付九成,年息 5%。此外,中国还以铁路财产及进项为担保,俄国、比利时、英国享有部分的铁路管理权,实际取得了铁路的间接控制权。这种间接控制权,有时甚至还附有开采铁路附近的矿产、架设电线和敷设支路等权益。而通过巧取豪夺得到的在中国的铁路修筑权便可以直接投资,实际取得了铁路的直接控制权。1903 年,俄国修成中东路、南满路;1904 年,德国修成胶济路;1909 年,法国修成滇越路。此外,至 1911 年,列强在中国直接或间接控制的铁路便有京奉、京汉、正太、沪宁、汴洛、道清、广九、津浦、沪杭甬、新奉、吉长等铁路。另有粤汉、川汉铁路,因四川保路运动和辛亥革命导致清王朝的覆灭,列强控制这两大铁路的目的没有达到。1911 年,在中国共计 9618 公里的铁路总里程中,中国拥有的铁路仅有 665.2 公里,占 6.9%,而帝国主义国家直接经营的铁路为 3759.7 公里,占 39.1%,外国控制的铁路为 5192.78 公里,占 54.0%。①

当时,人们将铁路比作人身上的血管,血管被他人控制以后,这人也

① 《清朝的铁路,英国为何获得最长?列强在华铁路占比有多少?》,https://baijiahao.baidu. com/s? id = 1650831619302655624&wfr = spider&for = pc。

就血脉不通、受人摆布了，因而形容枯槁、行将就木。20 世纪初中国铁路被列强控制的情况，从一个重要的方面表明中国社会半殖民地化程度正在逐步加深，国将不国。20 世纪初，中国国内之所以掀起收回路矿运动、纷纷筹资自办铁路和矿场，其根本原因就在于人们将铁路、矿山与爱国、救亡紧密地联系起来了。

较早将铁路与救亡紧密联系在一起的是梁启超。他在《瓜分危言》一文中强调，"若夫无形之瓜分，则欧人实行之于中国，盖已久矣"。他在文中所列无形瓜分的事例，首举"铁路权"。俄国、英国、德国、美国、法国等国，已占有东三省铁路、芦汉铁路、山海关牛庄铁路、津镇铁路、山东铁路、山西铁路、粤汉铁路、滇缅铁路、龙州云南铁路、北海南宁铁路。梁启超指出："一国犹一身也，一身之中，有腹心焉，有骨节焉，有脉络焉，有手足焉，有咽喉焉，有皮毛焉。铁路者，国之络脉也。矿务者，国之骨节也。财政者，国之肌肉也。兵者，国之手足也。港湾要地者，国之咽喉也。而土地者，国之皮毛也。"在当时的中国，脉络、骨节、手足、肌肉、咽喉已经被瓜分，"安得谓之为完人？""故无形之瓜分者，不过留此外观之皮毛以欺我耳"。在梁启超看来："有形之瓜分，人人得而知之，得而救之。无形之瓜分，则莫或知之，莫或救之。"不过，他坚信，"惟腹心则不可得而瓜分者也。腹心者何？我四万万同胞爱国之心、团结之力是也。有之则生，无之则死。生死之间，系兹一发。"[1]

梁启超在《灭国新法论》一文中写道："保全支那者，必整理其交通机关，今内河既已许外国通行小轮，而列国所承筑之铁路，必将实施速办，而此后更日有扩充矣。夫他人出资以代我筑当筑之铁路，岂不甚善？而无如路权属于人，路与土地有紧密之关系，路之所及，即为兵力之所及，二十行省之路尽通，二十行省之地，已皆非吾有矣。"梁启超还竭力反对借外债筑路，他认为："近者疆吏政策，复有以借款办维新事业为得计者，即铁路是其已事也。"梁启超指出，"凡借款者，其实收之数，不过九折"，"其还之也，十须十一"，负担极重。光绪初年，"借百万者几还二百万，是借款断无清还之期"。此外，"借洋债以作铁路，非以铁路作抵不可。路为中国之路，非以国家担债不可"。因此，"中国多开一铁路，即多

---

[1]　梁启超：《饮冰室合集》第 1 册，中华书局，1989，第 19~43 页。

一亡国之引线"。他在文中还大声疾呼,"吾犹愿后此之言维新者,慎勿学张之洞、盛宣怀之政策以毒天下也"。①

1911年,梁启超特撰《为川汉铁路事敬告全蜀父老》一文,再次强调列强的灭国新法:"列强之灭国新法实行于中国各省,而骎骎遂及我蜀。何谓灭国新法,昔之灭人国者,墟其社焉,潴其宫焉,废置其君相焉,系累其子弟焉。今也则不然。握其政府财政治权,夺其人民生计之路,剥肤吸血使之奄奄以尽,而国非其国矣。"列强在印度、小亚细亚、南美洲等地"皆握其铁路权、矿权而制之死命也"。在中国,自俄国修筑东三省铁路始,列强就"以铁路政策谋我"。而"列强谋所以瓜分中国之政策不一端,其最坚牢而最惨烈者,莫若铁路政策"。"四川铁路入他国手之日,即四川土地人民永服属于他国之日也。"有鉴于此,"吾蜀之铁路办亦办,不办亦办,办而办者,其权在我,而我蒙大利于无穷。不办而办者,其权在人,而受大害至不可思议"。

梁启超还从救亡的角度提出,四川铁路应当迅速修筑:"使非有英法两国攘臂坐索,则虽从容以俟诸数十年以后,或亦未晚也。无如现今主客所争,间不容发,我不投袂而起,彼即乘隙而来。"至于修铁路所需巨额资本,他希望全川6800万人民要考虑到"铁路为大利所在",因而"今日我辈不欲谋利则已,苟欲谋利,则投资于他事业,不如投资于铁路。投资于他铁路,不如投资于川汉铁路。铁路者,生利事业之大王,而川汉铁路者,又铁路事业之大王也"。

值得注意的是,梁启超还提出了关于修筑川汉铁路的一系列建议。诸如各界民众认购商股,官方认购官股,开办铁路学堂,工、农、商之产业,妇女儿童之私人积蓄,在川外省人士、票号、寺院之公产,各州县生息款项,等等,均被纳入铁路股本或投资人。川汉铁路的股票,"可以展转售卖,惟不得售之于本国人以外"。他甚至还提出,"稍有力者,勉认一股,以数十金之资,分数年交出,人人能办也","工人、妇女儿童等,若不能每人独认一股,不妨合数人共认一股,利益均沾也"。② 梁启超的这些建议,后来成为川汉铁路筹建过程中的若干仿行的方法。

---

① 梁启超:《饮冰室合集》第1册,中华书局,1989,第32~47页。
② 以上见梁启超《饮冰室文集》第25卷,中华书局,1989,第34~48页。

四　孙中山的铁路发展设想

辛亥革命胜利以后，孙中山于1912年1月就任中华民国临时大总统。孙中山十分重视铁路在国家经济发展中的地位和作用，早在1911年12月孙中山从海外回国就任途中，途经上海时，曾向南洋大学堂学生演讲，提出了宏大的铁路修筑计划：十年内修铁路十万英里。并勉励学生努力学习，掌握科学技术，力争在科学上赶上欧美强国。① 孙中山认为："我国一般之舆论，能作务本之谈者，皆以为振兴中国唯一之方法，止赖实业……实业之范围甚广，农工商矿，繁然待举而不能偏废者，指不胜屈。然负之而可举者，其作始为资本，助之而必行者，其归结为交通。今因从事于资本之企划、银行财团之组织，随在有人，而谈论交通者稍寡，热狂留意于交通事业中之重要所谓铁道者尤鲜，盖承前清扰乱于铁道事业之后，而厌倦中之，亦当然之趋势也。"② 但如果忽视铁路建设，事业建设也无法开展。孙中山指出："请问苟无铁道，转运无术，而工商皆废，复何实业之可图？故交通为实业之母，铁道又为交通之母。国家之贫弱，可以铁道之多寡定之，地方之苦乐，可以铁道之远近计之。"③ 孙中山还以美国和中国对比，进一步论证这个观点："凡立国铁道愈多，其国必强而富。如美国有铁道二十余万里，合诸中华里数，则有七十万里，乃成全球最富之国。中华之地五倍于美，苟能造铁道三百五十万里，乃可成全球第一之强国。否则，人们虽多，不能一呼即集，与少何异。幅员虽广，自南而北，自西徂东，交通不便，载运不灵，虽大无济。"④

1912年6月30日，叶恭绰、关赓麟发起组织中华全国铁路协会，孙中山被推举为名誉会长。⑤ 1912年9月，孙中山接受袁世凯委托的"筹办全国铁路全权"，就任全国铁路督办，并再次表达"于十年之内，修筑全国铁路二十万里"⑥ 的宏大设想。他开始集中精力投身于全国铁路建设中。

---

① 参见张毅、易紫编著《中国铁路教育的诞生和发展（1871—1949）》，西南交通大学出版社，1996，第10页。

② 《孙中山全集》第8卷，人民出版社，2015，第200页。

③ 《孙中山全集》第8卷，人民出版社，2015，第250页。

④ 《孙中山全集》第2卷，中华书局，2006，第391页。

⑤ 《孙中山全集》第2卷，中华书局，2006，第435页。

⑥ 《孙中山全集》第2卷，中华书局，2006，第431页。

随即，孙中山在上海成立中国铁路总公司，自任总理，下设调查处，具体拟定铁路修建规划。在 1912 年 6 月，孙中山就透露了他对全国铁路规划的设想。在他看来，清末时期时人所谓京汉、津浦、粤汉、川汉等铁路"干线"，"仍为腹地狭隘之计划，屈于前清孤儿寡妇愚弱政府之下，得此苟且聊以自足而已，尚非通筹全局，诚得完全强固、捷速振兴之要图者也"。① 何谓真正的"干路"，孙中山认为有三条："（一）南路：起点于南海，由广东而广西、贵州，走云南、四川间，通入西藏，绕至天山之南。（二）中路：起点于扬子江口，由江苏而安徽，而河南，而陕西、甘肃，超新疆而迄于伊犁。（三）北路：起点于秦皇岛，绕辽东，折入于蒙古，直穿外蒙古，以达于乌梁海。"② 成立中国铁路总公司后，孙中山再次重申他的铁路规划，和 6 月时相比略有变化，拟议的三条干线分别为：由广州经广西、云南接缅甸；由广州经湖南、四川达西藏；由长江口经江苏、安徽、河南、陕西、甘肃、新疆达伊犁。③ 两个计划的主要区别在于原拟的北路铁路干线被取消了。究其原因，大约是考虑到晚清时期铁路主要集中在东北和华北，故新修铁路重点放在华南、西南和西北。在多次演讲中，孙中山也谈到了路款的来源，主要有三个途径：一是（借用外款）开通全国及建筑铁路等，皆为要政。二是由外国资本筹办铁路，"初办宜定为民有，便于竞争速成，国家与以保护，限四十年后收为国有。"三是筹办铁路公司，"此公司系民业性质，与官厅不同，视日本之正金银行、三菱银行大略相等。"④

1913 年 3 月，宋教仁被刺，"二次革命"继起。"二月革命"遭袁世凯镇压后，孙中山和黄兴再次逃亡日本，孙中山的铁路建设计划尚未及实施即陷入停顿。

1919 年，孙中山撰写《建国方略》，更加详尽地对全国铁路建设进行了规划。孙中山首先提出铁路布局的四项原则。

第一，"必选有利之途"⑤ 原则。中国地大，各个地方物产多寡、人口

---

① 《孙中山全集》第 8 卷，人民出版社，2015，第 201 页。
② 《孙中山全集》第 2 卷，中华书局，2006，第 383～384 页。
③ 交通部、铁道部交通史编纂委员会编印《交通史·路政篇》第 1 册，1935，第 145 页。
④ 《孙中山全集》第 8 卷，人民出版社，2015，第 193、215、243 页。
⑤ 《孙中山选集》上卷，人民出版社，2011，第 315 页。

稠稀等自然、社会情况千差万别，"铁路之设，间于人口繁盛之区者其利大，间于民居疏散之地者其利微，此为普通资本家、铁路家所恒信；今以线路横亘于荒僻无人之境，如吾人所计划者，必将久延岁月，而后有利可图"。但仅在富庶之区修建也并非最为有利，铁路"两端皆人口至多者，舍特种物产此方仰赖彼方之供给而外，两处居民大都生活于自足经济情况之中，而彼此之需要供给不大，贸迁交易，不能得巨利"。最能获利的，是连接人口众多和稀少地区的铁路，因为"新开土地从事劳动之人民，除富有粮食及原料品，以待人口多处之所需求而外，一切货物，皆赖他方之繁盛区域供给，以故两方贸易必臻鼎盛"。此外，从旅客运输角度看，"其在一方人口多而他方人口少者，每筑铁路一米开始输运，人口多处之众必随之而合群移住于新地，是则此路建筑之始，将充其量以载行客"。①

第二，"抵抗至少"原则。② 所谓"抵抗"，指的是自然条件和社会条件的障碍。从自然条件说，在选择线路时应尽量绕开高山大河的梗阻。从社会条件说，即要充分利用已有的铁路网，又不能导致各路争利，增加消耗。

第三，"地位适宜"原则。③ 这条原则强调的是铁路布局中各条铁路要彼此呼应，形成铁路网，同时注意与国际铁路网的连接。以西北地区铁路为例，孙中山强调要从"将为欧亚铁路系统之主干，而中、欧两陆人口之中心，因以联结"的视野来认识，"由太平洋岸前往欧洲者，以经此路线为最近；而由伊犁发出之支线，将与未来之印度、欧洲线路（即行经伯达，以通达马斯加斯及海楼府者）联络，成一连锁"，"综观现在铁路，于世界位置上无较此重要者矣"。④

第四，"国民需要"原则。⑤ 这个原则指的是修筑铁路的功能。铁路从功能上看，大体为政治需要、军事需要和经济社会需要。所谓"国民需要"是把经济社会功能放在突出的位置。和"必选有利之途"联系起来考虑，孙中山主张优先修建联结中国东南部沿海沿江大城市与边远地区之间的铁路，以便利移民实边，以发达地区带动西北不发达地区发展。

---

① 《孙中山选集》上卷，人民出版社，2011，第236、237页。
② 《孙中山选集》上卷，人民出版社，2011，第234页。
③ 《孙中山选集》上卷，人民出版社，2011，第234页。
④ 《孙中山选集》上卷，人民出版社，2011，第234~236页。引文中伯达，即巴格达；达马斯加斯，即大马士革；海楼府，即开罗。
⑤ 《孙中山选集》上卷，人民出版社，2011，第236页。

在四个原则基础上，孙中山设计了详尽的中国铁路六大系统。

中央铁路系统。"此系统将为中国铁路系统中最重要者，其效能所及之地区，遍包长江以北之中国本部，及蒙古、新疆之一部。"其所以"最重要"，是因为"此广大地域之经济的性质，则其东南一部人口甚密，西北则疏；东南大有矿产之富，而西北则有潜在地中之农业富源"。[①] 该区拟新建铁路24条，总长16600英里。按孙中山设想，该地域除已有铁路线外，还需修建线路24条：东方大港塔城线、东方大港库伦线、东方大港乌里雅苏台线、南京洛阳线、南京汉口线、西安大同线、西安宁夏线、西安汉口线、西安重庆线、兰州重庆线、安西州于阗线、婼羌库尔勒线、北方大港哈密线、北方大港西安线、北方大港汉口线、黄河港汉口线、芝罘汉口线、海州济南线、海州汉口线、海州南京线、新洋港南京线、吕四港南京线、海岸线、霍山嘉兴线。[②] 北方大港指在秦皇岛和大沽口之间拟建的港口，东方大港拟建于上海。

东南铁路系统。"本系统纵横布列于一不规则三角形之上。此三角形以东方大港与广州间之海岸线为底，以扬子江重庆至上海一段为一边，更以经由湖南之广州重庆甲线为第二边，而以重庆为之顶点。此三角形全包有浙江、福建、江西三省，并及江苏、安徽、湖北、湖南、广东之各一部。此地富有农矿物产，而煤铁尤多，随在有之，且全区人口甚密，故其建铁路，必获大利。"[③] 东南铁路系统计划修建铁路13条，总长9000英里。13条线路为：东方大港重庆线、东方大港广州线、福州镇江线、福州武昌线、福州桂林线、温州辰州线、厦门建昌线、厦门广州线、汕头常德线、南京韶州线、南京嘉应线、东方南方两大港间海岸线、建昌沅州线。[④] 南方大港拟建于广州。

东北铁路系统。该系统"包括满洲之全部，与蒙古及直隶省之各一部分"。这个区域有"广浩肥美之平原"，盛产大豆和其他平原谷类，且"森林、矿产素称最富，金矿之发见于各地者亦称最旺"。[⑤] 除已有铁路外，拟

① 《孙中山选集》上卷，人民出版社，2011，第318页。
② 《孙中山选集》上卷，人民出版社，2011，第318~319页。
③ 《孙中山选集》上卷，人民出版社，2011，第328页。
④ 《孙中山选集》上卷，人民出版社，2011，第328~329页。
⑤ 《孙中山选集》上卷，人民出版社，2011，第333、334页。

新建铁路 20 条，总长 9000 英里。该区域拟先于哈尔滨西南偏 100 英里处建立铁路中区，名为"东镇"，然后以此为中心展筑铁路，计有：东镇葫芦岛线、东镇北方大港线、东镇多伦线、东镇克鲁伦线、东镇漠河线、东镇科尔芬线、东镇饶河线、东镇延吉线、东镇长白线、葫芦岛热河北京线、葫芦岛克鲁伦线、葫芦岛呼伦线、葫芦岛安东线、漠河绥远线、呼玛室韦线、乌苏里图们鸭绿沿海线、临江多伦线、节克多博依兰线、依兰吉林线、吉林多伦线。①

西北铁路系统。该区域包括蒙古、新疆和甘肃一部分。孙中山认为，蒙古有畜牧传统，只是因运输落后尚未开发。将来倘能利用科学方法发展其畜牧事业，同时并兴筑铁道，吸引人口繁盛地区过剩人口前来开发，意义重大。该区域铁路分为两期，先修 7000 英里，在此基础上再修筑 18 条线路，长 16000 英里。第一期 7000 英里铁路，自北方大港起，经滦河谷地，到多伦诺尔，然后分为 8 条线路：第一线，向北偏东北走，与兴安岭山脉平行，经海拉尔，以赴漠河；第二线，向北偏西北走，到中俄边境和俄国西伯利亚大铁路接通；第三线，向西北，转正西，再转西南，沿沙漠北境，至迪化；第四线，由迪化至伊犁；第五线，由迪化东南，经天山南麓与戈壁中间伸向西南，至喀什噶尔，再折向东南，至于阗；第六线，于多伦诺尔至迪化间开一支线，经库伦至恰克图；第七线，于多伦诺尔至迪化间开一支线，经乌里雅苏台向西北方向到达边境。第八线，由干线丙接合点出发，西北走，达边境。② 在此基础上扩展的 18 条线路为：多伦恰克图线、张家口库伦乌梁海线、绥远乌里雅苏台科布多线、靖边乌梁海线、肃州科布多线、西北边界线、迪化乌兰固穆线、戛什温乌梁海线、乌里雅苏台恰克图线、镇西库伦线、肃州库伦线、沙漠联站克鲁伦线、格合克鲁伦节克多博线、五原洮南线、五原多伦线、焉耆伊犁线、伊犁和阗线、镇西喀什噶尔线。③

西南铁路系统。该区包含"四川，中国本部最大且最富之省份也；云南，次大之省也；广西、贵州，皆矿产最丰之地也；而又有广东、湖南两

① 《孙中山选集》上卷，人民出版社，2011，第 335 页。
② 《孙中山选集》上卷，人民出版社，2011，第 233～234 页。
③ 《孙中山选集》上卷，人民出版社，2011，第 344～345 页。

省之一部"①。该地铁路网和广东相连接，正可互相补充。本区规划的铁路有7条，总长7000英里。7条铁路为：广州重庆线，经由湖南；广州重庆线，经由湖南、贵州；广州成都线，经由桂林、泸州；广州成都线，经由梧州、叙府；广州云南大理腾越线至缅甸边界为止；广州思茅线；广州钦州线，至安南界东兴为止。②

高原铁路系统。包括西藏、青海、新疆之一部和甘肃、四川、云南等地方，为"铁路计划之最后部分"。③该区拟建的铁路有16条，共长11000英里。具体为：拉萨兰州线、拉萨成都线、拉萨大理车里线、拉萨提郎宗线、拉萨亚东线、拉萨来吉雅令及其支线、拉萨诺和线、拉萨于阗线、兰州婼羌线、成都宗札萨克线、宁远车城线、成都门公线、成都沅江线、叙府大理线、叙府孟定线、于阗噶尔渡线。④

六大系统拟建铁路共68600英里，未达10万英里之数，但仍足够宏伟。孙中山对于铁路对经济社会发展的认识，对铁路网的总体设计，即使以今日眼光视之，可取之处也有不少。如能大部分实现，将深刻改变中国的面貌。

孙中山曾将该计划刊于报章，并函寄若干人征求意见，寻求支持，也得到了一些积极的回应。美国驻华公使芮恩施回函，表示："先生对于此重要问题，能以宏伟精深之政策运用之，可喜可贺。……若依此办法，中国应享之权利无不可保矣"；⑤美国商务总长刘飞尔复函称："而阁下之所谓中国之经济发展将为人类全体最大利益，不特中国人食赐，尤所赞成也"；⑥意大利陆军大臣嘉域利亚回函认为：该计划"所造之深与其带有现代精神之活气，使我不禁为最高之代［评］价也"；⑦北京政府交通部顾问碧格读到《远东时报》上刊载的计划，专门致函，认为："阁下于此已于铁路经济理论上致一具体之贡献"⑧。这些评价，或有客气的成分，但总体

---

① 《孙中山选集》上卷，人民出版社，2011，第298页。
② 《孙中山选集》上卷，人民出版社，2011，第299页。
③ 《孙中山选集》上卷，人民出版社，2011，第353页。
④ 《孙中山选集》上卷，人民出版社，2011，第354页。
⑤ 《孙中山选集》上卷，人民出版社，2011，第392页。
⑥ 《孙中山选集》上卷，人民出版社，2011，第394页。
⑦ 《孙中山选集》上卷，人民出版社，2011，第396页。
⑧ 《孙中山全集》第6卷，中华书局，2006，第409页。

看，他们还是严肃对待孙中山的计划的。因为除了肯定之外，他们也谈到了一些不同意见。如芮恩施认为孙中山对中国经济对铁路的需求估计过高，"故为目前计，五万英里之铁路似可最敷需用"。① 刘飞尔则对孙中山的筹款设想表示了怀疑："其必要之债所需利息如何清付，实为第一解决之问题。以中华民国收入负担，现在国债，利息太重，难保新增之息必能清付。则今日似必要将此发展计划限制，以期显有利益足引至私人资本者为度。"②

上述意见和担心的确反映了孙中山铁路计划的缺陷，即未对实际需要精密调查，对经费筹集也太过乐观。此外，孙中山没有详尽地利用资料，他用尺子在地图上画出的铁路线有些地方和实际地貌相去甚远，在技术上也是无法实现的。结合当时的政治、经济现实，就更加脱离实际了。

综上所述，中国共产党的铁路政策从马克思主义经典作家的论述和中国近代铁路发展思想中至少得到了三点启示，这些都融入新中国成立后的铁路建设、运营和管理中。一是，铁路对于社会主义国民经济的恢复和发展，尤其是新兴的无产阶级政权有着至关重要的作用。二是，社会主义国家的铁路有独有的特征和性质，这就决定了其管理体制不同于资本主义国家。三是，基于鸦片战争以来的百年屈辱史，铁路之于中国有着民族独立与自强的象征。这是中国铁路区别于其他国家的最大不同。

---

① 《孙中山选集》上卷，人民出版社，2011，第392页。
② 《孙中山选集》上卷，人民出版社，2011，第394~395页。

第三章　以计划为主的铁路政策
（1949—1975）

　　中国铁路的发展是伴随着帝国主义对中国的侵略掠夺而至的。回顾旧中国铁路产生和发展的历史，实际上就是一部帝国主义的侵略史，是中国逐步沦为半殖民地半封建社会的历史。直到新中国诞生，中国铁路才得到了新生，也才得以真正的发展。从此中国人民收回了路权，有权力决定中国铁路的发展方式和发展路径。

　　自晚清政府开始，西方列强掠夺中国的铁路路权，大体可分为两个阶段。第一阶段是第二次鸦片战争至中日甲午战争时期。1860年第二次鸦片战争后，英、法、沙俄等帝国主义国家，先后把不平等的《北京条约》《天津条约》《瑷珲条约》强加于中国，明目张胆地要在中国领土上修建铁路。尽管清王朝对于帝国主义列强的侵略节节退让、丧权辱国，但是封建落后的意识对于西方先进科学技术一律采取排斥态度，同时对于帝国主义列强深入内地，危及其统治利益也存有戒备，所以对于帝国主义列强的筑路要求，开始是持反对和拒绝态度，认为修筑铁路会"失我险阻，害我田庐，妨碍我风水"[1]。

　　第二阶段由甲午战争至辛亥革命，这是帝国主义列强疯狂掠夺中国铁路权的主要时期。甲午战争战败后，清政府被迫签订了《马关条约》，帝国主义列强在中国擅自划分势力范围，形成了掠夺铁路权的高潮。沙皇俄国通过《中俄密约》，掠取了东三省的铁路建筑和经营权。接着俄德两国

---

① （清）文庆等纂辑《筹办夷务始末》（同治朝）卷50，上海古籍出版社，2008，第32页。

同谋，迫使清廷与德国签订了《中德胶济租界条约》而霸占了胶州湾和山东省的铁路权。在南方等待多年的法国，一举夺走了云南、两广的铁路权而建立了自己的势力范围。据《中国近代经济史统计资料》，从 1876 年至 1911 年的 36 年中，中国被列强所控制的铁路里程约占总长的 93.1%，中国自主的铁路里程仅占总长的 6.9%。

第一节　高度集中的领导体制

铁路对新中国的经济发展有着不可替代的重要作用。首先，我国复杂的地形地貌决定了必须利用铁路载运量大的特性。我国领土东西南北各相距 5000 多公里，地形上西高东低，大江大河几乎都是东西走向，这种情况决定了我国南北方向的运输主要靠陆上交通来完成。其次，由于我国的资源分布不均衡，西煤东运，北煤南运，南磷北运，东北的木材、粮食、石油入关，西北的盐、石油东运等已成定势。东西方向虽有几条可通航的大河，但覆盖面有限，东西方向的运输主要靠陆上交通。再次，从运量构成看，原材料、燃料、矿石占有很大比重，这些属于初级产品，附加价值低，加工后失重多，而且运距长，因此对运费的负担能力弱，而铁路运输成本低、运价低，在中长距离运输中具有优势，这些货物的运输适宜于铁路这种运输方式。最后，新中国成立初期工业发展的实际阶段决定了铁路的重要地位，铁路在工业化初期的运输体系中占据主导地位，这是世界各国的普遍现象。在这一阶段中，铁路从扩大市场规模和向社会提出巨大的产品需求两个方面促进了冶金、能源、机械制造等工业的发展，加速了国家工业化的进程。

一　集中统一领导制度的形成

新中国成立初期，我国铁路管理模式深受苏联影响，其突出特点有三：一是强调经营管理上必须实行集中统一领导；二是用军事化管理制度以保证严格的劳动纪律；三是着手建立群众充分参与的人民铁路管理体系。

1918 年列宁在《苏维埃政权的当前任务》一文初稿中特别强调："我们目前的任务就是要在经济方面实行民主集中制，保证铁路、邮电和其他运输部门等等经济企业在发挥其职能时绝对的协调和统一。"① 因此，在解放战争胜利前夕，即 1949 年 1 月 10 日，由周恩来起草并经中共中央政治局会议审定通过的《军委关于成立军委铁道部的决定》（以下简称《决定》）完全体现了列宁的铁路管理思路。《决定》开篇行文即表明成立军委铁道部是为了快速修复长江以北的主要铁路，以利人民解放军南进的运输和供应。同时指出，统一全国各解放区铁路的修建管理和运输是军委铁道部的法定职责。②

根据《决定》，军委铁道部在 1949 年 1 月 28 日—2 月 7 日，在石家庄召开首次铁路工作会议。军委铁道部部长滕代远在会上强调了集中统一领导对当时铁路发展的重要性，并且提出了"三个统一"：根据战争和生产的实际需要，铁道部统一铁路的组织与领导；为了加快铁路建设与修复，铁道部统一所有材料的调配与使用；为了达到铁路安全、迅速，且降低成本的目的，铁道部统一管理全路的主要规章制度以及铁路建设的规格标准。③

新中国成立之初，国民经济千疮百孔，恢复和发展国民经济的首要任务就是解决交通运输问题。1949 年 9 月 15 日，中共中央认识到，在中国还处于新民主主义发展阶段时，铁路运输在对消灭国民党反动派和恢复国民经济上有着极其重要的作用。因此中共中央指出：铁道部的重要任务是要迅速地恢复铁路交通，以保证前方军需用品的运输。④

列宁在恢复和发展苏俄铁路时，特别重视铁路工人的纪律问题，他认为，为了保证铁路行业有铁的纪律，必须实行军事化管理。"我们的口号应当只有一个：认真学习军事，整顿铁路秩序。没有铁路而要进行社会主义革命战争，就是十足的叛变。必须建立秩序，必须培养能够取得优异革命成就的最大毅力和力量。"⑤ "只有在生活的各个领域中，特别是在铁路运输和水路运输方面建立钢铁般的革命秩序，只有建立工人的铁的纪律，只有工人以自我牺牲精神帮助鼓动队和军队去反对资产阶级，反对富农，

① 《列宁全集》第 34 卷，人民出版社，2017，第 139 页。
② 《建党以来重要文献选编（1921—1949）》第 26 册，中央文献出版社，2011，第 35 页。
③ 徐增麟主编《新中国铁路 50 年（1949—1999）》，中国铁道出版社，1999，第 25 页。
④ 中国社会科学院、中央档案馆《1949—1952 中华人民共和国经济档案资料选编》交通通讯卷，中国物资出版社，1996，第 141 页。
⑤ 《列宁全集》第 34 卷，人民出版社，2017，第 23 页。

只有贫苦农民独立地组织起来，才能拯救国家和革命。"①

1949年2月20日，为加强党对铁路工作的领导，中共中央军委决定成立军委铁道部临时委员会，由滕代远、吕正操、武竞天组成常委会，滕代远担任书记。根据中央军委部署，军委铁道部以华北政府交通部所管铁道机构为基础加以扩充，具体事宜由罗荣桓与东北局协商处理。中央还决定由东北铁道部中的部分行政人员和专业技术人员来扩充军委铁道部的必须人手，还专门提出其中"应包括一个可以担任铁道部副部长或总工程师的人"②。根据中央军委命令，第四野战军铁道纵队在1949年5月16日改组成中国人民解放军铁道兵团，划归军委铁道部领导，滕代远任兵团司令员、吕正操任副司令员。这种安排是为了便于铁道部统一组织与领导新组建的铁道兵团。

新中国建设的铁路是人民铁路，其首要特色就是要充分发动人民群众参与到铁路建设中来，以保证铁路是为人民而建。1949年7月9日，全国铁路职工临时代表大会在北京召开。毛泽东、周恩来、朱德等参加大会。毛泽东在大会上作了《依靠群众办好铁路建设事业》的讲话。毛泽东首先明确表示无产阶级能够修好铁路，能够建成以往政权不能建成的铁路。他说："在辛亥革命前就想修筑成渝铁路，并在辛亥那年闹过保路风潮，到现在已经三十八年了。这条铁路国民党政府只修了很短的一小段。这就说明靠国民党政府要办好铁路是不可能的。我们跟它是不同的，我们能够恢复铁路和建设好铁路。过去，我们是无产阶级，什么'产'都没有，怎么能修建铁路呢？今天，我们个人没有'产'，但我们有了国家，有了群众，有了干部，有了工程师……只要我们依靠群众，就有力量，就能够修好铁路。"同时，毛泽东首次提出了新中国修建铁路的初步目标是建成"几十万公里"铁路。毛泽东进一步阐述了依靠和团结的广大的群众指的是工人阶级、农民阶级、小资产阶级和自由资产阶级。他还指出："不管是共产党员或不是共产党员，只要是想把中国搞好的人，都要团结他们，这样困难就可以克服，我们的人民铁路建设事业就可以从少到多，从二万多公里一步一步地发展下去。"③

① 《列宁全集》第34卷，人民出版社，2017，第391页。
② 《建党以来重要文献选编（1921—1949）》第26册，中央文献出版社，2011，第35页。
③ 《毛泽东文集》第5卷，人民出版社，1996，第305、306页。

1949 年 10 月 1 日，中华人民共和国成立。根据中国人民政治协商会议通过的《中华人民共和国中央人民政府组织法》第十八条规定，政务院下设铁道部，负责该部门的国家行政事宜，并且由财政经济委员会指导其工作。① 经过一系列的筹划安排，我国铁路管理体系逐渐形成了铁道部—铁路局—铁路分局—基层站段的四级管理模式。

在这种集中统一领导制度建立的过程中，我国的铁路发展出现了三个明显的特点：一是高效地建立起了全路统一的规章制度；二是快速地解决了铁路系统接管问题；三是极大地促进了全国铁路的修复工作。

军委铁道部成立伊始，就开始着手研究制定适用于全路的规章制度。1949 年 4 月 8 日，首次召开的全国铁路运输会议主要研究了统一调拨军运机车车辆、抢修机车车辆的问题，并制定了相关办法。4 月 10 日，中国人民革命军事委员会主席毛泽东，副主席朱德、刘少奇、周恩来、彭德怀联名公布《铁路军运暂行条例》。6 月 1 日，《铁路调度统一办法》即行颁布实施，全国铁路系统开始实施统一的有计划的调度工作。5 月 18 日—6 月 7 日，军委铁道部又召开了全国首次铁路运价会议。会议根据我国不同地区客货运运价的不同情况，规定了全路统一的货物分等和技术转载吨数，明确了运价"递远递减"的原则。7 月 10 日，客货运规则和货物运价规则正式颁布实施，逐步统一了全路的客货运运价和运送规则。由此可见，在军委铁道部成立短短一年时间内，就建立了全国通行的各种规章制度，有力地保证了铁路系统集中统一领导的实现，使远远落后于发达国家的中国铁路在机制体制上快速形成了高度集中、统一领导、半军事化管理的行政系统。

二 民主改造与党组织建设

铁路系统实行集中统一领导的另外一个优势是在特殊时期较快地解决了历史遗留问题，集中体现在对官僚买办阶级控制的铁路企业的接管和民主改造上。

关于铁路接管问题，1949 年 1 月 15 日，中共中央下发《关于接收官

---

① 中共中央文献研究室主编《中华人民共和国开国文选》，中央文献出版社，1999，第264 页。

僚资本企业的指示》，明确了接收官僚资本企业的若干原则：一是要保证原有企业组织的正常运行。《中共中央关于接收官僚资本企业的指示》中明确指出对于接收来的工厂、矿山、铁路、邮政、电报及银行等，如果原来的负责人仍然在岗，并且愿意继续为社会主义服务，只要不是破坏分子，应该让本人继续工作。同时，军管会只派军事代表实施具体监督，而不要代替其岗位职责。二是应该尽可能地保留企业原有的合理制度。尤其是原有企业实施的工资标准以及奖励制度、劳动保险制度等，接管机构和人员不能随意取消或任意修改。三是企业应该设立监督职能机构，如政治部等。四是对于国民党原有的政治机构，如军队、警察、法庭、监狱及其各级政府机构，应该彻底废除，坚决不能继续使用，接管后必须重新建立新的政治机构来开展具体工作，在旧国民党系统内的人员也只能在经过改造后，有区别地加以任用，而不能在未经改造的情况下继续使用。[①]

1949 年 4 月 3 日，华东局呈请中共中央审定《华东局关于接管江南城市的指示（草案）》，其中要点是首先应该成立军管会，对 5 万人以上的城市进行军事化管理，以便迅速恢复城市秩序和交通。"对一切官僚资本的企业及其他各种公共企业，如工厂、矿山、铁路、邮电、轮船、银行、电灯、电话、自来水、商店、仓库等，必须一律接管。"并且再次强调："我们在接管官僚资本企业与公共企业时，应采取自上而下、按照系统、原封不动、整套接收的办法。"[②]

1949 年 4 月 25 日，《中共中央对华东局关于接管江南城市指示草案的批示》中指出："国民党的官僚资本企业中，大多有大批冗员及官僚制度，例如工厂中的警卫科、厂警等，工人、职员十分不满，要求迅速改革。而这些人员和机构，也可以迅速改革。故在确定工厂管理关系后，应即发动工人迅速改革这些制度，以利生产。"[③]

综合中央前后指示来看，关于铁路官僚资本企业的接管原则，主要有三个：一是整体接管，包括铁路机车、铁路员工和管理制度等。二是利用成立的军管会最大限度地维持铁路秩序。三是充分发挥铁路员工积极分子

---

① 参见《建党以来重要文献选编（1921—1949）》第 26 册，中央文献出版社，2011，第 44～46 页。
② 《建党以来重要文献选编（1921—1949）》第 26 册，中央文献出版社，2011，第 336 页。
③ 《建党以来重要文献选编（1921—1949）》第 26 册，中央文献出版社，2011，第 331 页。

的先锋模范作用，发动群众参与铁路接管。"解放初期，首先公开了地下职工联合会的组织，以推动抢修、清点、接管工作，并在这个基础上，发现积极分子。至八月份，相继成立了厂、段、站工会的筹委会，九月底，成立全路筹委会。"① 随着群众参与管理工作的不断推广，"在评功运动的基础上，与全路庆功大会同时，全路工会亦已成立"，至 1949 年 12 月已有 6 个分会，123 个基层工会，会员 32616 名，占全路职工的 92.5%，培养了工会干部 212 人。②

在建立了通行全国全路的政策法规基础上，对铁路官僚资本企业的接管也稳步推行。与此同时，全国铁路修复工作取得了巨大成绩。

在石家庄召开的首次铁路工作会议上，确定当时铁路系统的主要工作是抢修全国铁路，围绕解放全中国这一中心任务开展。按照会议研究决定，全国铁路抢修工作按照三个阶段进行。

第一阶段是 1949 年 1 月—4 月，重点抢修支持渡江战役的主要铁路动脉。经过 4 个月奋战，铁路通车里程增加 1000 公里，40 天内运送 200 万人民解放军渡江南下，开行军运列车 378 列。第二阶段是 1949 年 4 月—10 月。在这期间，铁路纵队主要修复了津浦铁路南段和沪宁、沪杭、宁芜铁路全线，以及浙赣铁路东段和南浔铁路全线，还修复了平汉铁路、粤汉铁路、陇海铁路部分道路。近半年时间，全国铁路通车里程又增加了 4400 多公里。第三阶段为 1949 年 10 月—12 月，在铁道兵团和各铁路局的通力合作下，修通了京汉线、粤汉线、陇海线、浙赣线等交通大动脉，全国铁路基本连成整体。在整个 1949 年，全国共抢修铁路 8178 公里，抢修桥梁 2717 座。③

新中国成立以前，国民党对于铁路的控制主要特点之一是"党务化"，即在各条铁路成立特别党部，以加强对铁路系统的控制。抗日战争结束后，大量国民党军官进入铁路系统担任骨干。新中国成立之初，军统和中统更是安插大量特务潜伏于铁路系统之中。这些特务以帮会、封建把头、包工头等形式组成特定的利益集团开展反动活动。因而铁路系统面临的首

---

① 上海铁路局革命委员会：《关于接管工作的报告和总结（1949 年）》，中国铁路总公司档案史志中心，档案号：2.14 - 2。

② 上海铁路局革命委员会：《关于接管工作的报告和总结（1949 年）》，中国铁路总公司档案史志中心，档案号：2.14 - 2。

③ 徐增麟主编《新中国铁路 50 年（1949—1999）》，中国铁道出版社，1999，第 27～28 页。

要任务就是进行民主改革。

铁路系统的民主改革是在全心全意依靠工人阶级的思想指导下，从启发广大职工的阶级觉悟入手的。1951 年 1 月 1 日中共中央印发了《关于在全党建立对人民群众的宣传网的决定》。铁路系统的各级党组织展开果断而迅速的行动，坚决贯彻落实中央决定。以铁路系统各级党委为领导，逐步建立起系统内的各项制度，如卡片制、包干制、会议制、检查制等。据东北、天津、济南和衡阳等铁路管理局政治部统计，仅 1 年时间内"就已拥有宣传员20674 名，占上述各局职工总数的 4.9% 强。其中党员占 12809 名；团员占4420 名；非党积极分子及劳模等占 3446 名。在 2767 个支部中，已建立宣传网的有 2580 个支部"①。各铁路局也积极开展铁路员工的思想政治教育工作，例如组织专门的学习班、学习小组进行马克思主义理论的学习；通过树立正面典型员工，号召普通工人学习先进；组织先进分子开展帮扶活动等。②

1951 年 11 月 5 日，基于抗美援朝、土地改革和镇压反革命等国内外因素，中共中央印发《关于清理厂矿交通等企业中的反革命分子和在这些企业中开展民主改革的指示》。铁道部政治部也在第一时间，根据中央精神，向全路下发了《关于发动群众进行民主改革的指示》。铁道部根据全路民主改革具体情况，指出对于已经进行过民主改革的老解放区铁路企业，还遗留着一些改革不彻底的问题，个别单位还没有触动，应该"补课"。这条措施主要是为了贯彻中共中央提出的"所谓补课的问题，必须根据各地不同的情况分别地处理，应该是缺什么补什么，缺多少补多少。如果不根据各地方各企业的实际情况而千篇一律地看待这类问题，这是错误的；但如果需要补课而不去适当地补课，这也是错误的"③。

铁道部还指出，对于解放较晚地区的铁路系统，目前正在进行民主改革，任务还很艰巨，要不失时机地抓紧抓好。全路的民主改革要坚决依靠群众，从头开始，搞好民主改革。但同时民主改革必须按照中央提出的方针、政策和方法、步骤推进，要把民主改革作为铁路系统一项重要的政治任务来完成。整个运动一直持续到 1952 年 7 月，伴随"三反""五反"运

---

① 《加强党对宣传网的领导》，《人民铁道》1952 年 1 月 1 日。
② 北京铁路分局政治处通讯组：《中共北京铁路分党委会加强领导宣传工作的几点经验》，《人民铁道》1951 年 12 月 20 日。
③ 《建国以来重要文献选编》第 2 册，中央文献出版社，1992，第 460 页。

动的胜利结束而完成。

民主改革完成以后，确立了党对铁路系统的领导，从思想上和组织上基本肃清了国民党残留势力的不良影响，使整个铁路系统转变成为社会主义新型生产关系的国有企业，把职工群众从旧的落后的生产关系中解放出来，真正成为企业的主人。对于这些变化，基层工人也深有感触，"民主改革以后，工友们加强了责任心，端正了劳动态度，工作有了显著进步……党的威信提高了……公认群众成为了真正的主人，工作也愉快了……即使多干活，也感到痛快"①。

在推进民主改革的同时，铁路系统的基层党组织建设也在有条不紊地开展。1950年8月，铁道部召开京津全路支部书记联席会议，天津铁路局政治部代主任叶克明分析了基层党组织在铁路运输中的重要作用，他说："目前要求提高支部在思想战线与生产战线上的战斗堡垒作用，而各个支部威信的提高及其对生产上的作用之大小，决定于支部本身的工作，我们有些党的工作干部，未把工作作好而先要别人服从，或先讲权利，这是不对头的想法。同时还有些干部轻视支部的作用，轻视党的工作，甚至不愿作政治工作，这也是必须加以纠正的。"② 铁路基层党组织是铁路系统开展各项工作的最基本的组织保障，在提高广大职工的政治思想认识，以及准确地贯彻党的路线、方针、政策中发挥着重要作用；不仅巩固了铁路系统数百万职工对社会主义的制度认同，而且也是党在铁路系统坚持党的领导，提高号召力、增强凝聚力和增加影响力的重要载体。因此，自新中国成立以来，以至改革开放以后，铁路运输系统一直都非常重视党的基层组织建设。

第二节　有计划发展的铁路政策

一　中长铁路与苏联经验

新中国成立初期，我国铁路管理体制深受苏联影响，其中的典型是中

---

① 《郑州机务段的民主改革》，《人民铁道》1951年11月15日。
② 《提高党支部在铁路运输上的责任与作用——天津铁路局政治部主任任叶克明同志在京津全路支部书记联席会议上总结发言》，《人民铁道》1950年8月16日。

长铁路（中国长春铁路的简称）。中长铁路经过了中苏合办和中国独管两个阶段，政府层面有意识地将中长铁路的经验推广到全路，进而较大地影响了我国铁路系统的建立。

中长铁路原名中东铁路，为一条"T"字形铁路。其中东西线西起满洲里，经哈尔滨，东达绥芬河，全长 1514 公里；南北线起于哈尔滨，经长春，到达旅顺口，全长 974 公里。中长铁路于 1898 年 8 月正式动工，1903 年 7 月 14 日正式通车运营。根据 19 世纪末沙皇俄国诱逼清政府签订的《御敌互相援助条约》、《中俄合办东省铁路公司合同章程》和《中俄会订条约》，中长铁路实行"中俄合办"，中国政府派出督办担任铁路公司理事长，但实际上中方并不掌握铁路的任何决定权，路权及经营权均在沙皇俄国手中。

1931 年"九一八事变"后，中长铁路控制权为日本所得。1945 年 8 月，苏联发表对日作战宣言，并出兵中国东北，中长铁路重新为苏联夺回。8 月 14 日，苏联与国民政府签订《中苏友好同盟条约》和《中苏关于中国长春铁路之协定》，按照条约规定，中长铁路为两国共有共管，30 年后苏联政府无条件交还中国政府。1948 年 11 月，沈阳解放，国民政府代表中国参与共管中长铁路的历史宣告结束。

其实早在新中国成立之前，苏联方面已经在考虑与中共合营中长铁路企业的问题。1948 年 2 月，苏联部长会议副主席米高扬专门签批了《长春铁路及苏中合营企业的报告》。该报告就中苏两国共同合营中国长春铁路提出了方案，包括为中长铁路培训干部、解决东北干部的物质问题、中长铁路的法律适用问题、铁路沿线土地问题等。[1] 从后来的中长铁路合营模式看，基本按照此设想推进。1948 年 11 月 9 日，苏联交通部副部长马利克维奇与外交部副部长佐林研究决定，首批派遣 200 名苏联铁路员工前往长春帮助中共管理中长铁路。[2]

1950 年 2 月 14 日，中苏两国政府签订《中苏友好同盟互助条约》及《中苏关于中国长春铁路、旅顺口及大连的协定》。[3] 在该协定中，苏联政

---

[1]　沈志华主编《俄罗斯解密档案选编》（中苏关系）第 1 卷，东方出版中心，2014，第 236 页。
[2]　沈志华主编《俄罗斯解密档案选编》（中苏关系）第 1 卷，东方出版中心，2014，第 293 页。
[3]　沈志华主编《俄罗斯解密档案选编》（中苏关系）第 2 卷，东方出版中心，2014，第 279 ~ 280 页。

府声明放弃在大连和长春铁路的一切权利，所有权利归还中华人民共和国。同时规定，对日和约缔结后，苏联政府立即将中长铁路以及属于该铁路的全部财产无偿移交中方所有。双方在管理机制上，采取轮值模式，即中苏双方轮值委派铁路局局长，副局长则由另一方委派担任。

在 1950 年 2 月 26 日的《人民铁道》报上，一篇题为《感谢伟大友情的赠与——我国铁路迅速恢复的钥匙》的文章中，作者以优美的言辞表达了内心的喜悦："自抗日战争爆发以来就不复存在的中国大陆的铁路网，已经以惊人的速度恢复起来了。如今，列车不分昼夜地吼叫着，自长白山奔向珠江。"[1]

1950 年 4 月 21 日，中苏两国政府代表在北京商议决定成立中国长春铁路公司，作为该铁路在移交中国前的共管机构。1952 年 12 月 31 日，中长铁路结束了中苏两国共管的历史，苏联将中长铁路正式移交给中国政府。朱德副主席在当天的《人民铁道》报上题词"长春铁路的辉煌成就是中苏两国人民友好合作的典范"，周恩来总理题词"中苏两国的伟大友谊万岁"。[2]

1950 年 5 月，铁道部党委发布了《关于在建设人民铁道中学习苏联的先进经验的决定》，尤其是中国长春铁路公司成立后，铁道部进一步提出：要把中国长春铁路建成一个先进的模范铁路，作为全国铁路的榜样，作为培养铁路管理干部的学校。1950 年 2 月 26 日，《人民铁道》头版头条刊发了《认真学习苏联政治工作的经验》一文，文章明确提出："真理报和汽笛报论文所批判的，虽然是苏联政治工作中的个别缺点，但它所阐明的铁路政治工作部的性质、使命和铁路政治工作的基本原理，正像为我们中国铁路政治机关而发的一样。"[3]

在 1950 年 4 月至 1952 年 12 月共 2 年 8 个月的时间内，苏联前后派出 1500 多名专家和管理干部参加中长铁路各项工作。广大的中国铁路职工在与苏联工作人员的合作中，探寻了一条符合中国实际的管理体制，使中长

---

① 《感谢伟大友情的赠与——我国铁路迅速恢复的钥匙》，《人民铁道》1950 年 2 月 26 日，第 4 版。
② 《朱副主席和周总理给中苏共同管理中国长春铁路纪念馆的题词》，《人民铁道》1952 年 12 月 31 日，第 1 版。
③ 《认真学习苏联政治工作的经验》，《人民铁道》1950 年 2 月 26 日。

铁路的经营水平有了较大提高。

中长铁路的经济体制是生产行政工作的厂长负责制，即"一长制"。这是一种高度集中统一的管理体制，带有较强的军事化管理色彩。在机构体制上有三层。第一层，即最高层，包括最高权力机构和最高行政管理机构。最高权力机构是中苏合办中国长春铁路公司理事会。最高的行政管理机构是中长铁路管理局，设有二十几个业务处和若干个部、室。第二层，是中长铁路局下设的五个分局。分局设有与铁路局有关业务处对口的十几个业务科或股。第三层是基层站段。包括车站、各种专业段等。与理事会平行，中长铁路还设有向中苏两国政府负责的监事会，对铁路局实行监督检查及稽核，在铁路局和分局分别设稽核局和稽核股。此外，中长铁路还有工业、煤矿、林业、商业等系统，由铁路局设的厂务、煤业、林业、商务等处负责管理。中长铁路的各级机构中设有党群组织。企业党政是分开的。党组织对工会、共青团实行领导，不干预行政首长的领导工作。它通过对工会、共青团的领导及党员的模范作用，来保证、监督行政首长完成中长铁路的各项任务。在这种体制下，中长铁路的劳动生产率 1951 年比 1950 年提高 27.8%，1952 年又比 1951 年提高 22.5%；运输成本 1951 年比 1950 年降低 13.5%，1952 年又比 1951 年降低 27%；利润水平 1951 年比 1950 年提高 110%，1952 年又比 1951 年提高 97%。[①]

在中苏共管中长铁路的期间，苏联铁路的发展模式深刻地影响了我国铁路体制的建立。我国铁路在"一长制"的基础上形成了高度集中统一的经济体制。为办好中长铁路，铁道部于 1950 年 4 月撤销了哈尔滨、沈阳铁路局，将东北铁路总局改为东北特派员办事处（1952 年 11 月撤销）。1950 年撤销了铁路局之下的办事处，设置了一级完整的管理分局，使管理层次由铁道部、铁路局、站段三级，变为铁道部、铁路局、铁路分局、站段四级。中长铁路局撤销后，铁道部又对运输管理机构进行了一次全面的调整，先后撤销了衡阳、天津铁路局，成立了哈尔滨、北京、广州、柳州、重庆（后改为成都）、昆明、兰州、沈阳等铁路局，使铁路局由 9 个增加到 15 个。为了加强铁路局的集中统一领导，减少中间办事环节，除哈尔滨铁路局所属的管理分局外，其余的管理分局均改为运输分局，只领导管内各车站和列车段，负责

---

① 徐增麟主编《新中国铁路 50 年（1949—1999）》，中国铁道出版社，1999，第 38 页。

日常的运输指挥管理，机务、车辆、工务、电务等段都改由铁路局直接领导。

根据苏联经验，铁道部自1950年起先后成立了10多个工程局，并对基本建设实行建设、设计、施工合一的体制。1952年9月铁道部成立基本建设局，与早时成立的设计局、工程总局分立，实行分工负责管理。于是，从部到现场形成了三个垂直系统，出现了一批基本建设分局、设计分局（1956年又改为设计院）和勘测设计总队。各铁路局相继成立了基本建设处、设计事务所和工程处。到此，我国铁路的基本建设系统基本形成。

由于档案资料不足，关于中长铁路如何具体影响我国铁路系统构建的历史过程还有待进一步深化研究。

二　有计划地发展铁路

从1953年起，我国进入执行"一五"计划时期，铁路行业也进入了大规模、有计划地建设周期。1953—1957年，铁路发展的基本特点是进一步学习苏联铁路发展模式，以计划发展为主导，以国防需求为重点，大力增加基本建设投资，充分发挥国民经济"先行官"的引领作用。

主持编制"一五"计划的陈云认为必须优先发展重工业，而重工业又与交通运输，尤其是铁路运输能力密切相关。他说："没有重工业就不能大量修建铁路，不能供应铁路车辆、汽车、飞机、轮船、燃料和各种运输设备，因此就不可能大量发展运输交通事业。"[1]

1951年8月22日，周恩来为全国18个专业会议和政府各部门负责人作题为《目前形势和任务》的报告。指出："为了巩固和加强人民民主专政，有两项开路的工作，一是肃清土匪，一是镇压反革命，这两项工作今年都取得很大的成绩。我们要恢复经济从哪里着手呢？兴修水利和兴修铁路这两项工作是为我们工农业发展开辟道路的工作。"[2] 1952年12月11日，周恩来在全国卫生工作会议上作报告，再次强调"工业建设，总要以钢、煤炭和石油的生产、铁路的修建为主要关键"[3]。

1953年10月29日，邓小平主持政务院第191次政务会议，听取并讨

---

① 《陈云文集》第2卷，中央文献出版社，2005，第592页。
② 《周恩来年谱（1949—1976）》上卷，中央文献出版社，1997，第174页。
③ 《周恩来年谱（1949—1976）》上卷，中央文献出版社，1997，第272页。

论批准《关于铁道工作情况及今后工作部署的报告》后，总结说："铁路是为生产服务的，为经济建设和人民的需要服务的。现在铁路最大的问题是满足不了需要。明后年整个国家计划的漏洞可能出在铁路上……在铁路运输中，还有一个法律问题，首先就是运输条例，苏联专家总顾问很强调这个问题……据说苏联的运费比我们的还高，这当然是由于生活水平不同。"① 从邓小平的讲话可以看出，在政府层面考虑制定铁路计划时，经常将苏联作为参照对象。

1952 年 12 月 22 日，中共中央下发《关于编制一九五三年计划及五年建设计划纲要的指示》，其中明确指出"工业化的速度首先决定于重工业的发展……就要求我们集中力量而不是分散力量去进行基本建设，要求我们以有限的资金和建设力量（特别是地质勘察、设计和施工的力量），首先保证重工业和国防工业的基本建设，特别是确保那些对国家起决定作用的，能迅速增强国家工业基础与国防力量的主要工程的完成"②。这就决定了"一五"计划必然是以发展重工业为首要任务，其重中之重又是基本建设投资。在这样的背景下，铁路行业必然引来大规模的投资热潮。1953 年 2 月 12 日，薄一波在中央人民政府委员会第二十三次会议上作了《关于一九五三年国家预算的报告》，其中 1953 年国家预算总收入 2334991 亿元，总支出 2334991 亿元，收支平衡。国民经济建设支出比 1952 年增加 41.68%，其中主要的是重工业和机械工业增加 47.31%，燃料工业增加 84.56%，铁路增加 88.93%，农业增加 61.44%，国防支出占总支出的 22.38%，行政费占总支出的 10.19%。③ 由是观之，铁路建设支出增幅在 1953 年的国家预算中高居国民经济各部门前列。

1955 年 7 月 5—6 日，李富春在第一届全国人民代表大会第二次会议上作了《关于发展国民经济的第一个五年计划的报告》，提出了"一五"计划的基本任务。首先，集中力量，以苏联帮助我国建设的 156 个重点项目为主线，逐步建立起社会主义工业化的初步基础。其次，一方面需要发展农业生产合作社，即集体所有制经济；另一方面要发展手工业生产合作社，为农业和手工业的社会主义改造建立初步基础。最后，有步骤地把资

---

① 《邓小平文集（1949—1974 年）》中卷，人民出版社，2014，第 143~145 页。
② 《建国以来重要文献选编》第 3 册，中央文献出版社，1992，第 449 页。
③ 参见《建国以来重要文献选编》第 4 册，中央文献出版社，1993，第 38~39 页。

本主义工商业纳入到国家资本主义的轨道中来，为私营工商业的社会主义改造建立基础。①

可见当时苏联对我国国民经济体系建立，尤其是工业体系建设的影响之大。按照计划安排五年基本建设的投资427.4亿元，其中：工业部门为248.5亿元，占58.2%；农业、水利和林业部门为32.6亿元，占7.6%；运输和邮电部门为82.1亿元，占19.2%；贸易、银行和物资储备部门为12.8亿元，占3%；文化、教育和卫生部门为30.8亿元，占7.2%；城市公用事业建设为16亿元，占3.7%；其他为4.6亿元，占1.1%。② 从上述数据可以看出，政府投资的重点仍然在重工业领域，而运输部门又是重中之重。

李富春在报告中进一步明确了铁路运输行业在"一五"时期的建设重点：根据计划"一五"时期要新建4000公里以上的铁路干线和支线，加上恢复铁路、改建铁路、新建复线、延长车站站线修建工业和其他的专用线，共计铁路总长度在10000公里左右。③

以计划为主的铁路发展的另一个特点是自上而下地广泛动员。为此，在"一五"计划前后，铁道部发动了一场大规模的"满超五"（满载、超轴、五百公里）运动。1952年5月1日，铁道部、铁道部政治部、铁路工会和青年团全国铁道工作委员会联合发布《关于开展满载、超轴、五百公里运动的决定》。正如该决定所言："满载、超轴、五百公里运动只能在人民的国家内，社会主义性质的国营企业里才能够产生和发展。"④ "满超五"运动其实是从解放区的生产立功活动发展起来的，自1950年起已经在东北及其他地区产生了较大影响。决定下发后，全路掀起了一场职工积极响应的生产运动，是一场"生产革新的运动"，它要求企业各部门联动起来，有节奏地工作，有周密的计划。因此充分体现了以计划为主的铁路发展政策。

"满超五"运动对当时的铁路发展产生了非常重要的推动作用。1952年新建铁路线472公里。成都至重庆、天水至兰州两条西部新线，先后建成通车。此外，1952年还修复了铁路线602公里。1952年全国铁路运输货

① 参见《建国以来重要文献选编》第6册，中央文献出版社，1993，第289页。
② 参见《建国以来重要文献选编》第6册，中央文献出版社，1993，第289~290页。
③ 参见《建国以来重要文献选编》第6册，中央文献出版社，1993，第292页。
④ 《关于开展满载、超轴、五百公里运动的决定》，《人民铁道》1952年5月1日。

物发送总吨数为 1 亿 3100 万吨，比 1951 年增加了 18.46%；货运 594 亿 6100 万吨公里，比 1951 年增加了 15.4%。[1]

1956 年 3 月召开的全国铁路先进生产者代表大会高度评价了"满超五"运动。经过几年发展，铁路潜力得到进一步发挥，运输效率显著提高。货运机车日车公里由 1950 年的 278 公里提高到 1957 年的 366 公里，货运周转时间由 4 天缩短到 2.84 天，货运列车平均牵引总重由 1952 年的 1245 吨提高到 1957 年的 1520 吨。中国铁路货运密度在 1957 年已经达到 503 万吨/公里，进入世界前列。[2] 总体来看，"满超五"运动最大的功绩是在一定程度上缓解了大规模经济建设带来的运量剧增与运能不足之间的严重矛盾。

三　铁路发展受到破坏

1956 年，中共中央决定国营工业企业实行党委领导下的厂长负责制，1957 年又决定在国营企业推行党委领导下的职工代表大会制。然而，由于当时"左"的影响越来越大，厂长和职工代表大会实际并没有决定权。在管理层次上，1958 年 1 月 1 日，铁路分局正式撤销，只保留了西安、包头、集宁三个分局。分局撤销后，铁路管理局开始派出办事处，实际上又恢复了学习中长铁路之前的管理层次，由四级管理变为三级管理。"大跃进"开始后，形势发生了重大变化。1958 年 3 月中央决定把大量的经济管理权限下放给地方，试图一定程度地调节中央和地方的关系。

1958 年，为了适应地方省级行政区域要建立独立完整的经济体系的需要，铁道部根据中央的指示，决定在各个省级行政区域建立一个实行"工管合一"的铁路局，即同时负责铁路基本建设和运营线路的管理。铁道部还决定地方铁路局和直属工厂受铁道部和地方双重领导，但是在实际工作中以地方领导为主。于是不少工程局改为铁路局或者并入铁路局，全国的铁路局一下子从 15 个增加至 29 个。这种每个省（自治区、直辖市）都设立铁路局的做法使地方铁路管理机构快速增加，并不符合现代管理机制，尤其是不利于铁路干线的统一管理，削弱了运输指挥上的统一性和完整性，给运输生产指挥带来严重的困难。虽然 1959 年、1960 年先后成立了

---

[1]　《建国以来重要文献选编》第 4 册，中央文献出版社，1993，第 44 页。
[2]　《开展社会主义竞赛为提前和超额完成第一个五年计划而斗争——滕代远部长在 1956 年全国铁路先进生产者代表大会上的报告》，《人民铁道》1956 年 3 月 24 日。

上海、东北铁路总局，但也没能扭转这种困难局面。

从 1958 年起，铁路的计划体制实行"双轨制"，即铁路企业的计划，一条按铁路系统送铁道部再经铁道部报送中央；另一条是由地方政府报送中央。"双轨制"在体制上造成了铁路企业烦琐的决策流程，决策程序既不科学也太冗杂，破坏了铁路的统筹安排。1958 年，国家对中央企业实行利润留成，铁道部的留成比例是 5.75%。"大跃进"开始后，铁路的经济核算制遭到严重的破坏，财务制度大大简化，财务权力盲目下放，造成成本失控，流动资金管理混乱，甚至出现了无账会计。铁路运输收入分配办法变为不分管内直通，也不考虑各局客货运输中旅客席别、货物品类差别，一律按照全国铁路的客运、货运平均收入率，分别与各局实际完成的旅客人公里和货物计费吨公里相乘进行分配。在"左"的思想影响下，许多合理的规章制度被破除。1958 年 5 月—8 月，铁道部分三批公布改革规章制度，共废止规章制度 1196 项，下放 1013 项，合计 2209 项。然而这种"只废不立"的"改革"，导致原本旨在改革不合理的规章制度，变成了不要规章制度。

为了缓解"大跃进"造成的国民经济几近失控的局面，1961 年 1 月，中共中央提出了对国民经济实行"调整、巩固、充实、提高"的八字方针。1 月 20 日中共中央发布了《关于调整管理体制的若干暂行规定》，决定："经济管理的大权应该集中到中央、中央局和省（市、自治区）委三级……全国铁路由铁道部统一管理，铁路运输由铁道部集中指挥。各级党委应保证完成铁道部运输计划。"①

全国铁路由铁道部统一管理后，铁道部对铁路经营体制进行了重要调整改革。一是恢复铁路分局，撤销派出机构，同时恢复工程管理局。二是计划体制按"统一计划、分级管理"的原则进行了调整。计划管理大权上收，规定铁路各项计划执行上下一盘棋、一本账，取消"双轨制"。三是自 1961 年起，对奖励制度进行整顿，奖励条件突出了劳动定额和运输生产主要指标，1963 年进一步改进了工资等级制度，生产工人分别实行八级制、七级制和独立工资等级形式。四是针对"大跃进"把许多合理的规章制度废止的情况，铁道部下大力抓了规章制度的恢复和建立工作。

---

① 《建国以来重要文献选编》第 14 册，中央文献出版社，1996，第 102～103 页。

1966 年 5 月，铁道部根据中央的决定，部署开展"文化大革命"运动，稍加恢复的各项政策又被严重破坏。各地均出现了"造反派"阻断铁路运输的情况，全国铁路系统基本失控，使铁路科学的管理、严明的纪律和合理的规章制度遭到严重的摧残。1966 年 9 月初，周恩来要求谷牧、余秋里组织力量，编制铁路运输计划明细表，并且强调经济基础不乱，局面还能维持；经济基础一乱，局面就没法收拾了。所以，经济工作一定要紧紧抓住，生产绝不能停。① 1967 年 1 月 2 日，周恩来召集全国铁路系统二十余个单位的在京代表谈话，在谈话中他强调"铁路绝不能瘫痪，一刻也不能中断"。周恩来向与会人员强调铁路不仅直接影响国民经济生产，也直接影响第三个五年计划的执行和国计民生。②

1967 年 3 月 21 日，周恩来根据毛泽东"一切秩序混乱的铁路局都应实行军事管制"的批示，指示余秋里、谷牧等中央有关方面领导立即研究拟出对铁路、交通、邮电三部及其所属重点企业实行军管的决定稿。同日，周恩来在审改该稿时加写："在军管会领导下，成立两个班子，一个是文化革命委员会，领导文化大革命；一个是业务领导小组，统一领导本部门的生产和业务工作。要正确对待干部，对他们要进行调查研究、阶级分析，不要一概排斥、打倒，也不要一概复职、一概结合。"③ 这个方案在中央碰头会研商时，遭到中央文革小组的集中抨击。而后经过反复争论，1967 年 6 月，中共中央正式决定对铁道部实施军事化管理，此项政策一直到 1974 年才宣告结束。

1970 年 6 月 22 日，中共中央决定成立新的交通部，由铁道部、交通部和邮电部所属的邮政功能进行统一合并，原铁道部下属的铁路企业改为由交通部直属领导。中央成立新的交通部，目的原在于把铁路、公路、水运的职能合并，以便于统一管理。但是由于各地、各行业的管理受到严重摧残和派性问题大量存在，国务院各部委难以开展工作。因此，这种运输管理体制不可能组织好综合运输体系。1975 年 1 月，周恩来病重，邓小平开始主持中央日常工作。为了尽快恢复铁路运输，邓小平对铁路系统开展了一次雷厉风行、效果显著的整顿运动，在很大程度上恢复了铁路生产经

---

① 《周恩来年谱（1949—1976）》下卷，中央文献出版社，1997，第 56 页。

② 《周恩来年谱（1949—1976）》下卷，中央文献出版社，1997，第 106 页。

③ 《周恩来年谱（1949—1976）》下卷，中央文献出版社，1997，第 138 页。

营活动。

整体来看，从"大跃进"到"文革"，铁路发展政策经历了"先立—后破—再立—再破—曲折发展"的过程。毋庸置疑，大规模的无秩序的群众运动对铁路发展带来了重大破坏。同时，在周恩来、邓小平等党和国家领导人的支持下，我国铁路事业仍然取得了一定发展。

铁路发展的曲折体现在四个方面：一是货运增长量严重下滑。1965—1976年，铁路货运量从4.8亿吨增长到8.2亿吨，年均增幅6%左右，远低于1954—1965年年均13.7%的增速。二是行业事故剧增。全路行车事故数1976年为1965年的3.58倍，年均增幅12.3%，而且其中不乏重大恶性事故。三是铁路发展比例严重失调。新线建设比重远高于旧线改造。从1966年开始，新线建设投资比重常年高达60%以上，而旧线改造仅能维持在10%左右。新线建设缓慢，旧线改造落后，导致铁路运力严重不足。四是经济效益大幅下滑。1966—1976年铁路固定资产净值增加96%，但是上缴利税仅增长40%，投入与产出完全不成比例，相当于一大半的固定资产投资没能产出经济效益。铁路投资利润率由1965年的11.1%下降到1976年的5.6%。同时，由于组织不力，管理不畅，铁路投资成本越来越高。1966年前，铁路每公里造价为78.7万元，1976年铁路每公里造价大幅攀升至237万元，增长近2倍。[①]

但不可否认的是，在这一历史时期，我国铁路事业仍然在曲折中有前进。首先，铁路主要干线建设取得了重大进展。先后有贵昆线、成昆线、湘黔线、襄渝线、太焦线、京原线、阳安线、通脱线等铁路干线建成通车。运营里程从1965年的36406公里增加到1976年的46262公里。尤为重要的是，全国路网布局得到一定程度改善。西南、西北铁路长度占全国铁路长度的比重，从1965年的20.8%增加到24.5%。其次，铁路运输技术装备也有了较大改善。1965—1976年，内燃机车从66台增加到1478台；电力机车从39台增加到191台；电气化铁路从91公里增加到741公里。最后，以坦赞铁路为标志的对外援助也取得了较大成果。[②]

---

① 以上数据由笔者根据铁道部统计中心编制的《全国铁路历史统计资料汇编（1949—2006）》统计而来。

② 以上数据由笔者根据铁道部统计中心编制的《全国铁路历史统计资料汇编（1949—2006）》统计而来。

第三节　铁路政策的实效①

一　新线建设成效

三年国民经济恢复时期新建成渝、天兰、来睦 3 条铁路，带有积累经验、培育建设、管理队伍的初步探索性质。全面有计划地开展新线建设，是从 1953 年执行第一个五年计划开始的。

1952 年 6 月铁道部召开全国铁路计划会议，决定加强基本建设的领导，增强新线建设的力量。12 月 30 日，铁道部下发《关于加强基本建设工作的指示》，强调为适应执行第一个五年计划的新情况，必须把基本建设提到铁路工作的首要地位，还提出"新线第一"的口号。从 1953 年开始，铁道部逐步开始调整组织机构，以适应大规模的新线建设。在铁道部设立基本建设局、设计局（后改为设计总局）、新线施工局（后改为新建铁路工程总局），形成三方分工负责，既互相协作，又互相制约的管理体制，以加强对新线建设的领导。与此同时，还在全路陆续组建 12 个基建分局，5 个设计分局和 5 个设计事务所，12 个工程局和 4 个专业工程公司，形成了庞大的新线建设队伍。

为使新线建设健康发展，铁道部还从 1953 年开始，先后制定了《铁路新线施工暂行办法草案》《铁路基本建设工程发包暂行办法》《铁路基本建设工程技术监察暂行办法》《铁路基本建设工程竣工验收交接暂行办法》和《标准轨距铁路设计技术规范》等一系列文件，为新线建设从各个方面提供技术标准与办理规程，以加强对这一中心工作的技术管理。

"一五"时期，新线建设的主要成就集中在四个方面。

一是西南、西北的干线建设。成渝铁路建成通车后，急需一条联通西南与中部地区的铁路干线。考虑到运营的经济合理，干线将起点设在陕西省宝鸡，称宝成铁路。该线自宝鸡出发，经凤州、略阳、阳平关和四川省

---

① 本节线路施工数据资料，由笔者根据徐增麟主编《新中国铁路 50 年（1949—1999）》，中国铁道出版社，1999，第 53 ~ 55 页整理而来。

的广元、中坝、绵阳、德阳、广汉，最后抵达成都，全长 669 公里。①
1952 年 7 月 1 日成渝铁路建成通车时，宝成铁路即从成都开始动工修建，
历时 4 年。该路建成后，标志着新中国有了第一条克服"蜀道之难，难于
上青天"的入川铁路干线。它与成渝线连接起来，成了后来构建西南铁路
网骨架的基石。1952 年 10 月天兰铁路建成通车后，新的"丝绸之
路"——兰新铁路随即从兰州动工兴建。该路由兰州西跨黄河，穿过海拔
3000 米的乌鞘岭，进入河西走廊，经武威、张掖、酒泉出嘉峪关，再经玉
门、疏勒河，跨红柳河进入新疆维吾尔自治区。从 1953 年 2 月开始铺轨，
武威以东于 1956 年 3 月交付运营，同年 7 月通车至玉门。其中河口大桥是
中国自行设计和施工的第一座黄河大桥。兰新铁路的修建，特别是 20 世纪
60 年代通至乌鲁木齐后，对开发西北地区的物产资源，建设新的工业基
地，加强民族团结、巩固国防，都具有重要价值。1954 年开工、1958 年建
成的起自内蒙古自治区包头，经过宁夏回族自治区而抵兰州的包兰铁路，
全长 990 公里，线路 3 次跨越黄河，并在中卫、干塘间经过腾格里沙漠南
部边缘，工程较为艰巨。特别是在施工过程中，采取多种措施，反复试
验，解决治沙防沙的难题，为中国在沙漠地区修筑铁路积累了可贵的经
验。该路建成后，与京包、天兰和兰新铁路连接起来，形成内地通往西北
地区的重要干线。

二是新建出海通道。新中国成立后，铁道部即着手筹建鹰厦铁路，于
1953 年开始勘测设计，决定从浙赣铁路江西省鹰潭向南越过武夷山，进入
福建省后沿富屯溪南行，在来舟跨过富屯溪折向西南而抵厦门，全长 694
公里。1955 年初，在铁道兵司令员王震将军的指挥下，集中大部兵力，加
上闽、赣两省的 12 万民工，展开全线施工，1956 年 12 月铺轨至厦门，
1958 年 1 月 3 日正式运营。该路沿线地形复杂，在武夷山脉和戴云山脉中
高堤深堑，桥隧相连，工程集中而艰巨。为缩短线路长度，使用 150 多万
立方米石料，修建由杏林到集美、集美到高崎间两条总长 5 公里、宽 19 米
的海堤作路基，在中国开创了海上筑堤修路的先例。朱德元帅为此题写了
"移山填海"的赞词。鹰厦铁路实现了福建人民和海外侨胞几十年来的愿
望，是内地与福建联系以及对外交往的重要通道。1953 年 6 月动工修建，

---

① 徐增麟主编《新中国铁路 50 年（1949—1999）》，中国铁道出版社，1999，第 53 页。

1956 年元旦建成开通，1956 年 7 月投入运营，全长 184 公里的山东省蓝村至烟台的蓝烟铁路，形成内地联系烟台港口的通道。1954 年 9 月开始施工，1955 年 7 月全线通车的广西壮族自治区黎塘至广东省湛江的全长 318 公里的黎湛铁路，构成南方出海的新通道。1953 年开工兴建，1955 年已从萧山通至庄桥的原定修抵穿山港的萧穿铁路，后将终点改至宁波，从而改名为萧甬铁路，是华东地区出海的重要通道。上述这些出海通道的建成，对于发展国民经济，开展对外交往，加强海防建设，都具有重大价值。

三是增加国际联通铁路线路。南起京包铁路上的集宁站，北到二连国站，全长 300 多公里的集二铁路，是北京至蒙古人民共和国乌兰巴托，再至苏联莫斯科的国际联运干线在中国境内的一部分。该路于 1953 年 1 月动工兴建，1954 年 12 月铺通，交付临时运营。它的建成，促进了内蒙古地区的经济发展，加强了三国之间的交往，并将北京至莫斯科的行车里程比经由哈尔滨、满洲里再到莫斯科的行车里程缩短了 1141 公里。

四是加强工矿企业支线建设。东北地区大小兴安岭和长白山的森林资源极为丰富。大规模经济建设展开后，各方面需要大量的优质木材。为此，"一五"期间动工兴建了牙林线、汤林线、长林线等森林铁路。这些原始森林地区气候严寒，荒无人烟，自然条件与地理环境极为恶劣，铁路建设采取了步步为营、逐步深入、建成一段、运营一段的办法。在此期间建成的牙林铁路库都尔至根河段、伊图里河至甘河段、汤林铁路伊春至五营段、长林铁路太阳岔至弯沟段，为后来建设完整的林区铁路网奠定了扎实的基础。这一时期兴建的石拐、平顶山、白云鄂博、河唇至茂名、西安至户县等工矿企业铁路，都促进了所在地区的矿业开发和工业发展。

二 旧线改造成效

当时在制定"一五"时期铁路建设计划的时候，受到了"新线第一"思路的深刻影响，因此没有对旧线改造给予应有的重视。如 1953 年 5 月，铁道部提出的"一五"计划草案中，用于旧线改造的基本建设投资仅占铁路基建投资总额的 12.9% 左右。随着国家"一五"计划的正式推进，工业恢复速度较快，铁路运量需求爆发式增长。到 1953 年第四季度，一些主要铁路干线和铁路编组站出现了较为严重的堵塞情况。面对这些问题，1954 年 3—4 月，铁道部召开了全国铁路工作会议。会议明确提出，铁路旧线的技术改造和升级，已经成为影响铁路适应国民经济发展需要的核心问题。同时决定按照苏联铁路的运行标准，对既有铁路进行有计划、有步骤的改造升级。同时铁道部多次上报政务院，要求调整铁路基本建设资金的总额分配，提高既有铁路技术改造的投资比重。1955年2月召开的全国铁路工作会议，在提出把资金主要用在既有铁路技术改造上是当前基本建设工作方向的同时，还提出了以增大列车密度、提高列车重量和加快行车速度相结合的技术改造的原则。由于对实际问题越来越重视，实际投入资金的不断追加，"一五"时期的铁路旧线改造得到逐步重视，逐渐与新建铁路线协调发展。

一是单线治理与改造取得了实际成效。1953—1957年治理与改建的单线，主要集中在原来标准过低或设备极为杂乱的线路上。1943—1946年修建的宝天铁路，由于沿线地形地质条件很差，施工期间又值抗日战争，材料供应非常困难，线路质量极低，不断坍塌断道，经常处于瘫痪状态。新中国成立后，中央开始重视沿线塌方灾害，着手改善路堑和路面边坡，同时修建河道基床用于防护沿线铁路，还不断加固和新修桥涵，增加隧道衬砌，基本解决了正常情况下的塌方问题，于1954年交付正式运营。1955年，宝天铁路又动工改线，一直持续到1958年。石太铁路（原名正太铁路）东起石家庄，经阳泉、榆次至太原，是晋煤外运的主要通道之一。原来不仅线路技术标准低，而且全线不统一，阳泉至太原段的标准更低，很不利于统一列车牵引定数，1953年开始对该路进行技术改造。南同蒲铁路是1935年建成的米轨铁路，起自太原，中经榆次与石太铁路相接，南至风陵渡口，全长512.6公里，桥梁载重等级很低，仅能行驶小型机车，不能与北同蒲铁路和石太铁路直通联运，无法满足运量增长的需要。1956年初开始改建南同蒲铁路，先按标准轨距将全线拨宽，再按Ⅰ级铁路标准进行全面改造。1957年9月南同蒲铁路竣工通车后，列车重量提高1.5倍，与北同蒲、石太铁路实现直通联运，成为晋煤外运的主要通道。"一五"期间进行单线技术改造的，还有滨绥铁路哈尔滨至南岔段、北同蒲铁路朔县至皇后园段等多条铁路主要线路。

二是修复和增建复线铁路。新中国成立之初复线铁路仅有866公里，修复和增建复线铁路，是对既有铁路进行技术改造的一项重要内容。"一五"期间修复的复线铁路有：沈丹铁路石桥子至凤凰城段（1953年建成）、沈山铁路新民至山海关段（1954 建成）。同一时期增建第二线工程并且完成通车的，有京汉铁路两段线路，分别是丰台至石家庄段、李家寨至孝子店段；京山铁路两段线路分别是东便门至丰台段和沈阳近郊线。除此之外，还在天津北至万新间增建了第三线。滨绥南佳铁路哈尔滨至南岔段的第二线建设，是中国铁路第一次采用复线插入段进行既有线路改造，逐步建成全部复线区段的工程。1955—1957 年，先后在这段长 354 公里的线路间修建复线插入段 13 处，铺轨 60 公里。这种方法既满足了当时运能的需要，又避免了大量资金的过早投入。"一五"时期动工增建第二线的还有哈大、京包、石太、京汉、粤汉、陇海、津浦、沪宁等铁路的一些区段。

这一时期，铁路部门提前一年左右时间完成了"一五"计划规定的各项发展指标。全国铁路营业里程从 1952 年的 22876 公里增加到 1957 年的 26708 公里。既有铁路经过不同程度的技术改造，运输能力普遍有所提高。机车车辆及器材工业形成生产能力，已能初步满足铁路建设和运输生产的需要。经营管理制度的逐步改善与健全，生产劳动竞赛的持续发展与深入较好地发掘了铁路的潜力，促进了运输生产水平的提高。1957 年旅客周转量已达 361 亿人公里，比 1952 年增长 80%，货物周转量已达 1346 亿吨公里，比 1952 年增长 123%。从全路运量增长速度与同期国民经济增长速度之间的关系来看，"一五"时期客货周转量年均增长 16.3% 左右，超过了同期全国工农业总产值增长速度（年均 10.6% 左右），其中货物周转量年均增长 17.5% 左右，基本接近同期全国工业总产值的增长速度（年均增长 18%），说明铁路运输起到发展国民经济的"先行官"作用。

第四章　逐步改革的铁路政策
（1975—1992）

　　社会主义改革并不是主观意志决定的，它是历史发展的必然结果，更是社会主义现代化建设的客观要求。社会的发展，是社会基本矛盾的运动，即生产力与生产关系的矛盾运动、经济基础与上层建筑的矛盾运动的结果。在社会主义社会，生产力与生产关系、经济基础与上层建筑也存在着矛盾，但它们在本质上是相适应的，只是在某些方面和环节上不相适应。因此，矛盾的解决方式也与以往的社会不同。社会主义社会的基本矛盾不需要通过激烈的矛盾对抗和冲突的形式来解决，而是可以通过社会主义制度自身的调整和完善来解决。这种调整和完善就是改革。所以，社会主义的改革是历史发展规律作用的必然结果，社会主义的进步和发展是离不开改革的。

　　新中国成立后的 20 多年时间里，我国铁路有了很大发展。铁路从沿海伸向西北和西南，全国各省、自治区首府（拉萨除外）和直辖市都有铁路相通，从而改变了旧中国遗留下来的不合理的铁路布局，为全国工业合理布局、内地资源开发和各地的经济发展创造了条件。全国铁路网的骨架初步形成，铁路技术装备水平和运输组织工作有了很大提高，列车运量、行车速度和列车密度都比较高。我国铁路已成为一条为社会主义现代化服务的钢铁运输线。

　　但是，铁路和整个交通运输一样，在我国国民经济中仍然是突出的薄弱环节，仍然满足不了国民经济发展和人民生活水平不断提高的需要。晋煤外运十分紧张；广东、福建经济特区和沿海港口后方通路的运输能力不足，影响对外开放；客、货运输量上升很快，运货难、乘车难、买票难的局面没有根本改变，列车超员严重，旅客不满意。造成这种状况的原因是多方面的，从历史上来看，新中国成立以后，对于铁路超前发展的重要意义认识不足，投资少（只占全国总投资的10%左右，资本主义国家工业化初期，在修建高潮时，对铁路的投资一般占总投资的50%—70%），资源投入不足一定程度限制了铁路的发展。

从铁路的发展来看，铁路布局与国民经济布局未能密切配合，以致某些工业基地的运量增加很快，运输负荷很高，造成某些干线运输全面紧张。并且，长期以来对旧线改造的认识不足，使运量增长最快的关内沿海铁路的改造没跟上去，因而运输情况很紧张，一般只能满足运量要求的70%左右。

从技术装备看，铁路的技术装备还是比较落后的，影响了运输能力的提高。除了这些原因以外，还有一个更根本的原因，是铁路经营体制上存在许多弊端，束缚了生产力的发展。这些弊端主要表现在：收支两条线，长期以来铁路的经营成果与铁路建设的发展互不挂钩。一方面，铁路把所积累的资金的绝大部分，以税利的形式上缴国家；另一方面，铁路基本建设所需要的资金靠国家下拨，铁路经营得如何与铁路建设发展速度不发生直接关系。这种体制造成整个铁路系统"大锅饭"的状况，最突出的问题是铁路系统没有形成自我改造、自我发展的内生动力，铁路的发展面临着十分困难的局面。

第一节　改革的先声：1975 年铁路整顿

铁路一回到人民手中，就实行了集中统一领导的区域分级管理制度。在东北，抗日战争胜利后，中国共产党接管了东北铁路，先后共设立了10多个铁路管理局，并于1946年7月在哈尔滨成立了东北铁路总局，统一经营管理东北解放区的铁路。1948年10月，东北行政委员会设立铁道部，负责管理东北铁路。为了统一全国解放区铁路的修建、管理和运输工作，中国人民革命军事委员会于1949年1月成立了铁道部。1949年10月1日中华人民共和国成立，军委铁道部改为中央人民政府铁道部。1955年1月又依据宪法规定改为中华人民共和国铁道部。在长达 10 年的"文革"期间，铁路经营体制同整个国家一样，遭到了严重的破坏；而周恩来、邓小平等老一辈无产阶级革命家则为维护铁路运输秩序、恢复铁路集中统一的经营体制付出了巨大的努力。

一 邓小平主持铁路整顿工作

1950 年 9 月周恩来在一次会议上就很明确地强调了修建和改造铁路对于恢复国民经济的重要作用："东北的工商业之所以调整得快，发展得快，固然是因为土地改革完成了，农村的购买力提高了，同时也决定于城市工商业发展的中间桥梁——铁路的修复。东北铁路占全国铁路 40% 多一点，全国铁路 30000 多公里，东北就有 14000 多公里，而关内的铁路比例太小了，这样多的人口，除去 4100 万，还有 4 亿 3400 万人口的地区，铁路只 1 万 6 千多公里。"①

正是由于周恩来很早就认识到铁路作为国民经济大动脉的重要地位，所以他在"文革"中也尽最大努力来保护铁路行业。周恩来在指导国民经济建设的过程中始终坚持"交通运输是建设中一种先行部门"② 的指导思想。

1967 年 10 月 29 日，周恩来接见全国铁路工作会议代表，说："如何把铁路运输搞上去，这个问题太重要了。粮食生产、工业生产，回过头来还是要归结到铁路运输问题。抓革命、促生产，铁路处于关键性的地位。铁路运输量现在还没有回到水平线上。今年运输指标如再上不去，对明年的发展会有影响。空喊革命，不抓业务，革命就是空的。革命要与业务联系起来，结合起来。不管你过去是不是保守派，在这个问题上做得好，就是革命派。动不动就把机务段冻结起来，这无论如何不是革命的，是破坏革命，无论如何都不能容许。要从大局着想，顾全大局。目前铁路运输应首先要抓货运。"③

1975 年 5 月 29 日，邓小平出席中共中央召开的钢铁工业座谈会。邓小平在讲话中首次提出"三项指示为纲"的思想。他在会上强调："毛主

---

① 《周恩来经济文选》，中央文献出版社，1993，第 59～60 页。
② 《周恩来年谱（1949—1976）》上卷，中央文献出版社，1997，第 325 页。
③ 《周恩来年谱（1949—1976）》下卷，中央文献出版社，1997，第 197 页。

席最近有三条重要指示，一条是关于理论问题的，要反修防修，再一条是关于安定团结的，还有一条是要把国民经济搞上去。这三条重要指示，就是我们今后一个时期各项工作的纲。这三条是互相联系的，不能分割的，一条都不能忘记。"[1]

党的十届二中全会和四届全国人大一次会议以后，由于周恩来病重，中央决定由邓小平暂时代替周恩来主持国务院的日常工作。1975年邓小平以铁路整顿为突破口着手整顿日益失控的国民经济。

贯通全国的铁路运输作为国民经济的大动脉，此时却成了制约经济发展的薄弱环节。在1974年"批林批孔"运动的冲击下，铁路运输能力被严重破坏。

一是运输能力下降。1974年全年铁路货运量仅有7.87亿吨，只完成了原定计划的92%，比1973年减少4321万吨，下降了5.2%。[2] 1975年头两个月，情况未见好转。1975年1月，全国20个铁路局中，只有北京、锦州、吉林、柳州、成都5个铁路局完成了运输计划，齐齐哈尔、哈尔滨、沈阳、呼和浩特、太原、郑州、武汉、济南、上海、南昌、广州、西安、兰州、乌鲁木齐、昆明15个铁路局都没有完成运输计划。1975年1月的日装车量为45835辆，为计划安排量的91.7%；2月的日装车量下降为42945辆，比1974年同期减少9.4%，只达到当时日装车能力的78.1%（日装车量55000辆）。其中煤炭每天少装车约2000辆，相当于全国每天少运输煤炭10万吨左右。铁路基本建设取得了湘黔铁路建成通车等成绩，但年度施工计划完成得不够好。1974年新线铁路施工共有大中型项目24个，计划投资9.47亿元，铺轨525公里。截至1974年底，铁路投资只完成89.7%，铺轨只完成57%，营业铁路建设计划投资6.24亿元，实际只完成原计划的68%。[3]

二是铁路运输事故频发。1974年一年全路共发生行车重大事故和大事故750多起，为10年前（1964年）的88起的8倍多。

三是规章制度不严，劳动纪律松弛。许多责任事故（包括由于机车车

---

① 《邓小平年谱（1975—1997）》上卷，中央文献出版社，2004，第50页。

② 《当代中国的计划工作》办公室编《中华人民共和国国民经济和社会发展计划大事辑要（1949—1985）》，红旗出版社，1987，第355页。

③ 程中原、夏杏珍：《1975：邓小平主持整顿》，人民出版社，2017，第56页。

辆维修方面的问题而发生的事故）是由于不遵守规章制度引起的。

四是运输堵塞严重。京广线、津浦线、陇海线、浙赣线等四条铁路大动脉客货运输正点率问题非常突出。尤其是津浦线和陇海线交会处的徐州，由于当地派性斗争十分严重，整个车站完全失控。

由于铁路运输不畅，全国工业生产出现萎缩甚至倒退。大庆、克拉玛依等油田重镇因为产油无法运出只能关闭停产；山西、黑龙江、安徽等省份的铁路沿线，因运输受阻而无法外运的煤矿达 500 万吨以上，许多煤矿因为长时间储存已经出现风化现象；华东电网发电量不到原定计划的 2/3，导致江苏、湖南等中部和东部地区 40% 以上的工厂停产或大幅度减产。从全国来看，1974 年与 1973 年相比，钢产总量下降 410 万吨左右，原煤产量下降超过 400 万吨，全国铁路货物运输总量下降 4300 万吨左右，全年国家财政赤字达到 7.7 亿元。[①]

1975 年 1 月 28 日，邓小平约见铁道部部长万里，研商铁路整顿问题。邓小平对整顿铁路提出了具体的工作原则。第一条是关于铁路管理体制问题，邓小平认为铁路运输要尽快恢复中央集中统一领导的原有机制，要把铁路基本建设、铁路线路的运营和管理等权限全部集中到中央层面，由铁道部代表中央履行具体的管理职责。第二条是关于铁路干部的管理权限的问题，邓小平要求铁路系统的干部应该全部由铁道部统一管理，人员的具体调配和使用要统一协调部署，铁路系统的人事工作要从地方各级政府剥离。第三条是关于铁路运输生产的安全问题，邓小平强调一方面要尽快恢复原有制度，另一方面要健全全国铁路的规章制度，铁路工作要特别强调工作的纪律性，才能保证铁路列车的安全正点。邓小平强调要在充分调查研究的基础上，争取半年内解决铁路问题，他指出："不能拖，不能等，要用最快的速度、最坚决的措施，迅速扭转形势，改变面貌。"[②]

邓小平为了顺利开展整顿工作，进一步用"大局论"和"整体论"来阐释"三项指示为纲"。关于全局，邓小平说："把我国建设成为具有现代农业、现代工业、现代国防和现代科学技术的社会主义强国。全党全国都要为实现这个伟大目标而奋斗。这就是大局。"[③] 关于整体，邓小平说：

① 徐增麟主编《新中国铁路 50 年（1949—1999）》，中国铁道出版社，1999，附表统计。
② 《邓小平年谱（1975—1997）》上卷，中央文献出版社，2004，第 12 页。
③ 《邓小平文选》第 2 卷，人民出版社，1994，第 4 页。

"这三条指示互相联系，是个整体，不能丢掉任何一条。这是我们这一时期工作的纲。"① 显而易见，在改革开放后，邓小平多次强调要完整地准确地理解毛泽东思想，在这个时候已经初现端倪。

1975 年 3 月 5 日，邓小平在为解决铁路问题召开的中共省、市、自治区委员会主管工业的书记会议上发表讲话。邓小平首先指出铁路仍然是国民经济的薄弱环节。要落实中央的生产部署，推动国民经济的计划建设，铁路运输问题必须尽快解决。邓小平提出："解决铁路问题的办法，是要加强集中统一，建立必要的规章制度，增强组织性纪律性，还必须反对派性。"② 会后，中共中央根据邓小平的讲话和会议精神向全国有关单位印发了《关于加强铁路工作的决定》（《以下简称"九号文件"》），要求全国所有铁路单位必须贯彻"安定团结"方针，实行以铁道部为主的管理体制。

1975 年 3 月 6 日，铁道部迅速组织召开了干部大会，传达了中共中央的决定和邓小平在全国工业书记会议上的讲话精神。3 月 7 日，铁道部又紧急召开了全路电话会议，对相关精神进行了全范围的传达。3 月 9 日，中共中央委派时任铁道部部长万里到铁路秩序破坏最严重的徐州解决相关问题。万里在地方党政（主要是江苏省和徐州市）的配合下，开始了全国铁路整顿的第一仗。3 月 10 日，万里主持召开徐州铁路分局全体职工动员大会，到场的职工及家属共有 1 万多人。万里在讲话中坚决强调了中央的精神："要把国民经济搞上去，必须首先从解决铁路运输问题抓起，中央下决心要解决这个问题。这不仅是因为铁路运输在发展国民经济中具有重要战略地位，而且因为它又是当前国民经济中的一个突出薄弱环节。这个问题不解决，国民经济就难以发展。"③

万里在徐州采取雷厉风行的果断措施在短时间内解决了相关问题。万里还通过组织召开各种形式的会议深入而广泛地传达中央"九号文件"和相关精神，确保人民群众尽可能地了解中央整顿铁路的决心和方针。1975 年 3 月 11 日—13 日万里先后召开了徐州地区党员干部大会和徐州铁路分局机务段会议，旨在确保铁路尽快恢复畅通，同时解决徐州铁路的派性问题。中央派驻徐州的整顿工作组充分发挥人民群众的积极性，对派性斗争

---

① 《邓小平文选》第 2 卷，人民出版社，1994，第 12 页。
② 《邓小平思想年谱（一九七五——一九九七）》，中央文献出版社，1998，第 4 页。
③ 《万里文选》，人民出版社，1995，第 73 页。

开展严厉批判，对带头闹派性的人员进行严肃的批评教育和坚决惩处。同时坚决整顿铁路系统的各级领导班子，对破坏铁路运输秩序的行为进行毫不手软的严厉打击，有效解决了徐州铁路及其沿线的混乱局面。3月15日，万里召集济南、上海、郑州三个铁路局的领导干部在徐州举行专题会议，研究商定解决津浦铁路、陇海铁路、京广铁路等三条重要铁路干线运输不畅的问题。

万里用了12天时间在徐州领导铁路整顿工作，一方面对违法犯罪分子予以坚决惩治；另一方面对人民群众开展细致的讲解宣传工作，较为迅速地扭转了徐州铁路枢纽的混乱局面。津浦、陇海两条铁路动脉干线很快恢复了畅通，徐州地区也结束了连续21个月无法完成运输任务的局面。

由于万里在徐州铁路采取了行之有效的办法，中央决定在全路推广徐州工作的有关经验，进一步广泛发动群众，贯彻落实"九号文件"，这些做法对全路的整顿工作产生了积极的推动作用。1975年4月—6月，万里先后到太原、郑州、南昌、长沙、株洲、昆明等多个铁路枢纽（均因派性斗争，导致铁路运输不畅），放手发动人民群众，迅速解决了国家主要铁路枢纽存在的混乱局面。由于有中央的坚决支持和地方党政的有效配合，万里采取多种形式解决组织秩序问题，如调整地方铁路的领导班子，凡是派性严重又坚决不改，对中央"九号文件"阳奉阴违的领导干部，均采取撤职或调离的办法。又如对于派性问题严重而又继续我行我素的带头不法分子严惩不贷。万里还采取果敢手段坚决处决了极少数罪大恶极、民怨沸腾者，对破坏铁路运输的活动予以坚决打击。

经过数月整顿，全国严重堵塞的铁路枢纽及沿线先后得以疏通，全国19个铁路局（除南昌局）都超额完成了1975年前几个月的运输计划。全国铁路日均装车量恢复到了5.37万辆，比1975年2月增加了近万辆，恢复到了历史的最好水平。铁道部直属的32个铁路工厂，有31个单位超额完成了原定计划，初步实现了中央提出的铁路整顿目标，即从根本上改变国民经济中的一个突出的薄弱环节（"一个突出"）、基本解决了铁路不能适应工农业生产发展的需要和不能适应加强战备的需要（"两个不适应"），整体上做到了"四通八达，畅通无阻，安全正点，当好先行"。

二　"九号文件"及其效果

如前文所述，1975 年邓小平整顿国民经济以铁路作为突破口，而其中"九号文件"又发挥了至关重要的作用，因此有必要对其进行认真分析。①

（一）关于铁路问题的认识

"九号文件"对于铁路的基本判断沿用了邓小平的认识，即："铁路运输当前仍然是国民经济中一个突出的薄弱环节，不能适应工农业生产发展的需要，不能适应加强战备的需要。"

（二）关于"九号文件"的合法性问题

"九号文件"全篇定调在要贯彻落实毛泽东的指示，即："全国所有的铁路单位，都必须坚决贯彻执行毛主席提出的'还是安定团结好'的方针，认真学好毛主席最近关于理论问题的重要指示，弄清楚无产阶级为什么必须对资产阶级实行专政，坚持党的基本路线，落实十届二中全会和四届人大提出的各项任务。"

（三）要实行全国铁路以铁道部领导为主的管理体制

"九号文件"强调："铁路是国民经济的大动脉，跨越省区，贯通全国，各个环节紧密联系。铁路又是国防建设的重要组成部分，带有半军事性质。我们党对铁路工作的领导，历来是强调集中统一的。无产阶级文化大革命期间，铁路实行全面军事管制，对运输畅通起了重要保证作用。""九号文件"还重申："全国铁路必须由铁道部统一管理，铁路运输必须由铁道部集中指挥，铁路职工必须由铁道部统一调配，铁路的政治工作和运输指挥工作必须统一起来。"

（四）"九号文件"从整体上规范了全路的管理体系

中央要求成立铁道部党委，加强铁道部政治部，同时铁道部所属的各

---

① 以下相关内容引自《中共中央关于加强铁路工作的决定》（中发〔1975〕9 号），载中国人民解放军国防大学党史党建政工教研室编《文化大革命研究资料》下册，内部资料，第 248 页。

铁路局、工程局、设计院的党的思想政治工作接受铁道部党委和所在地党委的双重领导，但应该以铁道部党委领导为主。同时详细说明了没有设铁路局的省、自治区、直辖市内的铁路分局，党的思想政治工作由铁路局党委和所在地的党委双重领导，以铁路局党委领导为主。铁道部所属各企业、事业单位的干部，由铁路部门的党委实行分级管理。这些单位领导干部的任免调动，由铁道部党委与有关省、自治区、直辖市党委协商后负责办理。属于中央管理的干部，其任免调动由铁道部党委报中共中央审批。

（五）"九号文件"进一步厘清了双重领导体系下的分工问题

"九号文件"要求各铁路单位的政治运动和地区性的社会活动，仍由有关省、自治区、直辖市党委统一部署。各铁路单位的党的思想政治工作，地方党委要继续抓紧抓好。对于当前极少数问题较多，严重影响全国铁路运输的单位，有关的省、自治区、直辖市党委必须采取有力措施，限期加以解决，不能再拖。要组织好铁路部门同当地厂矿企业和港口的协作配合，组织好装卸和短途运输，并在人力物力等方面给铁路以积极的支援。

铁路部门要更好地依靠地方党委，牢固树立同地方商量办事的作风，搞好同沿线群众的关系。铁路部门的运输生产，要在保证完成国家计划的前提下，注意地方的利益，主动支援地方，积极承担地方的运输和生产协作任务。

（六）"九号文件"强调了铁路法规和纪律的重要性

"九号文件"强调要把岗位责任制、技术操作规程、质量检验制度、设备管理和维修制度等建立和健全起来。"九号文件"认为这些制度是搞好铁路运输，搞好生产建设，保障国家财产和客货运输安全所必需的。而且强调有了相关规定必须执行，不执行是中央不允许的。在当时的环境下，"九号文件"仍然强调"要坚持政治挂帅"，做好思想政治工作，使各项规章制度的执行成为广大群众的自觉行动。同时对于不合理的规章制度，要有领导、有步骤地加以"改革"。同时告诫所有铁路职工，都要做好本职工作，个人服从组织，下级服从上级，一切行动听指挥。领导干部，共产党员和共青团员，要成为遵守纪律的模范。对在抓革命、促生产中表现好的职工和单位，要给予表扬。表现不好的，要进行批评教育。对于少数资产阶级派性严重、经过批评和教育仍不改正的领导干部和头头，应该及时调离，不宜拖延不决，妨害大局。对严重违法乱纪的要给予处分。

（七）"九号文件"明确了对破坏铁路运输行为的严厉惩处措施

"九号文件"指出铁路运输是否畅通，关系到发展国民经济和加强战略的全局。任何人都不准以任何借口妨碍正在进行指挥、调度和各种勤务的工作人员的正常工作。阻拦火车、中断运输、损坏列车和铁路设施，都是违法的，必须坚决制止。情节严重的，要严肃处理。对少数职工利用职权，内外勾结，搞资本主义的行为，必须坚决反对，严肃批判。要警惕阶级敌人的破坏活动。对制造事故、杀人抢劫、煽动停工停产、煽动哄抢物资、盗窃铁路器材的现行反革命分子和坏分子，要坚决打击，依法惩办。各地党委要认真掌握党的政策，严格区分和正确处理两类不同性质的矛盾。要充分发动群众，并组织当地驻军、公安机关和路社联防组织，维护铁路运输秩序，保障运输安全畅通。

首先，应该明确"九号文件"是铁路整顿的突破口，进而又推动了1975年国民经济的大整顿。1975年4月22日，《人民日报》刊发了题为《联系实际学理论，讲路线，讲党性，增强革命团结和全局观念》[①]的文章，全面介绍了徐州铁路整顿的经验和做法。邓小平又在1975年5月29日召开的钢铁工业座谈会上作了《当前钢铁工业必须解决的几个问题》的讲话，结合铁路整顿经验，对钢铁行业的整顿工作提出了指导原则：一是必须建立一个坚强的领导班子。邓小平说："领导班子就是作战指挥部。搞生产也好，搞科研也好，反派性也好，都是作战。指挥部不强，作战就没有力量。"二是必须坚决同派性作斗争。"对于派性，领导上要有个明确的态度，就是要坚决反对。"三是必须认真落实政策。邓小平强调："不仅要解决戴上帽子的那些人的问题，而且要解决他们周围受到牵连的人的问题。"四是必须建立必要的规章制度。[②]

---

① 《联系实际学理论，讲路线，讲党性，增强革命团结和全局观念》，《人民日报》1975年4月22日。
② 《邓小平文选》第2卷，人民出版社，1994，第9、10页。

进一步看，邓小平在讲话中还多次向参会的负责同志介绍徐州经验。在谈到同派性作斗争的问题时，邓小平说："徐州的经验比较典型。这些经验都值得大家很好学习。""根据铁道部门的经验，徐州和其他地区的经验，在同派性作斗争中，所要打击的也就是那么少数几个人。徐州闹得那么厉害，最后被打击的只有三个人。"① 在谈到落实政策问题时，邓小平再次提到徐州经验："从解决铁路问题、徐州问题的经验来看，落实政策是一个很重要的问题。清查'五一六'，徐州市搞了六千多人，这是很吓人的数字。搞了那么多人，不给他们落实政策，能把群众的积极性调动起来吗？"② 由上可知，"九号文件"在全国推进全面整顿的实际工作中，不仅是铁路系统整顿工作的纲领性文件，还是指导其他工业部门的原则精神，例如煤炭、冶金、电力、化肥等工业生产部门都先后按照"九号文件"的内容开展了整顿工作。

1979 年 4 月召开的中共中央工作会议，正式提出了对国民经济实行"调整、改革、整顿、提高"的八字方针。这个方针对于中国推行改革开放有着至关重要的作用，为改革开放的推进理顺了制度机制。从前文论述中可以看到铁路系统从 1975 年的整顿就率先开始了相关工作，即使在邓小平第三次被免去党内外职务时，很多决策部署也没有被废止。换言之，在为改革开放做铺垫的工作上，铁路系统实际走在了前面。因此，1975 年的铁路整顿又被称为"改革的先声"。

其次，"九号文件"带动的国民经济整顿，又是邓小平推行全面改革的先行实验。"九号文件"制定以后，邓小平主持起草了《论全党全国各项工作的总纲》（胡乔木、邓力群起草，10 月 7 日完成初稿）、《关于加快工业发展的若干问题》（胡乔木起草，10 月 26 日定稿）、《科学院工作汇报提纲》（胡乔木起草，10 月 24 日完成第六稿）三个纲领性文件。三份文件从内容上来看是对"九号文件"的进一步凝练升华，使之成为能够指导国民经济发展的顶层设计。

以《科学院工作汇报提纲》为例，这篇汇报材料集中体现了邓小平对科学技术、科技工作者及生产力三者之间关系的看法。

① 《邓小平文选》第 2 卷，人民出版社，1994，第 9、10 页。
② 《邓小平文选》第 2 卷，人民出版社，1994，第 10 页。

第一，明确了生产力与科学技术之间的关系。《科学院工作汇报提纲》在阐述生产斗争与科学实验的关系时，提出了科学来源于生产，又指导生产、促进生产的观点。进一步阐释了"科学技术也是生产力"的重要论断，提出科研要走在前面，推动生产向前发展。主持中国科学院工作的胡耀邦在向国务院汇报《科学院工作汇报提纲》时谈到了科技路线的任务，他指出"（科技）第一是为生产需要服务"。①

第二，提出了要划清学术问题和思想政治问题的界限。"文化大革命"期间，我国的科学技术之所以停滞不前，或者说进步缓慢，主要原因就在于"四人帮"等人动辄将"白专道路""洋奴哲学""爬行主义"扣在科学家头上。针对这类现象，"九号文件"提出，自然科学学术问题上的不同意见"不能用行政命令的办法轻易下结论，支持一派，压制一派。更不能以多数还是少数，青年还是老年，政治表现如何来作为衡量学术是非的标准。不能把资本主义国家、修正主义国家的科学家的学术观点都说成是资产阶级的、修正主义的，随意加以否定"②。

第三，划分了政治工作与业务工作的界限。强调不能在科学研究中强行地将政治工作与业务工作区分开。"九号文件"认为"对知识分子的政治工作就是要造就一批无产阶级自己的专家（包括改造旧的和培养新的）"③。"九号文件"还明确反对"空头政治"，认为高喊政治口号，忽视科学研究，甚至反对钻研业务，就是失败的政治工作。

所以邓小平在1987年说："说到改革，其实在一九七四年到一九七五年我们已经试验过一段。……那时的改革，用的名称是整顿，强调把经济搞上去，首先是恢复生产秩序。"④ 江泽民指出："这次整顿实质上是后来改革的实验，反映了广大干部群众的愿望，代表了党的正确领导，在短时间内就取得显著成效。"⑤ 正因为如此，全面整顿被学者视为全面改革的先声。在这个意义上，中国铁路担任了中国改革"先行官"的角色。

因此，"九号文件"在相当一段时间发挥了重要作用。1981年，时任

---

① 张黎群等主编《胡耀邦（1915—1989）》第二卷，北京联合出版公司，2015，第437页。
② 张黎群等主编《胡耀邦（1915—1989）》第二卷，北京联合出版公司，2015，第438页。
③ 张黎群等主编《胡耀邦（1915—1989）》第二卷，北京联合出版公司，2015，第439页。
④ 《邓小平文选》第3卷，人民出版社，1994，第255页。
⑤ 《江泽民文选》第1卷，人民出版社，2006，第630页。

国务院副总理万里检查铁路工作时，再次强调了"九号文件"的重要性，他说："1975年根据九号文件精神提出的'安全正点，畅通无阻，四通八达，当好先行'的十六字口号，不仅适用于过去，也适用于今天。"① 1984年11月底，时任铁道部部长陈璞如在《在全路行车安全工作会议上的讲话》中，仍指出："畅通无阻、安全正点，永远是考核我们铁路工作的重要标准，这是中央九号文件所概括的。"② 由此可见，此文件影响之远。

以"九号文件"为代表的1975年国民经济整顿措施，虽然实施时间并不长，但是产生了立竿见影的效果。从铁路系统自身来看，"九号文件"发挥了巨大作用。1975年7月8日，万里在全国铁路工作会议上的讲话中总结了几个月来铁路整顿的成效。③

第一，铁路治安秩序有所好转，基础工作有所加强，推动了运输、生产、建设的发展。铁路货运量在1975年的上半年完成了全年计划的48.9%，比1974年同期增长8.6%，创造了历史最高纪录。

第二，基本建设步伐加快。1975年上半年，投入新线建设和旧线改造的资金总额，比1974年同期提高了13%左右。土石方和大中桥完成的实物工作量，分别比1974年同期提高48%和3%。勘测设计完成的折算公里，比1974年同期提高50%。运输急需的津浦复线、太焦铁路和北京、天津、石家庄枢纽工程，都加快了进度。

第三，机车车辆工业开始出现大幅度增产的局面。1975年上半年工业总产值完成全年计划的45.2%，其中二季度比一季度增长61%。产品质量也有提高。1975年4月开始整修了大量积压在厂的机车、客车，基本上扫清了"机窝"。几个过去大量欠产的工厂，在几个月内陆续完成和超额完成生产计划。二七、天津、牡丹江、株洲、沈阳、石家庄、大同等工厂的主要产品和总产值，做到了时间过半、完成任务过半。

万里总结道："四个月的时间，取得这样大的成绩，充分显示了毛主席三项重要指示和中央决定④的无比威力。"⑤

---

① 《万里论铁路改革与建设》，中国民主法制出版社，1997，第75页。
② 陈璞如：《在全路行车安全工作会议上的讲话》，《铁路运输与经济》1985年第1期。
③ 《万里文选》，人民出版社，1995，第86页。
④ 中央决定即指"九号文件"。
⑤ 以上参见《万里文选》，人民出版社，1995。

从全国基本面来看，随着"九号文件"及经验的推广，整个国民经济形势总体好转。在毛泽东"安定团结"的指示下，邓小平以"九号文件"为抓手，从铁路突破，一定程度扭转了"文化大革命"特别是"批林批孔"运动造成的动乱局面。铁路、煤炭等工业基础慢慢恢复；大批老干部获得解放；派性斗争，尤其是大规模武斗有所好转。整个国家的交通秩序、工业生产等得到了很大改观。以干部解放为例，1975 年 3 月 25 日，邓小平在听取万里汇报时就强调："平反工作要真正搞起来也快。要一批一批地搞，不要一个一个地搞。弄错了就要立即平反。要在群众中宣布。主要是牵扯到孩子，左邻右舍，部上部下，亲戚朋友。要借这个东风一块解决，七八千人，800 人一批，分 10 批。搞群众运动的方法很快，念 800人的名字嘛，弄错了立即平反嘛。"①

煤炭生产本来也是国民经济的一个薄弱环节。新成立的煤炭部领导班子，按照"九号文件"的要求，一方面通过打通的铁路运输线，尽量将陕西、河北、河南、安徽等工业原料地区的各种矿物原料按照计划运出；另一方面，坚决地同派性问题作斗争，重点解决"两省四矿"（山东省的枣庄、肥城、新汶矿业，江苏省的徐州矿业）问题。上述两省的 4 个矿，在全国煤炭行业中占有重要地位。华东地区统配煤的 40% 由这 4 个矿供应。这 4 个矿供应的钢铁生产炼焦所必需的洗精煤，占到全国的 1/8、华东地区的 50% 以上。上钢、武钢、马（安徽马鞍山）钢、浙钢等钢厂所需洗精煤的 40% 靠这 4 个矿。经过整顿，"两省四矿"的生产效率发展得较快。1975 年 4 月，全国的洗精煤日产量创造了历史上的最好水平；统配煤平均日产量也超过了 75 万吨，比原定计划超出近 2 万吨。②

经过 1975 年的全面整顿，全国工业生产打破了原有的停滞局面。1975年 4 月，化肥生产日产量达 7.5 万吨，环比增产超过 1 万吨。月发电量超过 5 亿度，比同年 2 月增长 12% 左右。棉纱、棉布等轻工业产值也都有一定幅度的增长。原油生产也比原计划超额完成任务，1975 年 4 月，原油平均日产量达到 20.8 万吨，比计划超产 5000 吨。1975 年 1—4 月全国工业总

---

① 《邓小平在万里向国务院汇报徐州铁路局情况时的插话（一九七五年三月二十五日）》，《党的文献》1999 年第 6 期。

② 数据来源于国家计委生产组《保钢小组简报（1）》（1975 年 6 月 3 日），《保钢小组简报（4）》（1975 年 6 月 24 日），《保钢小组简报（7）》（1975 年 8 月 9 日）。

产值达到了 919 亿元，比 1974 年同期增长了 8% 左右，其中 4 月的工业总产值比上年同期增长了 19.4%。[1]

第二节　调整铁路政策：挖潜扩能

1979 年 6 月 18 日，全国人大五届二次会议召开，这是十一届三中全会后国家召开的第一个重大会议。按照历史分期，此时已经属于改革开放时期，但是必须注意的是"计划"依然在国家政策中扮演着相当重要的角色。华国锋在《政府工作报告》中明确提出："当前以及今后相当长一个历史时期，我们的主要任务，就是有系统、有计划地进行社会主义现代化建设。"[2] 所不同的是，党和国家的工作重心已经转移到了经济建设上来，因此本次会议的重点仍然放在如何发展经济建设上。华国锋在《政府工作报告》中提出："我们讲整顿，就是要把现有企业特别是一部分目前管理混乱的企业坚决整顿好。我们要实现四个现代化，当然要建设一批必要的新企业，但是主要必须依靠对大量的现有企业实行挖潜、革新、改造，使它们逐步接近或达到现代化的水平。"[3] 这是"挖潜"这种新的经济发展思路第一次出现在中央的正式文件中，它是在当时全面整顿国民经济大背景下提出的具体措施。此后，理论界认为工业扩大再生产有两种划分方式：一种是内涵型，另一种是外延型。这是根据马克思主义政治经济学中的相关论述提出的。其主要理论依据来源于马克思在《资本论》中提出的相关表述："生产逐年扩大是由于两个原因：第一，由于投入生产的资本不断增长；第二，由于使用资本的效率不断提高。"[4] 这也是我国社会主义经济建设的重要理论来源之一。

一　挖潜扩能的历史背景

"文革"结束后，全党和全国的工作重心迅速转移到社会主义经济建

---

① 转引自程中原、夏杏珍《1975：邓小平主持整顿》，人民出版社，2017，第 78 页。
② 《中华人民共和国第五届全国人民代表大会第二次会议文件》，人民出版社，1979，第 8 页。
③ 《中华人民共和国第五届全国人民代表大会第二次会议文件》，人民出版社，1979，第 15 页。
④ 《马克思恩格斯全集》第 34 卷，人民出版社，2008，第 594 页。

设上来，铁路系统当然也不例外。1977 年 4 月 11 日《人民日报》发表社论号召："揭批'四人帮'的人民战争正在乘胜前进……一个新的跃进形势正在形成。"① 4 月 19 日，《人民日报》又在社论中提出："受到'四人帮'严重干扰破坏的铁路运输，进展很快，三月份日装车突破了历史同期的最好水平。四月上旬，继续稳步前进，日装车又有新的增长。铁路运输的显著好转，促进工业生产开始全面上升。"② 《人民日报》还提出了达到或者超过"三个水平"的奋斗口号，即首先达到和超过本单位历史最高水平，再赶超全国同行业的最高水平，进而赶超世界先进水平。根据《人民铁道》的相关报道，全国铁路系统都积极行动起来，迅速扭转"文革"期间遭到的破坏局面。北京铁路局开展"清除极左流毒，彻底解放思想"的工作；太原铁路局"抓紧运动收尾工作，发展安定团结局面"；锦州铁路局动手改革不合理的机构设置；成都铁路局开展了"十字"工作方针：学习、调整、改造、试点、超额。③

在群情鼓舞的背景下，全国人大五届一次会议上的《政府工作报告》提出要加快社会主义经济建设，《政府工作报告》提出了国民经济建设的总体目标：到 20 世纪末，农业发展目标是"要最大限度地实现机械化、电气化、水利化""主要产品的单位面积产量要达到或者超过世界先进水平"。工业发展目标是"工业生产的主要部分自动化，交通运输大量高速化，大幅度提高劳动生产率""主要产品产量要分别接近、赶上和超过最发达的资本主义国家"，甚至还提出"实现主要产品和生产工艺的现代化，各项经济技术指标分别接近、赶上和超过世界先进水平"。④

1979 年 4 月 5 日李先念在中共中央工作会议上指出："由于重大比例失调的状况没有改变过来，再加上企业整顿工作还没有完全搞好，经济管理体制上存在着许多问题……到 1978 年底……基本建设战线长，投资效果差，浪费惊人。1978 年基建投资比 1977 年增加了 31.6%，而建成投产的大、中型项目却减少了 18.2%，投产的单项工程减少了 29.1%……花了钱

① 《全面落实抓纲治国的战略决策》，《人民日报》1977 年 4 月 11 日。
② 《抓纲治国推动国民经济新跃进》，《人民日报》1977 年 4 月 19 日。
③ 《评论员文章》，《人民铁道》1979 年 3 月 11 日。
④ 《中华人民共和国第五届全国人民代表大会第一次会议文件》，人民出版社，1978，第 16 页。

没有得到预期效果，群众很不满意。"① 除此之外，基建规模投资过大，给刚刚起步的国民经济带来了巨大负担，经济结构面临再次失调的危险。针对这种情况，陈云在 1979 年 6 月提出"综合平衡"的问题，他认为："综合平衡，就要研究比例关系。比例是客观存在，问题在于我们是不是自觉地去研究、认识。要承认在这个问题上，我们本领不够，还要慢慢钻研。"②

"文革"结束后，全国上下争先恐后地投身到经济建设中来。从想法上看，这无疑是好的。但是经济发展有其自身规律，这是不以人的意志为转移的。1978 年全国人大五届一次会议通过十年经济发展计划以后，国家不断加大建设规模，4 月追加投资 52 亿元，9 月又追加投资 48 亿元，主要用于煤、油、电和交通运输部门。这一年财政收入增加 200 亿元，基建规模由年初的 332 亿元增加至 415 亿元，全年完成投资 501 亿元，比上年增加 119 亿元，增长 31%。按当年投资项目的总规模与年度投资相比，今后即使不再上任何新项目，完成全部投资仍需要 8 年时间。在投资结构方面，重工业过重，农业、轻工业过轻的情况依旧存在。在十年计划中，生产性投资占比为 82.6%，农业、轻工业、重工业的基本建设投资比例为 10.6∶5.8∶48.7。③ 这种"多拉快跑"的发展思路也对铁路发展政策产生了影响。根据我国经济建设的习惯，一旦加大基本建设投资，其重点领域往往是铁路基建。

1978 年初铁道部牵头制订了铁路现代化的工作步骤，提出用 8 年时间新建铁路 1.3 万公里，实现电气化铁路改造或新建 1.6 万公里。这完全脱离了我国铁路发展的实际情况。1979 年初铁道部印发了《1979 年铁路建设计划（草案）》，提出总投资铁路建设项目 63 个，其中新建铁路干线或者支线 23 条，实现旧线改造和电气化改造升级 7 条。④ 这些项目大多集中在西部地区，而这些地方地质条件复杂，自然环境恶劣，基本建设困难重重。加之，当时管理秩序尚未恢复到位，技术也相对落后，导致基本建设周期越拖越长。因此李先念在 1979 年的中共中央工作会议上提出："这次

① 《三中全会以来重要文献选编》上，人民出版社，1982，第 115~116 页。
② 《陈云文集》第 3 卷，中央文献出版社，2005，第 459 页。
③ 刘国光主编《中国十个五年计划研究报告》，人民出版社，2006，第 388 页。
④ 《一九七九年铁路建设计划（草案）》，西南交通大学档案馆藏档。

调整，就局部来说，是有进有退，有上有下；就全局来说，总的生产建设在调整中是要稳步前进的，国民经济是要继续保持一定的增长速度的，而且要在调整中通过经济管理体制的改革和对现有企业的整顿，使我们的管理工作和经济效果达到更高的水平。因此，我们这次的方针是：调整、改革、整顿、提高。"①

中共中央工作会议结束以后，铁道部迅速开始调整铁路发展政策。1979 年 6 月 21 日《人民铁道》刊登评论员文章《打好重点转移第一仗，在调整中稳步前进——铁路工作贯彻"调整、改革、整顿、提高"方针的宣传提纲》，正式提出"挖掘现有潜力，落实调整任务"。文章指出："要实现铁路调整、改革、整顿、提高的任务，完成今年运输生产和利润上缴计划，必须立足现有基础，走挖潜、革新、改造道路。"② 在新的认识下，中央决定全面收缩基本建设规模，铁路建设尤其是新线建设大规模暂停、下马，全国工业建设，包括铁路运输行业一起进入了调整和整顿的挖潜阶段。

二 挖潜扩能的推进

铁道部根据中央精神梳理了发展中存在的问题，将之归结为"三个比例失调"，即铁路运输能力的增长与国民经济增长之间的比例失调；新线建设和既有线路改造之间的比例失调；客货运量增长与铁路技术设备增长之间的比例失调。③

从因果关系来看，第一个失调是果，第二个和第三个失调则是因。正是新旧线建设失调和技术装备落后，才导致了铁路运力不能满足国民经济增长的需要。一般来说工业产品与交通运量的增长比例应该是 1：2 或者 1：3，也就是说，工业产量每增长 1 吨，运量应该增长 2 吨—3 吨。但是按照当时的情况，此项比例仅仅维持在 1：0.9 左右，造成了产量和运量的严重失衡。按照这一比例测算，大宗商品（煤炭、钢铁以及矿石等）的运能只能

---

① 《三中全会以来重要文献选编》上，人民出版社，1982，第 120~121 页。
② 《打好重点转移第一仗，在调整中稳步前进——铁路工作贯彻"调整、改革、整顿、提高"方针的宣传提纲》，《人民铁道》1979 年 6 月 21 日。
③ 《打好重点转移第一仗，在调整中稳步前进——铁路工作贯彻"调整、改革、整顿、提高"方针的宣传提纲》，《人民铁道》1979 年 6 月 21 日。

达到 40% 左右。

首先，调整新旧线建设比例。新线建设和旧线改造比例一旦失调，会造成多个问题。一方面，新线建设战线太长会降低工程建设速度，基本建设投资效益自然会降低。另一方面，旧线改造过程因为人力、财力不足而导致工程拖期，甚至直接下马。两相结合则直接造成铁路运输量能增长速度放缓，远远不能满足同时期工农业生产快速发展的需要，"主要铁路干线一些薄弱区段的运输能力只能满足需要的百分之五十到七十"①。因此，1979 年 5 月发布的《关于铁路今后三年调整方向和今年计划安排》中规定铁路要以调整为中心，着手解决比例失调问题。具体来说，"根据整个国民经济对铁路运输的要求，针对铁路工作中的矛盾和问题，铁路调整的方向和任务，概括起来讲，一是处理好旧线改造和新线建设的关系，近期内基本建设的第一位任务是抓好现有铁路的技术改造；二是坚决把牵引动力搞上去；三是坚决把设备质量搞上去；四是大抓人员培训，提高科学技术和管理水平"②。十一届三中全会后，铁路发展政策的主要思路由此确定下来。

1980 年，铁道部的基建投资继续缩减，中央仅拨付基建资金 14.73 亿元，在建大中型项目停工 6 个。1981 年中央拨付基建资金 10.03 亿元，铁道部再次缓建大中型项目 10 个。由于过分缩减基建资金，运力更加紧张。京沈线、津浦线、陇海线、京广线等铁路动脉的货运一直满负荷运转。客运超载现象严重，京哈线、京广线、浙赣线、陇海线超员运载都在 60% 以上，客运矛盾十分突出。为了解决这些问题，从 1982 年开始，中央再次调整铁路投资政策。中央首先严控基本建设投资总规模，同时加大了铁路基建投资。1982 年铁路基建资金从 1981 年的 10.03 亿增加到 19.7 亿，涨幅接近一倍。1983—1985 年连续三年追加铁路投资，铁路投资占全国总投资的比重逐年上涨。③ 到"六五"计划结束之时，"全国铁路营业里程超过 5 万公里，比 1980 年增长了 4.4%"④。

---

① 《三中全会以来重要文献选编》上，人民出版社，1982，第 114 页。
② 苗秋林主编《中国铁路运输》，中国铁道出版社，1994，第 63 页。
③ 徐增麟主编《新中国铁路 50 年（1949—1999）》，中国铁道出版社，1999，第 149 ~ 150 页。
④ 苗秋林主编《中国铁路运输》，中国铁道出版社，1994，第 71 页。

其次，铁道部扩大东部地区运能。东部沿海地区的经济增长速度和规模都高于中西部地区，因此在 20 世纪 80 年代初，运力增长速度与运输需求增长速度之间的矛盾尤为突出。铁道部一方面着力旧线改造，另一方面着手新线建设，同时增建部分交通枢纽。在旧线改造方面，主要是改造陇海线东段、京广线南段、胶济线、淮南线等。津浦线在 1977 年建成通车后，年运输能力从 1400 万吨增加到 3500 万吨，对于加速南北物资流通发挥了非常重要的作用。沪宁复线建设在 20 世纪 60 年代时仅完工 36 公里，占全线里程的 11.6%。1978 年 2 月开始重新动工，1983 年即建成通车。陇海线郑州至徐州段复线于 1983 年建成通车。淮南复线于 1982 年重新开工，1989 年底交付通车。这些线路的建成极大地缓和了东部地区的运输紧张情况，为华东地区的经济建设提供了重要保证。

在新线建设方面，修建了皖赣线、阜淮线、大沙线等。皖赣线北起火龙岗站，南至贵溪，全长 540 公里，是华东腹地的交通大动脉。1958 年皖赣线开工，1959 年、1961 年两度停工，1970 年第三次复工。国民经济调整时期，皖赣线被列为重点建设项目，南北线分别于 1980 年 7 月和 1984 年 4 月建成通车，极大地缓解了华东地区的运输矛盾，对繁荣沿线经济和开发黄山等资源起到非常重要的作用。阜淮线是接通京广线、京九线、京沪线的重要支线，全长 125 公里，1976 年 5 月开工，1982 年 11 月全线建成通车，起到分流津浦线的作用。大沙线东西两端分别连接南浔铁路和大冶铁路，全长 129 公里，1983 年 10 月开工，1987 年 12 月建成通车。这条线路不仅对沿线经济发展发挥了相当重要的作用，而且为连接东西部地区奠定了坚实基础。①

在旧线改造和新线建设的同时，铁道部开始扩建部分地区的交通枢纽。济南西编组站于 1983 年 7 月建成，是我国第一个半自动化驼峰编组站，起到沟通胶济线、石德线与津浦线的作用。除此之外，还建成了郑州北站、北京站、上海新客站等中东部地区的大型铁路枢纽。

再次，大力发展电力牵引技术。我国铁路的动力改革的实际起步时间并没有大幅落后于西方发达国家。我国早在 1956 年就开始了以电气化为标志的铁路动力改革工作。西方各国几乎是在同一历史时期开展相关工作

---

① 徐增麟主编《新中国铁路 50 年（1949—1999）》，中国铁道出版社，1999，第 152 页。

的，其中美国在1945年启动铁路动力改革。而英国、法国、日本、西德等国家开始铁路动力改革的时间几乎与中国同步。当时的社会主义第一强国苏联甚至还晚于我国，于1959年才开始铁路动力改革。

但是，这些国家集中精力用了约20年时间，先后完成了本国铁路的电气化改造进程。到20世纪70年代中后期，世界主要国家都完成了本国铁路的动力改造，蒸汽机车自然而然地退出了历史舞台。换言之，我国在牵引动力改革的进程上，起步与西方各国相同，但是推进工作远远落后于西方国家。

这种情况是由多种原因造成的。其中最核心的原因是没有在政策制定上形成统一意见。从顶层设计来看，政出多门，相关部委对于机车车辆的动力改造都制定了相关政策。而机车车辆生产单位无所适从，只能按照自己的意图开展生产工作。同时，当时我国处于"统购包销"的经济环境，机车车辆运营部门又没有选择余地，因此进一步拖延了车辆动力改革的进程。1977年，铁道部最终确定了"内电并举，以电为主"的动力改革思路。1983年制定了《铁路主要技术政策》，明确提出："用牵引性能更好、热效率更高的电力、内燃机车逐步取代蒸汽机车。从发展看，铁路牵引动力应以电力牵引为主，电力机车担负运量的比重要逐步增加。"随着主要技术政策的制定，我国铁路机车的动力改革步伐明显加快。特别是从1983年开始，全路内燃机车和电力机车拥有量显著增加。1985年，全路机车拥有量达到接近12000台，比1980年同期增长了7.3%。

最后，铁道部还根据实际情况调整了铁路系统的管理体制。铁道部为了有利于运输的集中统一指挥，按经济区域和铁路货流车流的实际情况，调整了路内运输管理机构。1983年，铁道部将太原局并入北京局，武汉局并入郑州局，齐齐哈尔局并入哈尔滨局，锦州局、吉林局并入沈阳局。1984年，又将西安局并入郑州局，南昌局并入上海局。1985年将昆明局并入成都局，鹰潭、宝鸡、新乡、衡阳、阜新、白城等分局也相继撤销。铁路运输系统从1983年前的20个铁路局、62个铁路分局变为12个铁路局、56个分局，一定程度地解决了机构杂多的局面。同时，为了让铁道部集中统一领导铁路建设施工，中央和国务院决定从1983年10月1日起，将中国人民解放军铁道兵机关、部队、院校等并入铁道部，分别变为铁道部工程指挥部、铁道部第十一至二十工程局、石家庄铁道学院。

为了进一步规范行业管理，集中力量办大事，铁道部根据路内分工分别成立了中国铁路工程总公司（原基建总局改）、中国铁路机车车辆工业总公司（原机车车辆工业总局改）、中国铁路物资总公司（原物资局改）、中国铁路通信信号公司、中国土木工程公司、中国铁路对外服务公司。

三　挖潜扩能的实际效果

"挖潜扩能"是在特殊时期，中央对全国工业企业、生产部门的统一部署，铁道部在中央精神指导下制定了具体的举措。实事求是地看，"挖潜扩能"虽然在一定程度上解决了铁路运量增长和运能不足之间的矛盾，但是仍然没有彻底解决铁路对国民经济的"瓶颈"制约，即铁路发展仍然没有跟上国民经济发展的需要。这种情况不仅仅是因为政策本身造成的，而是由多方面原因造成的。

首先，我国铁路在发展过程中长期存在的问题是：有路无网造成的东西部发展不均衡。改革开放初期，东西部在运能方面存在严重不平衡：东部运能不足，西部运能过剩。由于国民经济快速发展的先行区域主要集中在东部地区，沿线人口集中、城镇密集，工业发展速度远高于西部地区，这些地方在改革开放后运输需求快速增长。集中在东部地区的主要铁路干线运营里程数在 1 万公里左右（约占全国铁路运营里程总数的 20%），承担了全国 80% 左右的运量。[1] 同时，西部地区由于工业发展相对缓慢，铁路运能需求增长缓慢，既有铁路闲置率较高。最终带来的问题是"旧线能力小，有客有货运不了。新线运量大而大量亏损。技术设备落后，复线和电气化比重低，机车车辆不仅数量不足，仍以蒸汽牵引为主"[2]。

其次，在社会主义经济体制改革提上议事日程之前，或者说铁路系统没有开始市场化改革之前，铁路政策还存在一定程度"政治挂帅"的问题，政策回旋空间非常有限。《中国共产党第十一届中央委员会第三次全体会议公报》提出"全党目前必须集中主要精力把农业尽快搞上去""城

---

① 刘瑞林：《我国铁路运输发展的几个问题》，《铁道运输与经济》1980 年第 1 期。

② 胡光荣：《提高铁路经济效益的对策》，载《铁路发展战略对策的研究》，铁道部科学研究院内部资料，1985，第 205 页。

乡人民的生活必须在生产发展的基础上逐步改善"。[①] 也就是说，当时全党的中心工作是纠正农业、轻工业、重工业比例失调的问题，在相当一段时间内要压缩工业部门总投入，着力提高农业和轻工业的发展问题。中央财政拨款一旦收缩，铁路发展政策必然面临调整。党的十二大报告中再次强调："总之，在今后二十年内，一定要牢牢抓住农业、能源和交通、教育和科学这几个根本环节，把它们作为经济发展的战略重点。在综合平衡的基础上，把这些方面的问题解决好了，就可以促进消费品生产的较快增长，带动整个工业和其他各项生产建设事业的发展，保障人民生活的改善。"[②] 这段话的关键在于强调了今后国民经济发展宏观思路是"综合平衡"，其目的也是要"保障人民生活的改善"。总之，"挖潜扩能"政策的出台，归根结底是国家还没有综合能力来保证大规模的基本建设投资，不仅是财力物力的投入，而且没有建立起系统高效的管理体制。总体来看，整个"六五"时期，全国仅新增铁路营业里程1500公里左右，年均仅增长了300公里左右。同时，铁路基本建设投资占国家投资总额的比例还下降到了7.0%，比"五五"时期仅有略微增长。

第三节　铁路改革的尝试

一　铁路财政政策改革

铁路财政体制改革的过程，实际上是国家对于铁路的定位变化的过程。铁路系统的财政政策主要表现在国家与铁路的利税分配关系上，从1978年到1985年，中央先后试行了3种不同的企业经济核算制度：1978—1980年是企业基金制，1981—1982年是利润留成制，1983—1985年是税后利润递增包干制度。1986年开始实行"大包干"政策。

（一）企业基金制

1978年4月，中共中央将《工业三十条（草案）》，发给各省、自治

---

① 《三中全会以来重要文献选编》上，人民出版社，1982，第7、9页。
② 《十二大以来重要文献选编》，人民出版社，1986，第16页。

区、直辖市党委和国务院各部委党组，要求立即组织各工业管理机关、各工业交通企业试行。这个文件，将"各尽所能，按劳分配"列为第二十五条，规定实行正常的调整工资制度，实行计时工资加奖励制度，实行岗位津贴，可以实行有限制的计件工资制。4 月 10 日，李先念主持国务院会议，讲了六条意见，其主要内容有：（1）一定要坚持各尽所能、按劳分配的原则，要克服那种干多干少、干好干坏、干和不干都一样的现象……逐步合理地解决工资和奖励制度。（2）解决奖励和计件工资问题，还是要强调政治挂帅，我们的方针还是实行精神鼓励和物质鼓励相结合，而以精神鼓励为主。（3）要注意引导我国工人阶级更加关心国家的长远利益，解决好长远利益与个人眼前利益的关系。要认识到只有随着国家的富强，生产的发展，才能逐步增加职工的个人收入。（4）工资制度改革，既要积极，又要稳妥。好事不可能一个早晨做完，还是稳妥一点好。要根据我们国家收入增长的可能情况来统筹兼顾，全面安排，逐步办理。（5）我们什么候都要考虑工农联盟问题。工人创造的价值大，生活开支的构成也不同，收入应当比农民多一点，但不能相差过大，过大了就会发生工农联盟问题。（6）企业的奖励，要按劳付酬，要和发展生产、扭亏增盈紧密地结合起来。①

1978 年 11 月，国务院批转财政部《关于国营企业试行企业基金的规定》，其核心规定是如果企业全面完成了国家规定的八项指标，即产量、品种、质量、消耗、劳动生产率、成本、利润、流动资金，那么企业则可以按照工人工资总额的 5% 提取企业基金。如果上述指标出现未完成的情况，则扣减一定的提取比例。如果企业能够超额完成既定指标，那么主管部门提取 5% 、10% 、15% 的超计划比例基金（按照不同工业部门划分），以此来弥补职工基金的差额，用于职工的专门奖励。②

铁道部根据中央的文件精神，制定了《铁路运输企业试行企业基金的规定》。铁道部在该规定中仍然主要考察八项经济核算指标，与国家规定基本一致，只是根据铁路行业的特殊情况分别赋予新的内涵。这八项指标分别是：产量、品种、质量、利润、消耗、劳动生产率、成本、流动

---

① 王维澄主编《李先念年谱》第 5 卷，中央文献出版社，2011，第 581～582 页。
② 中国社会科学院法学研究所编《中华人民共和国经济法规选编》下，中国财政经济出版社，1980，第 274 页。

资金。

　　首先，需要肯定的是在普遍"大锅饭"的国有经济中，实行具体的考核指标与企业经济效益挂钩，体现了长足的进步。但是在实际工作中，这种考核指标存在明显的不合理性。其次，铁路运输产品的总量是以国民经济的实际需求为前提，超额完成太多，或者提前完成太多，并不一定有利于国民经济发展。再次，铁路运输产品种类的多少，并不与国民经济的实际发展情况呈正相关。也就是说，铁路运输品种越多并不代表经济发展水平越快，反之亦然。又次，八项考核指标中并没有将"安全正点"纳入考核范围，所有指标都集中在货运领域，忽略了客运的服务质量问题。最后，简而言之，铁路行业实际上并不是一个纯粹的生产行业，其"产量"的多少取决于国家和社会的实际需求，铁路行业本身并不能凭空生产出产量来。同时，铁路运输行业如果集中精力用以提高"产量""品种"甚至"利润"，未必有利于国民经济的发展。这是围绕我国铁路运输发展的一个长时间问题，即衡量铁路发展水平的标准问题。用现代经济学的观点来看，铁路发展水平的优劣应该用其与国民经济发展程度的匹配度来衡量。过于超前会造成投资浪费，过于落后又会制约国民经济发展。

　　财政部于1979年10月17日印发了《关于改进国营企业提取企业基金办法的通知》。中央决定将原有的8项考核指标，优化完善为4项指标，即产量、质量、利润和供货合同。该通知将企业指标完成情况分为两类，全部完成者则按照职工工资总额的5%提取企业基金；部分完成指标的企业，则按照每完成1项，提取职工工资总额的1.25%作为企业基金。[1]1980年1月，铁道部重新发布了《铁路企业提取企业基金办法》，将原规定的全面考核8项指标按照中央精神缩减为4项，将原办法的超计划利润提取企业基金办法，改为按当年上缴利润比上年增长额的10%计提，其中20%归铁道部，80%留归企业。[2]

　　铁路企业基金制度施行了三年（1978—1980年），之后被利润留成制取代。该制度虽然仅仅施行了三年时间，但是从中央到铁道部，以至其他

① 中共中央党史研究室编《中华人民共和国大事记（1949—2009）》，人民出版社，2009，第299页。
② 《财政部关于国营企业试行企业基金的规定》，载中国社会科学院法学研究所编《中华人民共和国经济法规选编》下，中国财政经济出版社，1980，第274页。

部委、地方政府前后多次修订完善相关办法。这是因为企业基金制度是一种临时的管理举措，这种制度是经济改革刚刚开始，各项体制机制改革还未正式推行的背景下，中央拟定的折中办法。因此不可避免的是，这种临时措施必然存在其不合理性。一方面，在当时的情况下，企业基金的提取额度并不是以利润作为基数，利润额仅是多项考核指标中的一项。企业提取的企业基金在实际操作中会出现"限额"的情况，并不是完全取决于企业的营业利润，因此并不能完全激发企业的经营活力。另一方面，企业基金的提取主体是行业主管部门（铁道部），虽然规定了用于员工集体福利，但是实际经营主体（铁路企业）并不能直接提取基金，而是需要由铁道部统筹管理。这也是制约企业发展自主性的因素。

（二）利润留成制

1980年1月22日，国务院批转了《国营工业企业利润留成试行办法》。该办法改变了之前全额利润留成的模式，更改为由基数利润留成和增长利润留成共同构成的新的利润留成制度。财政部联合相关部委又在1981年12月下发了《关于国营工交企业实行利润留成和盈亏包干办法的若干规定》，提出根据企业的不同性质采取多种形式的利润留成和盈亏包干办法，即"基数利润留成加增长利润留成""全额利润留成""超计划利润留成""上缴利润包干，超收分成或留用""亏损补贴包干，减亏分成或留用"等管理办法。[1] 同时要求："对于生产正常、利润比较稳定的部门和企业，应当实行基数利润留成加增长利润留成或全额利润留成的办法。全额利润留成办法能更好地体现国家、企业和职工三者的利益，简便易行，应当积极推行。"[2] 中央将铁道部划定为"利润稳定"的部门，按照办法规定实行全额利润留成。

这个时期全国各地都先后进行了企业改革试点，到1980年底，全国试点工业企业已达6000多个，占到了国家预算内企业总数的16%左右。这部分企业总产值约占全国同类型企业总产值的60%左右，利润总额占

---

① 国家发展改革委经济体制综合改革司、国家发展改革委经济体制与管理研究所编《改革开放三十年：从历史走向未来》，人民出版社，2008，第452页。
② 中国社会科学院法学研究所编《中华人民共和国经济法规选编》下，中国财政经济出版社，1980，第225页。

70%。此外，在四川、上海、广西等地的 200 多个企业进行了独立核算、国家征税、自负盈亏的企业改革试点。①

总体来看，利润留成制有以下五个优势：一是在一定程度上提高了国有企业的经营自主权和管理权，能够实现独立的经济效益，激发了国有企业的内生发展动力。二是企业逐步产生了"市场"的概念，开始重视市场自我的调节作用和特有规律，因此普遍增强了企业的经营观念和市场观念，提高了企业的服务质量和竞争优势。三是为企业自主经营提供了必要的资金保障，企业拥有了一定的"自主"资金，可以用于企业的扩大再生产。四是由于企业和市场的不断结合，企业的经营质量和企业干部的管理水平有了可以量化的客观判定指标。五是因为利润获取和使用机制的优势，企业在将利润留成用于扩大再生产的同时，还有余力在一定程度上改善职工生活待遇。根据当时的实际情况来看，许多试点企业在职工宿舍、食堂、澡堂、幼儿园等集体福利方面取得了一定进步。

但不可否认的是，利润留成制上缴利润的形式没有得到相应的改进，存在着企业对国家只负盈不负亏的弊病，在国家与企业的利益分配中仍然存在着某种"吃大锅饭"的因素。

由种种不合理因素造成的不适当的分成比例使企业与企业之间发生了苦乐不均的现象。有些原来落后的企业和这些企业的职工，一下子得到很多的物质利益，有些这类企业的职工的奖金成倍地高于其基本工资，因而引起原来比较先进的企业和职工的不满，并影响了他们的积极性的发挥，这种"少劳多得"的情况从另一方面破坏了按劳分配原则。尽管国家有关部门不断改进分成方法，调整分成比例，加强财政监督，但国家的财政收入和企业的经济利益都还没有切实可靠的保障，往往人为地发生一些矛盾，解决起来十分困难。例如：国家对厚利企业定下的分成比例要不要有所调整？奖金发放总额要不要有所控制？这都是实践中碰到的难题。如果进行调整和控制，企业就会说国家政策多变，言而无信，不愿充分发挥积极性，不努力去堵漏洞、挖潜力、超任务，往往留一手；如果不进行调整和控制，企业与企业之间的苦乐不均就日益严重，国家对薄利无利企业的

---

① 贺耀敏：《扩权让利：国有企业改革的突破口——访袁宝华同志》，《百年潮》2003 年第 8 期。

奖金发放和亏损企业的工资支付也会发生困难。

另外，在推行利润留成制的过程中，国家与企业的经济关系问题也没有能从根本上得到解决。照理说，国家对任何一个企业都应该是平等相待的，因为任何一个企业都要对国家负一定的经济责任。可是，国家对国营企业采取收缴利润的形式，无利可以不缴；对集体企业采取收缴税金的形式，一分钱不能少缴。这样，不同所有制形式企业的经济平等就无法体现出来，等量劳动领得等量消费品的原则在范围上就会受到限制，使人觉得：国营企业是国家的亲生儿子，集体企业不是亲生的，自然而然产生"个体不如集体、集体不如国营"的思想。同时，这也助长了国营企业依赖国家、国家职工坐吃国家的错误思想和现象。因此，以新的形式来代替上缴利润的形式，就成了进一步完善我国分配关系，加快经济建设步伐的客观要求。

（三）税后利润递增包干：利改税

1983 年 4 月 24 日，国务院发布了由财政部与相关部委联合制定的《关于国营企业利改税试行办法》，同意把利润上缴方式改为有比例的纳税制。国家和企业的关系第一次以法律形式固定下来。

国营企业财务体制改革的中心问题就是处理国家、企业、职工三者之间的关系。因为企业一年的产值和利润始终是一个定值，用于三者之间的额度是此消彼长的关系。因此必须处理好三个问题：一是保证国家的财政收入，尤其是在改革开放初期，国家整体财力较弱的情况下；二是保证企业合理稳定发展，必须留给企业合理的资金以帮助其扩大再生产；三是保证职工的工作积极性，必须为其生存发展提供必要的资金保障。

铁路部门的利改税方案由两个部分构成。第一部分是，铁道部作为铁路行业的主管部门（单个主体），统一将利润和所得税集中上缴至中央财政；第二部分是，铁道部对所属企业，根据不同情况及其本身的经营范围采取逐级核定方式，各个企业之间的利改税模式不尽相同。主要有以下四种模式：一是税后利润基数递增超额分成办法，涵盖铁道部下属各铁路局；二是税后利润按照一定比例递增，再以包干的形式上缴，包括中国铁路机车车辆工业总公司、中国铁路通信通号公司；三是缴纳调节税办法，包含中国铁路物资总公司（工业部分）、郑州装卸机械厂；四是额定固定上缴利润比例，包含中国铁路物资总公司（功效部分）。除此之外，中国铁路工程总公司和北京工程机械厂（中国土木工程公司直属企业）按照55%的比例上缴所得税。上缴完成后，如果剩余利润没有达到核定的留利标准，那么铁道部则采取定额补贴方式将留利部分补足。如果上缴后剩余的经营利润超过了原先核定的留利标准，那么则按照不同比例进行分成。同时，铁道部又将下属可能亏损的企业分为两大类：计划亏损企业和经营性亏损企业。属于计划亏损的企业，则按照计划亏损额度实行补贴。如果企业当年亏损额度超过了计划亏损额度，那么这部分铁道部则不予补贴。如果实际亏损额度低于计划亏损额度，此部分则按照一定比例分成。属于经营性亏损的企业，实行限期整顿，务必扭亏为盈。① 这个方案在实质上是将铁路系统的经营权全部收归了铁道部，地方不再干涉铁路系统内的经营管理事务。

显而易见，利改税模式把全国铁路系统看作一个单一的企业，是在用纯粹的企业经营模式来管理这个庞大的系统。但是中国铁路系统自诞生之日起，就承担了两个职责，一个是经营职责，另一个是政治职责。

由此可见，中国铁路在管理和运营上区别于其他企业的主要特点是其自身所具有的双重属性，即一方面作为企业要经营以获得利润，另一方面又要利于国计民生。所以对中国铁路的性质不能简单地进行非此即彼的判定，否则不利于其整体发展和改革。但是在改革开放初期，尤其是1978—1985年，中央及相关部门都把铁路系统看成是一个赢利（或者说其主要职责在此）的国有大型企业。以这种认识作为出发点来制定铁路系统的改革政策。既然是企业，其生存的基本法则就是赢利，而铁路系统最大的"成本"是铁路修建费用，即基本建设投资。如果要实现赢利，铁路运输价格就必须覆盖各项成本，但是在社会主义国家，这是不可能的，尤其是在当时的历史背景下，中国铁路路网规模离全面成网尚有较大距离，铁路技术也大幅度落后于世界主要国家和地区。与此同时，旧线改造和机车动力技术升级也急需大量资金。在当时企业必须赢利的思路下，加之国家财政实力有限，铁路企业为了实现赢利就不得不大幅度削减铁路基本建设投资。

---

① 《有关铁路企业实行利改税的一些问题——铁道部财务局副局长檀鹤铨答本报记者问》，《人民铁道》1983年5月29日。

铁路系统自身的留利资金远远无法负担这项庞大的支出。所以"利改税"扩大了铁路企业的自主经营权，提高了其市场意识，但是给铁路发展带来了巨大的资金压力，这种压力很快变成了资金缺口。

二　铁路管理体制改革

党的十一届三中全会对我国当时的国民经济问题作出了重要判断："现在我国经济管理体制的一个严重缺点是权力过于集中，应该有领导地大胆下放，让地方和工农业企业在国家统一计划的指导下有更多的经营管理自主权……应该坚决实行按经济规律办事，重视价值规律的作用，注意把思想政治工作和经济手段结合起来，充分调动干部和劳动者的生产积极性……认真解决党政企不分、以党代政、以政代企的现象。"[1] 至此，国营企业管理体制的改革拉开了序幕。

国营企业管理体制的改革比财务体制改革更加复杂和艰难，因为其中涉及相当多的理论束缚。1949—1979 年，中国参照苏联实行的是高度集中的计划经济体制，其中许多经济理论与现代经济理论不完全符合，在实行改革之前，理论界对这些问题进行了广泛探讨。

（一）社会主义商品生产问题

在高度集中的计划经济体制下，国营企业之间的经济交往进行的是产品交换，而不是商品交换，其流通手段是国家统一调拨。经过研究，理论界对此问题有了新的认识：（1）社会主义生产是计划指导下的商品生产，而不仅仅是简单的产品生产。这是因为在现阶段我国还是属于多种所有制并存的阶段，劳动依然是劳动者的谋生手段，在这种情况下经济主体存在自己独特的经济利益。所以，经济主体之间的经济交往必须是在等价交换基础上的商品买卖，而不是无偿占有。（2）全民所有制企业之间的经济交往依然是商品交换，而不是产品交换。因为在现阶段的社会主义国家中，劳动还没有成为人的第一需要，所以物质利益上还存在差别。全民所有制企业职工也存在不同的利益，这种利益必须通过等价补偿和等价交换来实现。为了鼓励劳动者的积极性，必须承认这种利益差别。简而言之，就是

---

① 《三中全会以来重要文献选编》上，人民出版社，1982，第 6～7 页。

理论界达成共识：社会主义经济是有计划的商品经济。

（二）计划调节与市场调节的问题

在长时间"左"的思想的影响下，市场调节一直被视为社会主义的对立面。但是随着改革开放的实施，尤其是市场交往活动活跃起来之后，单纯的计划已经不可能很好地发展国民经济。1984年国务院提交给陈云的报告中提出了对当时社会主义经济的四点看法：（1）中国是一个社会主义国家，我国实行的是计划经济，而不是市场经济。（2）在生产和交换领域，允许利用市场自发地进行调节，但是其范围仅限于日用小商品、部分农副产品以及服务修理行业。当时普遍认为它们在我国整个国民经济中起到的仅仅是辅助作用，以市场方式进行调节并不能改变我国社会主义的生产关系。（3）中央特别指出计划经济并不是简单的以指令性计划为主的经济体制。计划经济的具体形式包含指令性计划和指导性计划。在当时的较长时期内，国民经济的主要方针还要坚持"逐步缩小指令性计划，扩大指导性计划"。（4）因为社会主义经济是以公有制为基础的有计划的商品经济，所以在指令性计划部分要坚持利用行政手段进行调节，而指导性计划部分则必须充分考虑经济运行规律，特别是价值规律的作用。报告中还专门指出"计划第一，价值规律第二"的表述并不准确，建议今后不再继续沿用这一说法。陈云批示："关于计划体制的四层意思合乎我国目前的实际情况。对五十年代适用的一些做法，现在不能也不应该套用。即使在五十年代，我们的经济工作也不是完全套用苏联的做法。"[①]

1984年10月20日，党的十二届三中全会通过了《中共中央关于经济体制改革的决定》，对我国计划体制的基本点作了初步的概括："第一，就总体说，我国实行的是计划经济，即有计划的商品经济，而不是那种完全由市场调节的市场经济；第二，完全由市场调节的生产和交换，主要是部分农副产品、日用小商品和服务修理行业的劳务活动，它们在国民经济中起辅助的但不可缺少的作用；第三，实行计划经济不等于指令性计划为主，指令性计划和指导性计划都是计划经济的具体形式；第四，指导性计划主要依靠经济杠杆的作用来实现，而指令性计划则是必须坚决执行的，

---

① 《陈云年谱》下卷，中央文献出版社，2000，第360页。

但也必须运用价值规律。"①

（三）关于社会主义企业竞争的问题

这个问题其实是市场调节问题的延伸，即社会主义经济体制中存不存在企业间的竞争，或者说社会主义企业间需不需要竞争。在相当一段时间内，理论界和经济实践中都认为竞争是市场的产物，因此是资本主义市场经济独有的经济现象，是私有制的产物。1980 年 7 月 15 日，李先念会见由平冈敏南任团长的日本《每日新闻》访华团。李先念在会谈中说："考虑采取计划调节与市场调节相结合的办法，让一部分经济来自由竞争。企业、工厂、县、省都要有自主权，要发挥他们的积极性。"② 陈云也表示："竞争中可能出现某些消极现象和违法行为。对这些不必大惊小怪。"③ 其实归根到底，竞争是经济活动中必然产生的一种客观规律。社会主义竞争与资本主义竞争的本质不同，是在于两种社会制度的所有制不同。社会主义国家实行的是生产资料公有制，而非私有制，因此就决定了两种竞争活动具有本质上的不同。

那么回过头看，新中国成立之初实行高度集中的计划经济体制是由特殊的时代背景决定的，而不是社会主义国家必须实行这种制度。新中国成立时，面临的是西方发达国家的全面封锁，国民经济百废待兴，亟须建立起自己完整的工业体系。因此，基于快速有效的考虑，必须集中力量办大事。但是随着国家经济的发展，这种高度集中的计划经济已经不能适应生产力的发展，正如邓小平所言："现在我国的经济管理体制权力过于集中，应该有计划地大胆下放，否则不利于充分发挥国家、地方、企业和劳动者个人四个方面的积极性，也不利于实行现代化的经济管理和提高劳动生产率。应该让地方和企业、生产队有更多的经营管理的自主权。我国有这么多省、市、自治区，一个中等的省相当于欧洲的一个大国，有必要在统一认识、统一政策、统一计划、统一指挥、统一行动之下，在经济计划和财政、外贸等方面给予更多的自主权。"④

---

① 《改革开放三十年重要文献选编》上，中央文献出版社，2008，第 350～351 页。
② 王维澄主编《李先念年谱》第 6 卷，中央文献出版社，2011，第 119 页。
③ 《陈云年谱》下卷，中央文献出版社，2000，第 366 页。
④ 《邓小平文选》第 2 卷，人民出版社，1994，第 145～146 页。

1979 年 2 月 12 日，四川省委在总结 6 个试点企业经验的基础上，发布了《关于扩大企业权利，加快生产建设步伐的试点意见》（以下简称"十四条"）。"十四条"的核心内容是"放权让利"。按照"十四条"的规定，试点企业有了计划外生产权，即在全面完成国家下达的生产计划的情况下，企业可以根据市场供需情况自行组织生产和来料加工的规模，以增加产量和收入。"十四条"试行一年，试点企业的生产经营效益取得了意想不到的效果。到 1979 年底，四川全省 100 个工业试点企业中，有 84 个企业的产值比 1978 年增长 15% 左右，利润增长了 33%，上缴国家利润总额则增长了 24.2%。试点企业的产品质量也有了显著提高。机械工业系统的 21 个试点企业中，1979 年第一季度产品质量全部合格；1979 年内江棉纺织厂棉布入库一等品率，由 1978 年的 88.7% 提高到 99%，跃居全省第一。[①]

1981 年 1 月 1 日，《人民铁道》的一篇题为《扩权两年带来三大变化——四川一百个扩权试点单位之一的成都局资阳配件厂》的文章报道了四川国营企业的改变。一是广大职工的责任心变强了。资阳配件厂 1978 年的废品率是 12.5%，1979 年下降到 5.5%，1980 年又下降到 2.5%。根据报道，这是因为资阳配件厂自行决定了经济上的奖惩措施。二是干部作风变好了。因为企业利润已经成为干部职工上下共同关心的事，所以心往一处想，劲往一处使。三是充分发挥了技术干部的重要作用。企业利润的上涨必须依靠技术发展，所以企业非常重视技术干部的关键作用。根据这则报道，1980 年资阳配件厂的生产任务全部提前完成。[②]

1981 年铁道部又将试点范围扩大到上海铁路局等 11 个部属企业。1982—1984 年，铁道部对全路所有企业下放 53 条权限，包括计划制订、财务管理、物资分配，甚至工资等级和干部使用等。铁道部下属企业也本着"层层放权，权放一格"的精神，先后下放相应的管理权限。运输系统在保证运输指挥集中统一的前提下，相应扩大了铁路分局和基层站段的权限。各工程局在确保指令性计划的原则下，有权自行承包外委任务，其税

① 柳建辉、曹普主编《中国共产党执政历程（1976—2011）》第三卷，人民出版社，2011，第 88 页。
② 《扩权两年带来三大变化——四川一百个扩权试点单位之一的成都局资阳配件厂》，《人民铁道》1981 年 1 月 1 日。

后利润全部留用。铁道部提出，要使施工单位成为独立经营、自负盈亏、有活力、有竞争能力的经济实体。对中国铁路机车车辆工业总公司，铁道部提出要使工厂具有生产经营决策权，灵活的物资选购权，自选工资、奖金形式权；在符合国家关于对外开放的规定下，具有必要的对外自主权、一定的定价权等。物资部门的地区办事处有权就地就近组织供应。

除了向铁路企业下放计划权限外，1983 年 6 月，铁道部召开计划会议，提出铁路计划体制按"统一计划、分级管理、综合平衡、保证重点"的原则进行改革，做到"大的管住，小的放开，管而不死，放而不乱"。要求全路的计划管理体制要逐步实现三个转移：一是把工作重点从年度计划转移到中长期计划；二是从单纯的指令性计划转移到指令性计划与指导性计划相结合；三是从生产型计划转移到经营型计划。从 1983 年起，在运输、基建、工业、设备大修和更新改造计划方面，除指令性计划指标外，还规定了不少指导性计划指标。以上这些措施对铁路企业以提高经济效益为中心，实现转型，起了推动作用。

第四节　进一步推进铁路政策改革

全面推行全路的改革工作有着深刻的历史背景，其主要原因有三个：一是铁路运输的紧张局势不断加剧，以致完全不能适应改革开放带来的国民经济迅猛发展的运输需要。二是"拨改贷"政策使得铁路发展举步维艰，铁路面临着不得不改的迫切需要。三是广州经验的成功，展示出一种全新铁路改革政策的活力，给全路改革提供了先进经验。

一　铁路运输的紧张形势

改革开放后相当一段时间内，由于国民经济发展速度越来越快，经济总量越来越大，铁路运力与社会需求之间的矛盾日益突出，这种运量与运能之间的矛盾成为国民经济发展的瓶颈。时任国务委员兼国家计划委员会主任宋平于 1985 年 3 月 28 日在第六届全国人民代表大会第三次会议上，作了《关于 1985 年国民经济和社会发展计划草案的报告》，他指出，当时国民经济在发展中还存在很多问题，而其中首要问题就是："能源、交通特别是电力供应和铁路运输仍然很紧张，原材料供应不足的矛盾日趋突出。一些地区拉闸限电频繁，严重影响生产的正常进行和效益的提高。主要铁路干线运输紧张的状况到了相当严重的程度，货物大量积压待运，旅客大量超载运行。"①

1985 年 8 月 28 日，时任铁道部部长丁关根在全路第一期铁路运输现代化干部管理研讨班结业式上，发表了《坚持把改革放在首位，努力提高运输能力》的讲话。丁关根直言不讳地指出："铁道部是一个老部，老框框，老套套较多。"② 他还指出："当前我们铁路客货运处于全面紧张状态，尽管我们年年完成国家交给我们的任务。但是离人民和国家提出的运输要求，还有相当距离。现在我们的货运量只能满足 70%，客运在一些主要干线超员严重。"③

从 1950 年到 1987 年，工业产品增长速度都快于铁路运量的增长。主要工业品中，原煤增长了 21 倍，石油增长了 670 倍，钢增长了 91 倍，发电量增长了 107 倍，水泥增长了 131 倍，木材增长了 9 倍，化肥增长了 1114 倍；而同一时期，铁路运输换算吨公里仅增长了 20.6 倍，铁路营业线总长度仅增加了 1.4 倍，机车总功率也只增加了 6.5 倍，客车总席位只增加了 4.9 倍，货车总吨位只增加了 12.1 倍。④

二 "拨改贷"给铁路带来的资金压力

所谓"拨改贷"，顾名思义，是国家将基本建设投资的拨付形式，由"拨款"改为"贷款"。就铁路系统而言，就是以铁道部为主体向国家申请基本建设投资贷款。

早在新中国成立初期（1952 年），中央财经委员会颁布了《基本建设拨款暂行办法》和《基本建设财务计划交由中央审核批准并重申拨款预付原则》。以此为基础，形成了我国基本建设计划纳入国家预算的制度体系。

---

① 宋平：《关于 1985 年国民经济和社会发展计划草案的报告》，《人民日报》1985 年 4 月 11 日。

② 《坚持把改革放在首位，努力提高运输能力——丁关根部长于 1985 年 8 月 28 日在全路第一期铁路运输现代化管理研讨班结业典礼会上的讲话（摘要）》，《人民铁道》1985 年 11 月 15 日。

③ 《坚持把改革放在首位，努力提高运输能力——丁关根部长于 1985 年 8 月 28 日在全路第一期铁路运输现代化管理研讨班结业典礼会上的讲话（摘要）》，《人民铁道》1985 年 11 月 15 日。

④ 王崇焕、魏文英主编《中国铁路发展之路》，人民出版社，1990，第 9 页。

直到改革开放初期，我国的基本建设资金来源只有国家财政拨款这一个渠道。国家投资带有强烈的国家意志，因此在国民经济恢复时期对我国铁路建设带来了极大的推动作用，这也是我国在较长一段时间内铁路快速发展的重要原因。显而易见，这种简单的拨款形式不能适应社会主义市场经济发展的新局面。最大的问题有两点：一是财政经费简单下拨，很难对相关单位进行权力约束；二是这种拨款办法，其实是财政领域的"大锅饭"，很难充分发挥资金的使用效益。

为此，1979 年 8 月 28 日国务院下发了由财政部等多部门联合制定的《关于基本建设投资试行贷款办法的报告》和《基本建设贷款试行条例》，决定将基本建设的财政拨款改为银行贷款形式。《国务院批转国家计委、国家建委、财政部关于基本建设投资试行贷款办法报告的通知》中明确指出："基本建设投资试行银行贷款的办法，是基本建设管理体制的一项重大改革，符合按照经济规律管理经济工作的要求，对于加强基本建设管理，建立经济责任制，缩短基建战线，提高投资效果，都会起到积极作用。"[1]《基本建设贷款试行条例》规定："凡实行独立核算，有还款能力的工业、交通运输、农垦、畜牧、水产、商业、旅游等企业进行基本建设所需的资金，建设银行可根据国家基本建设计划，给予贷款。"[2] 其中对还本付息的方式和期限也有明确要求。《基本建设贷款试行条例》规定贷款利率一般为年息 3%。[3]

经过 5 年试行后，1984 年 12 月 14 日，国务院又批准了国家计委等部门联合制定的《关于国家预算内基本建设投资全部由拨款改为贷款的暂行规定》。从 1985 年开始，凡是属于原来国家预算安排的基本建设投资资金，全部由财政拨款改为银行贷款（简称"拨改贷"）。[4] 实行"拨改贷"以后，原来的"国家预算直接安排的投资"渠道相应取消。《关于国家预算内基本建设投资全部由拨款改为贷款的暂行规定》明确规定："钢铁、

① 国务院法制局编《中华人民共和国现行法规汇编（1949—1985）》财贸卷，人民出版社，1987，第 264 页。

② 国务院法制局编《中华人民共和国现行法规汇编（1949—1985）》财贸卷，人民出版社，1987，第 269~270 页。

③ 国务院法制局编《中华人民共和国现行法规汇编（1949—1985）》财贸卷，人民出版社，1987，第 272 页。

④ 《新时期经济体制改革重要文献选编》上，中央文献出版社，1998，第 306 页。

有色、机械、汽车、化工、森工、电力、石油开采、铁道、交通、民航项目年利率 3.6%。"① 同时要求，项目投产后贷款单位逐年连本付息偿还贷款。

"拨改贷"对于铁路行业的发展，尤其是铁路网建设产生了较大的负面影响。1949—1979 年，国家铁路投资是根据每年路网建设计划，由国家财政统一拨款。从统计数据上来看，自"三五"计划以来，铁路基建投资占全国投资总额的比重一直在不断降低。"三五"时期占 13.3%，"四五"时期占 11.0%，"五五"时期占 6.7%，"六五"时期这一比重降到了最低点，仅有 4.5%。

同时从 1949 年到 1979 年，铁路基建投资的资金来源几乎全部是国家预算拨款（年均占比在 98% 以上），1979 年到 1984 年，这一比例也达到 80% 左右。② 也就是说，在"拨改贷"以前，中国铁路迅猛发展的最主要原因就是国家财政的大力支持。与此同时，全国铁路的营业利润也基本上缴国家财政，其中盈利的 85% 上缴国家，剩余的 15% 主要用于职工福利和奖励。③

但是这种财政管理制度有明显的缺点："铁路收益多，也不能自我改造、自我发展；收益少，一样躺在国家身上吃大锅饭，伸手要投资、要项目，既影响企业的经营积极性，也助长敞口花钱。像铁路这样一个几乎遍及全国的大联动机，自身的收益和自身的发展挂钩，一切靠向国家伸手，肯定是难以活起来的。"④ 所以，这种财政制度既不利于激发铁路职工的工作积极性，也不利于国家财政投资发挥充分的经济效益，因此确实有改革的必要。

但是"拨改贷"带来了新的问题。铁道部并不是完全意义上的市场经济主体。铁道部当时还作为国务院的组成部门，甚至还不是国有企业，其主要任务并不是赢利，而是完成国家交付的铁路建设计划。同时，基于我国特殊的国情，铁路还不能把追求利润作为自己的发展目标。铁道部在新

---

① 《新时期经济体制改革重要文献选编》上，中央文献出版社，1998，第 308 页。
② 铁道部统计中心编《全国铁路历史统计资料汇编（1949—1987）》，内部资料。
③ 1983 年开始的利改税只是改由铁道部统一以税收名义上缴利润，并没有改变铁路大部分利润上缴的实质。
④ 吕荫华：《走我国铁路独具特色的经营管理道路》，《人民铁道》1986 年 4 月 20 日。

建铁路与既有线改造时，也不可能把赢利作为主要考虑，在很多情况下甚至不是其能考虑的问题。因此，"拨改贷"带来的首要问题是铁道部没有连本付息的能力。如前文所述，贷款偿还资金主要来源于项目投产后产生的利润，但是我国大多数铁路并不能赢利。在这种情况下，铁路建设资金就给铁道部带来了"旧贷未清，新贷又至"的严重财务问题。以1985年为例，中央核定的铁道部基本建设资金接近38亿元，由于实行了"拨改贷"，这笔资金铁道部需要承担年利率为3.6%的利息支出。换言之，这笔本来属于财政拨款的资金，由于性质变化，铁道部就必须承担每年带来的新增利息1.37亿元左右，而每年还需要偿还本金部分。所以，简单的"拨改贷"政策没有为铁路发展带来新的机遇，铁路系统迫切需要一种全面系统的改革。

三　广州经验的出现

广东沿海地区一直是我国改革开放的前沿阵地，很多改革经验是从广东地区总结而来。铁路系统的改革方案，也是由广（州）深（圳）铁路公司先行先试。

1984年初，广深铁路公司正式成立并投入营业，这是我国铁路系统第一家实行承包经营责任制的企业，主要模式是以路建路。广深铁路公司管辖的主要是广深铁路线（北起广州，南到深圳罗湖桥头），全程共计23站，长147公里。国务院在五个方面给予广深铁路公司特有权利：（1）公司实行完全的独立核算体制，该条线路的客运和货运收入全部属于公司本身，作为公司的营业收入，自负盈亏；（2）公司实行利润递增包干制度，即以2000万元作为公司上缴国家的法定基数，此后每年按照2.32%的比例递增，上缴后剩余的利润部分作为公司的积累资金；（3）公司每年向国家上缴1297万美元的外汇，超出部分全部留作公司自身收入；（4）公司有独立的投资经营自主权，包括建设项目设计审批权，工程发包权，建设贷款权，资金使用权，对外业务洽谈和设备、技术引进权；（5）国务院特许广深铁路线路运价提高50%。[①]

---

① 杨培新：《坚持铁路大包干加速我国铁路建设（专论）》，载王崇焕、魏文英主编《中国铁路发展之路》，人民出版社，1990，第14页。

经过实践，广深铁路公司的技术水平、综合运输能力大幅度提高。旅客列车由1983年的7对增开到1988年的24对，节假日开到37对。其中，广州至九龙的直通车由2对增至4对。每天平均每半小时开出一趟客车。发送旅客由1983年的966万人次增到1988年的1799万人次，增长86%，年均增长13.3%。国内外旅客评价：在中国乘坐火车，以广深铁路为最方便、最舒适。货运量方面，1988年和1983年相比，日均装车增加237辆，增长94%，日均卸车增加195辆，增长42%，全线货物发送量增加378万吨，增长88%，年均增长13.4%。外贸物资运输发展迅速，日均过港货车由1983年的189辆增加到1988年的213辆，增长12.7%。过香港重车卸后利用由1983年的日均8.6辆增加到1988年的日均67.4辆，增加近7倍。经济效益大幅度提高。1988年和1983年相比，运输收入增长3.5倍，年均增长35%，运输利润增长96%，年均增长18.4%，外汇收入增长191%，年均增长23.8%。1987年，广深铁路各项指标远远超出同期全路平均水平：每公里营业收入高出平均值6倍，人均创收高出平均值5.3倍，人均创利高出平均值7.6倍。广深铁路公司5年上缴税利3.12亿元，增长154%，年均增长20.5%。企业发展有了后劲，为自我改造、自我发展提供了资金来源，集体福利事业和职工生活也得到改善和提高。广深铁路公司从香港金城银行贷款3000万美元，实际上仅用去2000万美元。现在贷款早已还清，年创汇达5000万美元。这证明引进外资，由企业自借自还，与由国家或地方政府举借外债、统借统还相比，债务责任明确，经济效益有确实保证，应成为今后引进外资的主要方式。①

其实广州经验归根到底是较大程度地赋予了企业自主经营权。广深铁路公司以路养路，以路建路，形成了一个良性循环的发展路径。这种模式改变了投资决策集中在中央部门，但其又不具体管理地方铁路线路的经营，对经营效益并不承担主要责任的老路子。国家计划机关对铁路建设的方针、政策提出指导性意见，并协调各部门之间的关系是必要的，但对线路的经营决策权力应该充分下放。广深铁路公司创造的经验，为铁道部彻底实施"大包干"政策提供了非常重要的实践支持。

① 杨培新：《坚持铁路大包干加速我国铁路建设（专论）》，载王崇焕、魏文英主编《中国铁路发展之路》，人民出版社，1990，第15页。

第五节　铁路"大包干"政策

　　党的十一届三中全会后，铁路的经济体制改革开始启动，初期的改革以简政放权为主要内容，使铁路企业的活力有所增强，但这些改革没有触及铁路的基本经济体制，因而难以收到全面的效益。这个时期铁路的改革处于探索和积累经验的阶段。1984 年 10 月召开了党的十二届三中全会，它揭开了全面进行城市经济体制改革的序幕。城市工交企业的改革自 1979 年开始以来，经过 5 年艰苦的探索，终于从农村承包制取得的成功中看到了希望，也从首钢等当时还为数不多的企业承包的经验中得到启迪，纷纷在"包"字上做文章，准备迈开大步，走出一条改革的新路。1985 年 5 月，铁道部开始筹划铁路"大包干"的方案，经过 10 个月的紧张工作，中国铁路这个拥有近千亿元固定资产、320 万职工的庞大的产业部门，开始对国家实行投入产出、以路建路的大承包，这是中国经济体制改革迈出的重要一步，在世界铁路史上也是一个创举。

　　1984 年 10 月，党的十二届三中全会在北京召开，会议审定并通过了《中共中央关于经济体制改革的决定》，揭开了全面进行经济体制改革的序幕。《中共中央关于经济体制改革的决定》指出："增强企业的活力，特别是增强全民所有制的大、中型企业的活力，是以城市为重点的整个经济体制改革的中心环节。""要使企业真正成为相对独立的经济实体，成为自主经营、自负盈亏的社会主义商品生产者和经营者，具有自我改造和自我发展的能力，成为具有一定权利和义务的法人。这样做，既在全体上保证整个国民经济的统一性，又在局部上保证各个企业生产经营的多样性、灵活性和进取性，不但不会削弱而且只会有利于巩固和完善社会主义的全民所有制。"①《中共中央关于经济体制改革的决定》还对长期以来关于社会主义经济和资本主义经济的争论作出定性："在商品经济和价值规律问题上，社会主义经济同资本主义经济的区别不在于商品经济是否存在和价值规律是否发挥作用，而在于所有制不同，在于剥削阶级是否存在，在于劳动人民

---

　　①　《改革开放三十年重要文献选编》上，中央文献出版社，2008，第 348、348～349 页。

是否当家做主，在于为什么样的生产目的服务，在于能否在全社会的规模上自觉地运用价值规律，还在于商品关系的范围不同。"①

自 1975 年"九号文件"提出铁路是国民经济的"薄弱环节"以后，这个问题一直没有从根本上解决，其核心问题是铁路发展始终与国民经济发展速度不匹配，运输紧张的形势一直未能从根本上扭转。具体来看，铁路发展缓慢有以下三个原因：一是国家在"八五"计划之前，对于铁路的基本建设投资呈现逐渐下滑的趋势，"拨改贷"后铁路建设资金更是全面吃紧。二是铁路系统僵化的管理体制，一方面国家在财政管理上将铁道部视同其他国营企业实行"拨改贷"，另一方面整个铁路系统又是按照完全行政化的管理体制运行。三是在铁路内部的分配上，也没有很好地体现按劳分配的原则。职工的收入与劳动的数量和质量不能直接挂钩，干好干坏差不多，基本上也是吃"大锅饭"，缺乏必要的激励作用，不能很好地调动职工的积极性。

具体来看，其原因又集中体现在以下三个方面。

第一，铁路部门没有投资决策权。铁路投资决策权高度集中，所有大中型项目的投资总额每年在 100 亿元左右，全部由国家统一审批。同时在实际操作中，部分超过 1000 万元的项目即列为大中型项目由国家审批，进一步缩减了铁路部门的自主权。除此之外，当时每年的更新改造投资在 30 亿元左右，其中 5000 万元（1985 年以前为 3000 万元）以上项目，需要由国家审批。国家在决策过程中因为不能全面了解铁路运输实际情况，在一定程度上造成了投资效益不高的问题。

第二，财政统收统支的制度和低折旧、高征税的政策提高了全国铁路的实际负担。从 1950 年到 1985 年铁路向国家共上缴利税 1156 亿元，而从国家拿到的总投资却比上缴利税少 330 亿元。全国工业折旧率为 5.1%，而铁路折旧率仅 4%。我国铁路的营业税率，在"大包干"政策实施以前大致为 15%，"大包干"以后大致为 5%。由此可见，铁路部门承担的税负较高。

第三，缺乏实际的"低票价"政策。我国铁路运价是在 1955 年制定的，当时因为国民经济发展需要，采取的是低运价政策。每吨公里货物运价为 1.65 分，比 1936 年还低 65%。1986 年每吨公里货物运价为 1.99 分，

---

① 《改革开放三十年重要文献选编》上，中央文献出版社，2008，第 350 页。

比 1955 年仅增长 20.6%，而同期全国物价指数已上涨 54.4%。同时在 30 年的时间里，铁路固定资产建设的成本不断提高。每公里铁路造价"一五"时期为 57.3 万元，"二五"时期为 48.8 万元，"三五"时期为 131.6 万元，"四五"时期为 142.8 万元，"五五"时期为 215.8 万元，"六五"时期为 310 万元。一方面造价不断提高，另一方面运价又维持不变，给铁路发展带来了严重的经济负担。[①]

从 1985 年初开始，铁道部党组全面分析了全国改革的形势和铁路的情况，经过反复的调查研究和周密的考虑，毅然决定走承包的道路，以自身创造的积累，承包"七五"时期铁路的基本建设投资，自负盈亏，以路建路。1985 年 9 月 20 日，铁道部党组正式向党中央、国务院提出了《关于"七五"加强铁路建设及经营改革的报告》。这个报告受到了中央领导的高度重视和积极支持。特别是 1986 年 2 月 12 日，邓小平同志亲自作了批示，支持铁道部实行"大包干"。经过中央有关部门的共同努力，国务院于 1986 年 3 月 31 日正式批准了国家计委、国家经委、财政部、中国人民银行、铁道部等五个部门联合制定的《关于铁道部实行经济承包责任制的方案》。自此，铁路部门实施经济承包责任制的序幕正式拉开（简称"大包干"）。

实行承包方案，从根本上改变了收支两条线的财政体制，减轻了铁路的资金负担，尤其是承包方案中明确减免了"拨改贷"产生的本息，减轻了历史包袱，使铁路开始有了自我改造、自我发展的能力。"大包干"后，铁路的资产仍归国家所有，但在经营上已成为独立自主、自负盈亏的企业。铁路增强了自身的活力，也加重了自己的责任，较好地体现了资产所有权和经营权分离的原则。铁路的"大包干"，不仅包简单再生产，而且也包扩大再生产。"大包干"方案，规定铁路的基本建设投资由铁路本身创造的积累提供，实行以路建路，这在行业（部门）承包中是一个创举。

1986 年 4 月，在部长办公会上，铁道部部长丁关根提出"约法三章"[②]。

---

① 《全国铁路历史统计资料汇编（1949—2006）》，铁道部统计中心，2008。
② 第一，坚持社会主义方向和人民铁路为人民的宗旨，始终把国家利益和社会效益放在首位，决不做只利于局部而不利于全局之事。第二，坚持"精打细算，节约投资，改进经营，扩大运量"的方针，开源节流，勤俭建路，注重投资效益。第三，严格执行纪律，廉洁奉公，遵章守法，严禁乱涨价，乱收费，以路谋私，滥发奖金。

丁关根强调:"'约法三章'是高标准的,也是实事求是的,是能够做到的。""约法三章"反映了铁路的性质和特点。铁路是社会基础设施,主要是创造社会效益。实行"大包干"后,铁路运输生产仍以完成国家指令性任务为主,铁路运价受国家严格控制,必须在首先保证社会效益的前提下去争取自身更好的经济效益,因此,铁路一定要把社会效益放在第一位。铁路的经济效益只能依靠精打细算,节约投资,改进经营,扩大运量来取得。铁路又是一个高度集中的半军事化企业,在运输上必须坚持实行集中统一指挥。铁路的各级组织,必须把全局利益放在第一位,在全局利益和局部利益发生矛盾时,坚决服从全局利益。必须严格执行纪律,严禁乱涨价、乱收费、以路谋私。所以说,"约法三章"绝不是空洞的口号,而是针对铁路特点提出的严格的、针对性很强的具体要求。

铁道部实行承包的具体办法主要是分层承包,层层落实。首先,铁道部作为单个整体向国家承包具体的发展指标。其次,铁道部再作为上级部门将从国家承包的指标,按照铁路系统的分工,分拆到运输、工业、基建等领域,与对应的企业主体签订不同的承包协议。最后,各系统的承包主体再一次将指标分拆到下属的具体经营单位。经过三次分包程序后,国家制定的发展指标最后落实到了一线企业身上。

因为铁路系统的中心是客运和货运,因此铁道部的"大包干"首先是从各级运输系统开始,进而再延伸到工业制造和基建施工等单位。1986 年 5 月 6 日,在全路局长会议上,铁道部将当年指标分包至各铁路局,各铁路局在 5 月 19 日—29 日,再全部分拆到各铁路分局。1986 年 12 月,铁道部系统签订了当年的全部承包合同。

1986 年 3 月,国务院批准铁路实行"大包干"。由于时间紧迫,当年已来不及对经营管理体制进行大的改革,只能沿用利改税的办法先进行以放权、让利为主要内容的"微调"。其具体内容可概括成"提高单价,超产加价,超收提成,定额上交"四句话,目的主要是鼓励各局增运增收,以确保"大包干"初战必胜。同时提出"约法三章",强调国家利益、社会效益第一,坚持精打细算,严格执行纪律,加强宏观控制。1986 年 5 月召开的全国铁路局长会议继续向下落实第一年的"微调"方案。随即铁道部成立了经济承包改革小组,组织专家班子,研究铁路经济承包的各种方案。1986 年 7 月,举办全路分局长和主要车站站长研讨班,培训干部。由铁道部领导与运输生产第一线的指挥员直接对话，共商搞好"大包干"、打好两个翻身仗的大计。经过半年多的紧张工作，进行了大量的测算、论证、比选，提出了 1987 年铁路局经济承包责任制方案。

在 1987 年 7 月的全国铁路局长会议上，铁道部正式提出 1988—1990 年全路转向全面承包。1988—1990 年的承包模式是：一包三年，区别承包；包死基数，确保上交；超收多留，歉收自补；动静结合，包中有调。① 1988—1990 年承包模式的改变主要有以下几点：一是将承包期限从当年延长至三年，更有利于各路局整体安排各自的发展战略。二是区别承包能充分考虑各地区、各部门的实际情况。定基数要动静结合，"静"就是指现有的上缴税利或积累水平不能降低。"动"就是要根据各局在国家投入、客货流量、路网位置、基建更改需要、近期增产前景等方面的差别，综合测算 1988—1990 年可能达到的增长速度和发展水平，实事求是地确定增长率。

第六节　"大包干"政策的效果及评价

"大包干"政策带来以下效果。（1）运量增长，运能提高。1986 年、1987 年共运送旅客 21.88 亿人次，发送货物 26.9 亿吨，完成换算周转量 23628 亿吨公里，均超额完成任务。货运量年增加 4717 万吨，换算周转量年均增加 886 亿吨公里。内燃机车、电力机车完成的运输量比重达 55%，标志我国牵引动力进入了以内燃、电力为主的时期。两年来，复线、电气化、自动闭塞线路分别增加 11%、12% 和 21%。主要编组站的列车编解能力提高 10%。（2）基本建设投入增加，建设速度加快。1986 年、1987 年这两年，基本建设投资和机车车辆购置费共 183.33 亿元，比"六五"时期后两年投资总额增加 34.3 亿元，增加 23%。1986—1987 年我国共新建铁路超过 1100 公里，复线建设接近 900 公里，电气化铁路接近 500 公里，建设速度超过了"六五"时期的平均值。（3）铁路经营效果良好。1986

---

① 《深化内部改革 完善经营机制——丁关根部长在全国铁路局长会议上谈铁路经济体制改革》，《人民铁道》1987 年 7 月 29 日。

年、1987 年这两年运输收入增加 20 亿元，总计达 502 亿元。①

"大包干"政策的主要功效是提高了铁路职工的积极性和主动性。铁路职工开始真切感受到了"平均主义吃苦头，按劳分配尝甜头"。徐州工务段开始"打破了奖金分配的'大锅饭'，把人人有份的浮动工资同包工奖、岗位津贴以及每人工资中的十元捆在一起，奖勤罚懒，奖优罚劣。完成任务好、贡献大的工人奖金拿得多，每月可达五十多元，而那些冷不干、热不干、脏不干、累不干的懒人每月只能拿几元，甚至分文没有。奖金成了名副其实的奖金，再也不是旱涝保收的固定收入"②。经济杠杆调动了广大工人的积极性。"实行大包干后，广州局职工中蕴藏的创造性和聪明才智得到充分发挥，出现了关心分劈指标，为增加运输收入献计献策的热潮。""广州局职工发扬主人翁精神，积极为大包干献计献策。两个月来，运输生产单位职工献计近万条，已被有关部门采纳五百多条，预计这些计策用到生产中，可增加收入一千多万元。"③ 整个广州铁路局在实行"大包干"后，效益明显："广州分局落实大包干方案后，短短几个月，已经初见成效。在广州特区客货运竞争激烈的情况下，今年上半年与去年同期相比，货物发送量增长 17.9%，换算周转量增长 9.6%，运输收入增长 10.3%。"④

承包以后，各路局"首先狠抓观念更新，强化经营意识"⑤。"为了在竞争中求生存、求发展，大桥局成立了经营开发部，各处、厂也建立起相应的机构，将触角伸向了华东、华中、华南等地，随时把握各路信息，参加投标竞争。"⑥ 哈尔滨铁路局在"大包干"后注意观念转变，路局提出："在经营上，我要向那些个体饭店学习，顾客来了，要热情迎上去，给他找座，那顾客还能走？我们见货主来了，也要有迎上去的精神，帮助货主解决困难，还愁回头客不来吗？"⑦ 在"大包干"的驱动下，"增收节支"

---

① 《全国铁路历史统计资料汇编（1949—2006）》，铁道部统计中心，2008。

② 《走回头路重搞平均主义吃苦头，大包干后坚持按劳分配尝甜头》，《人民铁道》1986 年 8 月 6 日。

③ 《广州局职工为大包干献策近万条》，《人民铁道》1986 年 6 月 25 日。

④ 《狠抓观念更新　强化经营意识》，《人民铁道》1986 年 7 月 22 日。

⑤ 《狠抓观念更新　强化经营意识》，《人民铁道》1986 年 7 月 22 日。

⑥ 《走向市场参与竞争取得成效》，《人民铁道》1988 年 1 月 17 日。

⑦ 周子平、张澍贵：《大包干中新事多——哈局滨江站转变经营观念纪事》，《人民铁道》1986 年 8 月 15 日。

广泛地开展起来，职工们说："节支就是增加利润，是不用投资、不必纳税的增收。节约每一个铜板，这是讲了许多年的话，可说在'大锅饭'的体制下，'嘴上讲节约，手下在浪费'的现象始终未能杜绝。现在不同了，沈阳局的一些同志讲得很实在，'承包、承包，再花钱得掏自己腰包'。人们开始精打细算了！"①

大包干政策虽然取得了明显的成效，但是也面临着许多问题。造成这些问题的原因有三：一是"大包干"政策在制定时，有一些条款是协商的产物，并不完全是市场主体的自主行为。二是1986—1990年，国家经济形势发生了非常大的转变，尤其是物价闯关引发的严重通货膨胀，这是政策制定时无法预料的情况。三是铁路经营机制在转轨过程中未能及时正确地处理国家、企业、职工三者之间的关系，路风问题在此期间出现新的表现。

铁道部原来提出对国家"不交不要"，即在"七五"期间，铁道部不再向国家上缴税利，也不向国家要建设资金。因为1985年铁道部上缴税利总额为82亿元，国家给铁路的基建投资（包括"拨改贷"和银行贷款）为80亿元，二者大致持平。据当时测算，如铁路在"七五"期间不向国家上缴税利，国家也不给铁道部建设资金，铁道部在财政上大致可保持平衡。但经反复协商，方案中仍规定铁道部要交5%的营业税，并要偿还"六五"期间建设银行的贷款，5年还本付息约68亿元。在1986年初测算，铁道部"大包干"有70亿元缺口。5%的营业税率不仅在"大包干"开始时导致铁道部负重前行，而且就横向来看，也远高于其他行业营业税率。同时通货膨胀，生产资料价格上涨，使铁道部支出猛增，积累不断减少，资金缺口扩大。运输支出1986年比1985年增加20.1亿元，1987年比1986年增加21.6亿元，1988年又增加27.1亿元，1989年估计将增加45亿元。这是由于柴油、钢材等11种主要物资综合平均价格在1987年上涨15.6%，到1988年再上涨16.8%。

综合来看，"七五"期间由于生产资料价格上涨、运营成本和工程造价提高、新增税种、利率提高、汇率变动等问题，铁路承担成本比承包方案新增284.4亿元。"七五"期间铁路投资计划完成，却没有完成实物工

---

① 李润青：《节支也是增收》，《人民铁道》1986年6月11日。

作计划。"七五"期间按照承包计划需要完成新线建设 3809 公里，实际完成 2551 公里，完成率 67%。复线计划完成 2687 公里，实际完成 2420 公里，完成率 90%。电气化里程计划完成 3660 公里，实际完成 3049 公里，完成率 83%。"七五"铁路建设计划总计需要完成 10156 公里，实际完成 8020 公里，完成率 79%。①

总之，从 1986 年开始，铁路开始实行经济承包责任制，在摸索中开启了大规模改革的道路。经过 6 年多的大胆摸索，铁道部圆满完成了承包任务："七五"期间运输收入增加 102 亿元，再加上客货运调价增加运输收入 100 亿元，合计运输收入 1502 亿元，比"六五"期间增长 96%，比 1986 年承包时预测的 1300 亿元增加 202 亿元。与此同时，铁路经济管理由生产型向生产经营型转变，经营结构形成以运为主、多种经营的新格局，改变了铁路传统的运输组织和管理方式，开始向更适应市场经济的方向发展。

"大包干"改革是在中国改革政策的推动下铁路探索改革的过程，虽与当时中国的改革政策和步调基本一致，但在改革中铁路部门的主动性体现得非常明显，是铁路第一次全面的改革尝试。改革成效是明显的，完成了承包任务，促使铁路迈开了走向市场的第一步，值得充分肯定。不过，"大包干"虽然完成了承包任务，但无法完成改革的初衷——根本化解运能与运量的矛盾。

---

① 相关数据根据铁道部统计中心《全国铁路历史统计资料汇编（1949—2006）》计算得出。

第五章 加速改革的铁路政策
（1992—2018）

1992 年初，邓小平发表南方谈话，10 月党的十四大召开，中国的改革开放发展到新阶段。铁路继续深化改革，完善经济承包，不过其改革重点已经转移到面向市场加快企业内部经营机制的转化方面，"大包干"被无形废止，铁路改革发展到新阶段。

第一节　铁路政策再调整：加速发展的新时期

一　铁路政策调整的历史背景

进入 20 世纪 90 年代，中国铁路进入了一个加速发展的新时期。"加速"有三层含义：其一，国家财政投入铁路基建的资金越来越多；其二，随着科学化管理体制的建立，工程周期越来越短；其三，铁路成网速度越来越快。1992 年 7 月 14—18 日，铁道部在北京召开全国铁路领导干部会议，来自全国铁路系统各单位的负责同志出席了会议，7 月 16 日，时任国务院副总理朱镕基出席会议并讲话。朱镕基在会上首先提出的一个核心问题是"全国经济上新台阶，铁路怎么办"。同时，对于过去几十年铁路的发展，朱镕基也总结了一个相对简短却真实的结论。他表示，我们党和国家一直非常重视"加强基础设施建设，加强能源、交通和基础工业"但

"铁路运输不适应国民经济发展的状况不是一朝一夕形成的"。①

在会上，朱镕基提出铁路的发展要采取以下措施。

第一，转换企业的经营机制。第二，加紧进行技术改造。第三，通过合理的劳动组织，提高劳动效率。第四，需要科学的调度管理。②

朱镕基在1992年10月当选第十四届中共中央政治局常委，他的这篇讲话分量十足，对整个铁路发展政策的调整乃至国内宏观经济政策影响巨大。

1992年10月，铁道部报请国务院调整了"八五"计划，即全国铁路新线和新建复线的建成里程分别是6600公里和4100公里，都比原计划多500公里。电气化工程铁路里程保持5600公里不变。"八五"期末路网规模增加到60000公里。铁路建设和机车车辆购置投资大幅增加至922亿元和320亿元。③ 1992年铁路发展取得较大突破，旅客发送计划提前17天完成9.42亿人次的既定目标，全年发送9.86亿人次，同比上年增长4.7%；货运量提前13天完成14.7亿吨任务，全年运输15.22亿吨，同比上年增长3.5%。④

人民日报社记者对在京的国家有关部委和企事业单位进行走访，从1993年2月22日开始以《中国铁路何日走出"瓶颈"》为开篇对我国交通运输严重滞后的问题，开展"经济上台阶，交通怎么办?"的系列报道。后面的报道指出，各部门领导均对此高度重视，并在《中国铁路何日走出"瓶颈"》或剪报复印件上做上各种不同的标注，讨论如火如荼地进行着。时任国务院发展研究中心副主任张磐和研究员高博在接受采访时表示，铁路的建设对于经济不断向前发展、人民生活质量逐渐得到改善都有着重大的意义，该文章的报道恰恰指出了我国经济振兴中重要而有战略性意义的课题，揭示了其中的紧密联系，更反映了广大群众的心声。时任国家计委交通司司长李端绅则对这篇文章有另外的见解，他认为，文章切实写出了我国铁路发展的窘迫实际，促使包括

---

① 《朱镕基讲话实录》第1卷，人民出版社，2011，第183页。

② 《朱镕基讲话实录》第1卷，人民出版社，2011，第185~186页。

③ 邹家华：《关于1992年国民经济和社会发展情况与1993年计划草案的报告》，载《中华人民共和国第八届全国人民代表大会第一次会议文件汇编》，人民出版社，1993，第69页。

④ 朱奎成：《韩杼滨提出新年新任务》，《人民铁道》1993年1月2日。

各级领导干部在内的相关同志都增强了加快建设铁路、提高铁路运输力的责任感、使命感和紧迫感。时任国家交投公司副总经理曹汝价表示，这篇文章将铁路发展十分落后的问题摆在大众面前，引起社会各界人士的深刻思考，表明在社会主义经济逐步发展的同时，铁路运输的问题不能再搁置了。①

1993年3月6日，《人民铁道》刊登了记者对时任铁道部部长韩杼滨的专访《铁路面临的挑战与发展问题——铁道部部长韩杼滨纵谈铁路发展大势》，韩杼滨对1992年铁路发展的整体评价是"形势更加严峻"，原因在于铁路的发展远远滞后于国民经济的增长速度。1992年国民经济增长12.8%，工业总产值增长20.8%，而铁路发送量仅仅增加3%。②

经过"八五"时期后两年的发展，我国铁路正线铺轨总里程11000多公里，南北大动脉——京九铁路提前两年全线铺通。全国新增铁路营业里程3000公里，复线里程3848公里，电气化里程2973公里，京九线、宝中线、集通新线和兰新复线基本建成，极大地增强了我国铁路网的运输能力。③但是铁路整体发展水平仍然不能满足国民经济快速发展需求。与此对应的是，"八五"期间，我国国民生产总值年均增长率达到了12%，1995年已经突破5万亿元大关，接近6万亿元。原定在2000年实现比1980年国民生产总值翻两番的目标，已经提前5年实现，农业总产值年均增长4.1%，工业总产值年均增长17.8%。④

面对这种新的形势，铁道部重新调整了铁路建设的"九五"计划，作出了"决、强、建、扩、突"的重大战略部署，计划集中力量把能支撑国民经济全局的铁路干线建设起来，为路网建设架起骨干动脉干线，以及完善路网布局，加速建设区域的重大工程。此外，铁道部决定在5年的时间里，建设5340公里的新线和2580公里的既有线复线，同时完成4400公里

① 鲁牧：《领导重视，群众关注、理解支持，〈中国铁路何日走出"瓶颈"〉反响强烈》，《人民日报》1993年3月1日。
② 朱海燕：《铁路面临的挑战与发展问题——铁道部部长韩杼滨纵谈铁路发展大势》，《人民铁道》1993年3月6日。
③ 参见《十四大以来重要文献选编》中，人民出版社，1997，第1751、1828页。
④ 参见《十四大以来重要文献选编》中，人民出版社，1997，第1751页。

既有线的电气化改革。①

进入 21 世纪后，中国加大力度实施西部大开发战略，铁路建设的重心也转移到西部，这为西部铁路的建设添加了新的活力。相应地，为促进西部大开发战略，《西部铁路"十五"建设计划》在铁路"十五"计划中被特别制订。《西部铁路"十五"建设计划》指出，西部铁路建设在"十五"时期的总体要求是，从实际发展的需要出发，进行铁路技术改造，同时加强内、外两个通道，提高铁路运输能力。在这样的时代背景和政策支持下，西部铁路的建设速度得到了迅猛的提高。2000 年以后，西部铁路共有 26 个大中型项目集中建设，我国第一条进藏铁路——青藏铁路也在此期间正式开工建设，成为凸显社会主义显著优势的代表性工程之一。②

二 力度空前的铁路大投资

铁路建设投资占全国总投资的比重长期偏低，而且还呈下降趋势，这是我国铁路运输发展速度赶不上国民经济发展速度的一个重要原因。1950—1991 年这 40 多年的时间里，铁路建设投资在全国投资总额中的占比一直处于下降的趋势，1950—1952 年三年国民经济恢复时期的占比是14.5%，"一五"时期到"七五"时期的占比分别是 10.7%、9%、12.3%、10.5%、6.4%、7% 和 6.6%，甚至在 1991 年跌到了 5%，成了新中国成立以来铁路建设投资占比的历史最低点。③ 从 1993 年开始铁路常年出现资金短缺。1993 年，挂账 32 亿元；1994 年，亏损 35.5 亿元；1995年，亏损 62.4 亿元；1996 年，亏损 18 亿元；1997 年，亏损 37.6 亿元；1998 年，亏损 20 亿元。④ 铁路发展陷入了艰难困境，投资比重连年下降，经营亏损居高不下。

---

① 孙永福：《抓住新机遇 瞄准新目标 创造铁路建设新的辉煌业绩——在加快铁路建设动员大会上的讲话》，载黄四川主编《1998 中国铁路改革与发展重要文稿》，中国铁道出版社，1999，第 177 页。

② 《世纪之交的中国铁路》编委会编《世纪之交的中国铁路》，中国铁道出版社，2002，第51 页。

③ 张声书、〔日〕佐伯弘治主编《中国现代物流研究》，中国物资出版社，1998，第 69~70 页。

④ 徐增麟主编《新中国铁路 50 年（1949—1999）》，中国铁道出版社，1999，第 257 页。

为解决上述困难，从"八五"中后期开始，中央逐年增加铁路基本建设投资，投资总额越来越大，铁路基建的速度稳步提升。尤其是在"八五"时期的后三年，气壮山河的铁路建设会战大旗在华夏大地上迎风飘扬，响应紧急动员的数十万筑路大军，以京九铁路为重点，浩浩荡荡地进行着贯通南北、连接东西的重要铁路干线大作战。①

1993 年时任国务院总理李鹏在全国人大八届一次会议上提到，加快铁路建设仍然是未来五年的重点工作，既要新建京九至深圳、南昆、宝中等铁路干线，也要重视改造现有铁路，挖掘它们的潜力使其充分发挥价值，提高限制口的通过能力。② 在"八五"干网建设的基础上，配备好相应的设施，以提高旅客运载量、增加煤运和货运通道为重点，使列车提速缩短旅途或运输时间，继续建设相对应的主要干线，着重发展东西南北中之间的互通线，尤其是西南、西北等重要地区，同时继续建设神木—黄骅第二运煤通道，建设南疆铁路。总的来说，2000 年，我国铁路的复线率和电气化率要分别达到 34% 和 27%，同时营业里程要达到6.8 万公里。③

国民经济恢复时期到"九五"时期的铁路基本建设投资额（见图 5 - 1）显示，国民经济恢复时期的"七五"时期国家对铁路的基本建设投资从8.24 亿元增长到 344.33 亿元，在不同时期铁路基本建设投资额有增有减、增长速度有快有慢，但是到"八五"时期迅速上升到 1244.75 亿元，到"九五"时期大幅增加至 2438.81 亿元。换言之，"九五"时期，国家对铁路的基本建设投资总额是国民经济恢复时期的 296 倍。

再具体分析"八五"时期与"九五"时期铁路基本建设投资总额（见图 5 - 2）可以发现，国家对铁路的基本建设投资总额从 1993 年开始快速增长，从 1998 年起国家财政拨款常年维持在 500 亿元以上。即使以这10 年时间分析，2000 年国家对铁路的基建投资额也已经是 1991 年的 5 倍以上。

---

① 韩杼滨：《抓住历史机遇　实行"两个转变"为实现铁路"九五"改革与发展宏伟目标而奋斗——在全路领导干部会议上的讲话》，《人民铁道》1996 年 1 月 10 日。
② 参见李鹏《政府工作报告》，载全国人民代表大会常务委员会办公厅编《中华人民共和国第八届全国人民代表大会第一次会议文件汇编》，人民出版社，1993，第 13 页。
③ 《中华人民共和国第八届全国人民代表大会第四次会议文件汇编》，人民出版社，1996，第 71 页。

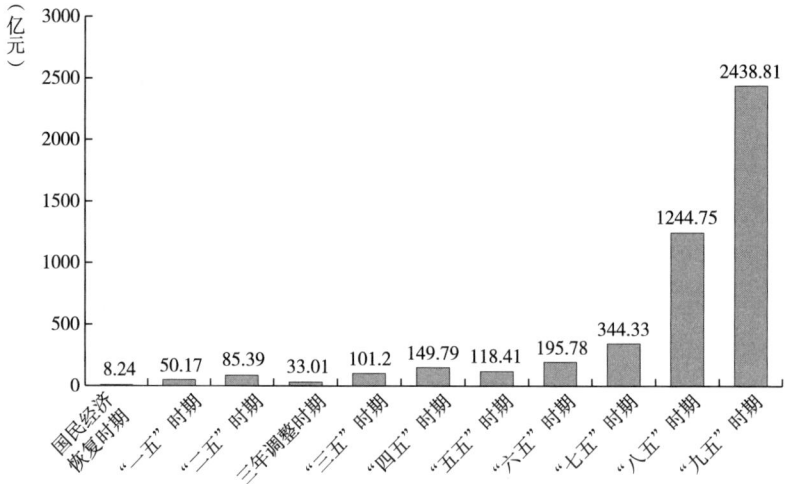

图 5 - 1　1950—2000 年铁路基本建设投资额

资料来源：《全国铁路历史统计资料汇编（1949—2006）》，铁道部统计中心，2008，第 224 ~
225 页。

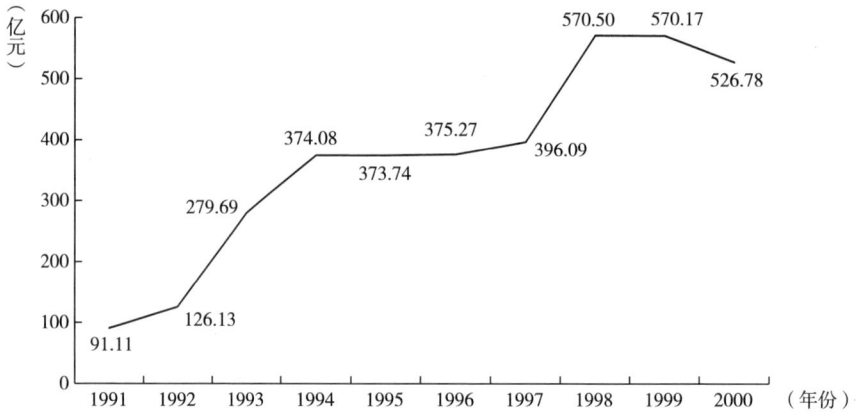

图 5 - 2　1991—2000 年铁路基本建设投资额

资料来源：《全国铁路历史统计资料汇编（1949—2006）》，铁道部统计中心，2008，第 224 ~
225 页。

　　"八五"时期与"九五"时期，除了铁路基建投资额大幅增加外，机
车车辆购置投资额和更新改造投资额也大幅度增长。从 1993 年开始，机车
车辆购置投资额和更新改造投资额常年维持在 100 亿元左右（见图 5 - 3）。

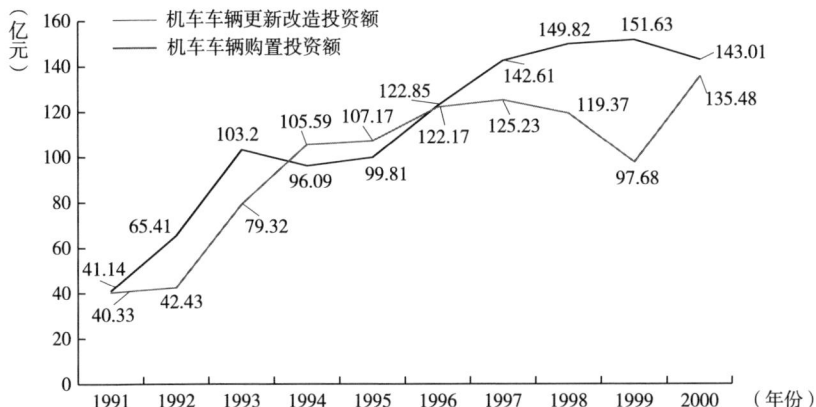

图5-3　1991—2000年机车车辆购置投资额和更新改造投资额

资料来源：《全国铁路历史统计资料汇编（1949—2006）》，铁道部统计中心，2008，第224～225页。

三　不断推进的路风建设

党的十四大以后，铁道部党组把整顿路风与铁路精神文明建设相结合，以路风建设为抓手不断推进铁路的改革和发展。铁道部党组一方面不断推进路风建设，另一方面加强职工队伍的思想政治教育。1992—1997年，铁路系统开展了两次较大规模的路风整顿活动。

第一次是1993年的路风大整顿。20世纪90年代，是我国建设社会主义市场经济的起步阶段，在经济高速发展的同时，也出现了一些不适应于社会主义生产关系的问题，比如：乱涨价、乱收费、店大欺客等。铁路客票也存在着代售和收费加价的乱象，其中，就有大连铁路分局铁龙实业开发总公司于1993年4月15日在央视被揭露高价售卖火车票牟取暴利的行为，引起了社会各界的巨大反响。时任国务院副总理朱镕基对此也十分关注，4月18日，他在株洲京九铁路现场办公时对铁路部门的相关问题进行了严肃批评，要求开展全路整顿工作。

1993年5月3日，时任铁道部部长韩杼滨在广州召开了路风整顿工作座谈会，在会上他提出了路风整顿的三项原则："一要给政策、二要立法规、三要严查处。"同时，他还提出了路风整顿工作分两步走，对于明显违纪违法的问题、群众反映突出的问题、扰乱市场秩序的问题要立即纠正。对于其他在改革发展中出现的探索性问题要在认真研究后予以改正。

他还强调，要尽快在全路开展路风教育活动，提高职工"人民铁路为人民"的宗旨意识，坚决抵制拜金主义、享乐主义、极端个人主义等错误观念，要加强职业道德、法制等专题教育。① 1993 年 5 月 8 日，铁道部下发《关于制止乱加价乱收费的紧急通知》，同时 4 万多份纸质的通知被印发并张贴在各地车站的客货售票服务窗口，以此来进行宣传。该通知要求对铁路项目进行全面清理，分三步开展整顿工作：第一步，铁道部下属各单位对照通知要求开展自查工作，明显不合理不合法的收费项目要坚决停止。第二步，针对重点物资的承运费用进行调查，比如能源类的石油和煤矿，建材类的木头和钢材，以及米油盐等关乎人民日常必需的东西，立即停止不合理尤其是要严惩不合法的收费行为。第三步，铁路各级单位部门要加强对收费项目的核查核准、统一规范，所有需要收费的项目清单一定要在负责领导签字上报、铁路局审查定下来后，才发文在各地方统一实施，同时收费项目如果存在不同的意见，就先暂停下来。② 按照《关于制止乱加价乱收费的紧急通知》的要求，据统计，全铁路一共发现了 272 项"不合理不合法"的收费规定，另有 84 项铁路替地方代为收取的附加费用，以及代保险公司收的旅客人身保险费全部被停止办理。③

同时铁道部政治部编制并发布了铁路路风改革的宣传提纲《开展宗旨教育，树立良好路风，为加快铁路改革和发展做出积极贡献》。1993 年 6 月下旬铁道部向国务院报告了整顿工作整体情况，朱镕基进一步批示："要注意方向。路风首先是领导作风的问题，而不是群众的问题。只发动群众自查自纠，而不查领导，不让群众检举，路风是纠正不好的。首先把局长级干部的案件着力查清，严肃处理，路风就会好转。"④

铁道部党组为了广泛动员职工开展路风整顿工作，发动几乎全路的宣传系统进行广泛深入的宣传活动。铁路路风教育的普及和宣传采取的是从影视作品到横幅标语、橱窗、板报和墙报等各种形式的媒介，为此铁道部下属的铁路集团公司和铁路分局累计制作的板报和标语等高达 8 万多期、10 万多条，同时摄制了超过 300 部以路风宣传教育为主题的电视，路风教

---

① 《韩杼滨在广州召开路风整顿工作座谈会》，《人民铁道》1993 年 5 月 11 日。
② 《关于制止乱加价乱收费的紧急通知》，《人民铁道》1993 年 5 月 13 日。
③ 伍耀：《真抓实干始见成效——铁路部门整顿路风纪实》，《中国监察》1994 年第 1 期。
④ 《朱镕基讲话实录》第 1 卷，人民出版社，2011，第 306 页。

育宣传片在各个铁路文化宫和俱乐部放映达到 4000 多场次，观影人数达到百万以上。路风教育的对象和参与者不仅是铁路工作者，还是每一位旅客和群众。从 1993 年 9 月 12 日起，路风教育专题节目每天都在全路段的所有客车和车站滚动播出。另外，140 多万册针对路风教育的学习材料在这一时期编撰出来，为路风教育提供了典型的案例经验分析、宣传的提纲等，这是铁道各单位职工干部中受到广泛讨论的问题被铁道部组织专门的人员进行整理、分析，对存在的思想认识的问题进行有效的解决后所取得的成果。同时，面对职工和基层党组织，整个铁路系统动员起 5200 多支宣传小分队和 2300 多名领导干部，向职工开展义务宣讲活动并宣讲理论知识。①

除此之外，为了提高铁路职工做好路风整顿工作的积极性和自觉性，树立职工"防腐败、正路风、树新风"的思想基础，铁道部党组还集中精力引导职工进行自我教育。一方面全路职工开展了"我为路风添光彩"等多个主题的演讲，另一方面结合单位实际，基层党组织组织职工进行了各项专题的路风讨论，形式丰富，内容扎实，很好地鼓励职工参与其中，从而达到教育和整顿的初衷。

上至铁道部，下至各铁路局以及分局，按照刹风与规范相结合的原则先后制定颁布实施了 10 多个和 300 多个行业规范的办法和文件，主要是围绕货运展开，覆盖了从货运计划、货物管理、装车到运输的规定纪律等，既端正了走正道、开前门、坚决堵后门的工作思想，同时又体现了党建工作改革的方向。

除了加强督查，铁道部党组还主动出击，致力于调查处理用票用车来牟取私利的多起案件。全路纪检监察部门共组织 1777 人次、成立 621 个调查组参加查办案件。1993 年 5—10 月，全路查处违纪违法案件 84 起，117 名干部受到党纪、政纪处分。全路查处各类路风问题 1633 件，有 2253 名职工受到有关处罚。铁道部党组不仅对这些涉案人员予以严肃查处，还在《人民铁道》等有关报刊公开报道，对全路干部职工进行警示教育。②

1993 年，铁道部对乱收费、高价倒卖车票、敲诈勒索等乱象进行为期

---

① 伍耀：《真抓实干始见成效——铁路部门整顿路风纪实》，《中国监察》1994 年第 1 期。
② 伍耀：《真抓实干始见成效——铁路部门整顿路风纪实》，《中国监察》1994 年第 1 期。

7个多月的整顿工作，收获了阶段性成功，效果显著。各种乱七八糟的状况被有效制止，铁路客货运的各项收费项目得到重新梳理，收费标准也根据实际情况再次制定，200多项不合理收费全部取缔。全路12个铁路局共计停办利用车皮车票经营的各类公司186个。同时，领导干部的亲属滥用职权或者裙带关系办理车皮计划的情况也通过相关规章制度被有效遏制，进而肃正了运输纪律，加强了党的集中统一指挥。铁路反腐败、整顿路风工作得到了社会各界的广泛肯定。在铁路正常运输、各行各业正常生产经营的基础上，铁路巨大的发展潜力在此次路风整顿工作中被发掘出来，从货运计划非但弥补了欠运量还超额完成、提前完成的事实来看，路风整顿工作在铁路交通发展中整体的方向性和正确性是毋庸置疑的，也是十分必要的。①

1995年1月21日，尉健行在十四届中央纪委第五次全体会议上作了题为《深入工作，狠抓落实，努力取得反腐败斗争新成效》的报告，并对1995年的反腐败工作提出了要求，其中专门强调了要纠正部门和行业不正之风，他指出："对于已经部署的清理乱收费、公款出国（境）旅游、无偿占用企业钱物，以及党政机关与所办经济实体脱钩和行政性收费、罚没收入实行'收支两条线'等工作，要采取有力措施，狠抓落实；要从建立和健全制度、加强管理等方面加以巩固，力求取得新的成绩……一些部门和行业要继续抓好自身存在的突出的不正之风，如税务部门的以税谋私，工商部门的以办证办照谋私，铁路系统的以票谋私，卫生系统的医务人员收受'红包'，邮电系统的以装机谋私，等等。"②

铁道部党组以此为契机着手开展了第二次路风整顿工作。1995年1月铁道部召开全国铁路领导干部会议。韩杼滨提出要"以抓好'形象设计'为重点，进一步加强路风建设"。1995年3月27日，全国铁路客车路风专项整顿工作会议在北京召开。铁道部党组决定从4月开始，用一个季度的时间深入推进路风整顿工作。铁道部政治部主任蔡庆华代表部党组对这次整顿工作提出具体要求，整个路风整顿工作分两个层面进行：一个层面是优秀列车和进京进沪列车，要继续做优做强，不断推进"人民铁路为人民"形象提升工作。另一个层面是，还存在严重路风问题的列车，要坚决

---

① 徐增麟主编《新中国铁路50年（1949—1999）》，中国铁道出版社，1999，第334页。
② 《十四大以来重要文献选编》中，人民出版社，1997，第1185页。

遏制乱收费、乱加价等问题，严防安全事故。

南宁铁路局认真贯彻中共中央关于"加强思想政治工作，培育一支过硬的铁路职工队伍"和"每个铁路职工都要用全心全意为人民服务的宗旨塑造自己的形象"的指示精神，通过在职工中开展形象设计活动深层次地推进干部职工政治思想教育工作，提高他们的政治素养。首先是开展政治理论学习教育，组织干部职工学习《邓小平文选》、党的十四届三中全会文件及社会主义市场经济理论知识，用建设有中国特色社会主义理论武装干部职工。其次是结合实际在职工中开展系统的社会主义、爱国主义教育，以及法律纪律教育，大力倡导在社会主义市场经济条件下树立正确的人生观、价值观和文明健康的生活方式。[①]

随着路风整顿工作的不断推进，铁道部党组始终认真抓好职工的思想政治教育，不仅通过优质的影视文化作品等使铁路各级职工受到熏陶，培养他们高尚的品格，更营造积极向上的舆论环境，引导、带领职工学习党的与时俱进的新理论和新方法，让职工们用科学知识来装备自己，提高了职工队伍的思想政治素质，职工爱岗敬业、遵纪守法、勤勉工作蔚然成风，有效提高了社会主义市场经济背景下，全体铁路人抵御错误思想的能力。

1996年10月16日，中共中央印发了经十四届六中全会通过的《中共中央关于加强社会主义精神文明建设若干重要问题的决议》。铁道部党组积极响应号召，在10月17日作出决定，要以为人民服务为基本原则，在列车车厢中展开真诚热心服务旅客、向做建设精神文明的火车头看齐的一系列文明服务活动。铁道部重点抓10个车站、10趟列车；各铁路局分别抓好10个车站和10趟列车；铁路分局抓好20个窗口单位的班组，在全路形成"十百千"站车文明服务活动。1997年，铁道部党组又决定结合"讲文明，树新风"活动，继续推进站车文明服务活动。

铁道部党组为了保证路风建设的制度化、规范化，先后出台了《铁道部文明服务示范站管理办法（试行）》《铁路路风管理办法》《关于严禁以车谋私的规定》《铁路路风监察监督办法》等多个制度文件。这些文件的特点是：适应铁路走向市场经济的新形势，对企业行为和个人行为作出明

---

① 熊国标：《务实管理　开拓进取　促进客运工作上水平》，《铁道运输与经济》1995 年第 11 期。

确规范。同时对路风问题严重的单位在考核评优时予以一票否决。进一步完善了路风建设的管理和机制建设，切实体现了"标本兼治，纠建并举"的方针。通过制度化安排，铁路路风有了极大改善，路风问题投诉明显减少，在全国精神文明建设中发挥了很好的示范作用，为铁路行业走向市场化进一步创造了条件。

四 政策调整后的实际效果

从1992年开始，国家调整了铁路发展政策，加大了铁路投资力度，加上铁路企业制度不断完善，我国铁路事业迎来了大规模发展的新时期。

其中最直观的成果莫过于表5-1中包括国家铁路、合资铁路和地方铁路在内的全国铁路的营业里程从1992年到2003年的逐年增加，年均增长达到12.6%左右，基本和同时期的国民经济发展速度相当。首先，作为重要基础和强大支撑，国家铁路的营业里程一直处于上升的趋势，并在1993年到1996年这几年间增幅较大，从53802公里增加到了56678公里，可见在大好政策下铁路交通的蓬勃发展；其次，地方铁路的营业里程虽然在1992—1997年具有上升的趋势，但在合资铁路出现后的第三年就开始下降，随后也是在4700—4800公里徘徊，最终在2003年的里程也只比1992年的时候多了300公里；而在1995年开始建设的合资铁路，从一开始的2738公里增加到2003年的7738公里，这个增长速度是比较快的。

表5-1 全国铁路营业里程

单位：公里

年份	国家铁路	合资铁路	地方铁路	合计
1992	53565		4511	58076
1993	53802		4800	58602
1994	53992		5038	59030
1995	54616	2738	5034	62388
1996	56678	3044	5210	64932
1997	57566	3064	5339	65969
1998	57584	3918	4927	66429
1999	57923	4696	4776	67395

续表

年份	国家铁路	合资铁路	地方铁路	合计
2000	58656	5181	4813	68650
2001	59079	6162	4817	70058
2002	59530	7651	4717	71898
2003	60446	7738	4818	73002

资料来源：《全国铁路历史统计资料汇编（1949—2006）》，铁道部统计中心，2008，第 230 ~ 233 页。

从表 5 - 1 可以看出，铁路加速发展的开端在"八五"时期的后三年，在数十万铁路职工的艰苦努力下，铁路建设进度不断提前，投资效益成效明显。仅在 1995 年，就有开建、全线铺通和建成通车的铁路新线和新建复线多条，浙赣、侯月、京九和宝中、兰新铁路线便在其中。正式开通运营的火车站也不在少数，北京西站就是在 1996 年 1 月 21 日开通运营的。与"七五"期间的铁路建设、铁路运输水平和能力以及铁路营业里程相比，"八五"期间可说是取得了阶段性的飞跃，铁路新线和复线铺轨是"七五"时期的 2.2 倍，而建成通车的新线和复线达 7500 公里，3000 公里的电气化铁路更是比"七五"时期增长了 1.1 倍，1995 年，全国铁路营业里程首次超过 6 万公里。[1]

在"九五"中期，即 1998 年时，铁道部部署了踏入 21 世纪的铁路建设大会战计划，按铺新线复线、实现电气化、建成通车等多线程并行，取得了初步的胜利。总体上看，虽然在新线和复线铺轨的里程上看，"九五"时期要比"八五"时期少 2000 公里左右，但是"九五"期间增长的铁路营业里程比"八五"时期多，创下了改革开放以来五年内铁路新增营业里程最多的历史。[2]

经过近十年的快速发展，铁路运输跟不上国民经济增长速度的紧张局势得以缓解。在国家和政府政策的支持和资金的扶持下，铁路的硬件设施在不断改善，铁路的路风在日益清明，铁路的运输能力大幅度提高，在速

---

[1] 韩杼滨：《抓住历史机遇　实行"两个转变"　为实现铁路"九五"改革与发展宏伟目标而奋斗——在全路领导干部会议上的讲话》，《人民铁道》1996 年 1 月 10 日。

[2] 《跨世纪中国铁路建设》编委会编《跨世纪中国铁路建设（1998—2002）》，中国铁道出版社，2003，第 54 页。

度、数量和质量上都基本不再拖社会主义市场经济繁荣发展的后腿。相反地，对铁路基本建设的投资，在之后的亚洲金融危机中，在一定程度上促进了国民经济的持续平稳快速发展。据统计，仅在 1998—2003 年，因为铁路建设需要的庞大数量的建材和能源燃料等，上百万个相关的就业岗位被提供，极大地推动了经济的发展。时任铁道部部长傅志寰认为，铁路交通运输建设的加快具有广泛而深刻的意义：一方面，加快铁路的发展可以解决部分地区人口的就业问题，促进地区之间的经济贸易，从而在一定程度上增加人民收入；另一方面，从长远来看，铁路的快速发展必然要吸纳大量的投资，因此势必会带动相关产业的发展，从重工业到轻工业，从新兴的能源产业到传统的粮食、纺织等产业，都能跟着振兴起来；最重要的是，在亚洲金融危机的冲击下，铁路的持续快速发展可以使国内经济平稳度过危机，并对后面不断增长的需求也起到强有力的牵引作用。[①]

根据统计分析，1998—2001 年的 4 年间，铁路基本建设使用的水泥在 3000 万吨左右，耗煤超过 1000 万吨，用钢近 2500 万吨，柴油和汽油消耗量也分别达到了 422 万吨和 349 万吨，木材使用量达到 353 万立方米。这一时期，大规模的铁路修建为建筑行业每年提供的就业岗位超过 60 万个，为国民经济其他部门提供的就业岗位达到 289 万个。铁路建设使用的庞大物资资料和巨大的劳务量，为拉动国民经济增长发挥了巨大作用。[②]

第二节　高度集中体制的放开

一　面向市场的开放政策

1992 年在中华人民共和国的历史上有着划时代的意义，经历波澜后，全党全国在邓小平理论的伟大旗帜下将改革开放全面推向 21 世纪。

邓小平在南方谈话中讲道："社会主义基本制度确立以后，还要从根本上改变束缚生产力发展的经济体制，建立起充满生机和活力的社会主义

---

① 傅志寰：《中国铁路改革发展探索与实践》，中国铁道出版社，2004，第 406 页。
② 王政、雷风行、刘江涛：《铁路建设拉动经济增长》，《人民日报》2002 年 6 月 13 日。

经济体制，促进生产力的发展，这是改革，所以改革也是解放生产力。"①
这就提出了两个非常重大的理论观点，一是现有的经济体制还存在束缚生
产力发展的因素，二是必须建立一个能够促进生产力发展的社会主义经济
体制。在邓小平理论的指导下，党的十四大正式确定我国经济体制改革的
目标："是在坚持公有制和按劳分配为主体、其他经济成分和分配方式为
补充的基础上，建立和完善社会主义市场经济体制。"② 党的十四大正式将
政企分开确立为政府职能转变的根本途径。同时提出："这些地方应当根
据市场经济的要求，加快对内对外开放的步伐，加强基础设施建设，促进
资源的开发和利用，努力发展优势产业和产品，有条件的也要积极发展外
向型经济，以带动整个经济发展。"③

　　当时铁路系统面临的局面除了有来自中央的决策指示外，其本身也面
临着更为复杂紧张的运输局面。1992 年，我国国民生产总值比上年增长
12.8%，工业总产值增幅大于 20%，但铁路货物运输量只增长了约 3%。
1993 年初，全国各地认真核算，并制订了日均 12 万辆的用车计划，但当
时日均装车量只有 7.5 万辆，只能大致满足生产需求的 60% 左右。社会需
要运量与全路实际运能之间冲突明显，货物运输困难、用车不便利的状况
日益严峻。此外，根据 1993 年的情况进行推测，预计 1995 年有望实现全
路货运量 17 亿吨。这意味着"八五"时期后 3 年，即 1993—1995 年的铁
路货运运能年均增长量必须突破 6000 万吨，这毫无疑问是一个极具挑战性
的任务。④

　　在邓小平南方谈话以后，中国经济再次进入高速发展的快车道。但是
铁路实际运能严重不足，增长量也跟不上经济增长幅度，远远不能满足经
济社会发展的实际需要，使铁路对国民经济发展的"瓶颈"效应进一步凸

---

① 《邓小平文选》第 3 卷，人民出版社，1993，第 370 页。

② 江泽民：《加快改革开放和现代化建设步伐　夺取有中国特色社会主义事业的更大胜利——
在中国共产党第十四次全国代表大会上的报告》，载《中国共产党第十四次全国代表大会文
件汇编》，人民出版社，1992，第 13 页。

③ 江泽民：《加快改革开放和现代化建设步伐　夺取有中国特色社会主义事业的更大胜利——
在中国共产党第十四次全国代表大会上的报告》，载《中国共产党第十四次全国代表大会
文件汇编》，人民出版社，1992，第 40 页。

④ 韩杼滨：《深入贯彻十四大精神，加快改革开放步伐，为实现铁路历史性大发展而努力
奋斗——在全路领导干部会议上的讲话（1993 年 1 月 8 日）》，《人民铁道》1993 年 1 月
9 日。

显。1990年同1980年相比，我国工业总产值增长2.3倍，年均增长速度达到12.6%。同时，10年间我国主要工业产品的产量也呈现快速增长的发展态势。从1980年到1990年，原煤产量增加了4.6亿吨，原油则增加了0.32亿吨，发电量提高了约1.06倍，钢产量增加了2892万吨，水泥由0.8亿吨增加到2.03亿吨。[①] 根据《人民日报》的报道，1992—1993年，工业产值与铁路货运量的弹性系数已经降到1∶0.2的低谷。[②] 由于铁路实际运输能力在客观上的制约，许多关系国民经济发展的重要物资，只得采取"以运定产"的方式。即根据铁路的实际运力，拟订生产计划，否则由于运输不畅，生产会造成极大浪费，特别是山西、陕西、内蒙古西部的煤炭只能被迫存放，但是存放不当或者时间太久，就会导致煤炭风化甚至自燃等严重后果。同时，东部沿海地区却面临煤矿供应严重不足的问题，不仅影响工厂运行，甚至有可能影响生活。这种受限于铁路运输能力的能源分配不均衡，具有很大的危害，还会造成严重损失，据估算，这种损失高达平均每年4000亿元。[③]

韩杼滨在当年的全路领导干部会议上提出了铁路市场化的发展思路。他认为，铁路行业要顺应社会主义市场经济的发展形势与特点，要发散思维、改变思路，走向市场的发展思路。同时要对标"三个有利于"，转变发展观念，优化铁路职能，改善管理机制，实现政企分开，注重宏观调控……建立有中国特色的管理体制和运行机制。[④] 铁路市场化发展思路的关键在于如何用面向运输市场的新经济体制取代传统计划经济体制。

党的十四届三中全会于1993年11月14日通过了《中共中央关于建立社会主义市场经济体制若干问题的决定》，该决定提出："社会主义市场经济体制是同社会主义基本制度结合在一起的……必须坚持以公有制为主体、多种经济成份共同发展的方针，进一步转换国有企业经营机制，建立适应市场经济要求，产权清晰、权责明确、政企分开、管理科学的现代企业制度。"[⑤] 根据党中央和国务院的最新精神，1994年1月铁道部召开了全

---

① 参见《十三大以来重要文献选编》下，人民出版社，1993，第1479页。
② 张国荣：《中国铁路何日走出"瓶颈"》上，《人民日报》1993年2月22日。
③ 张国荣：《中国铁路何日走出"瓶颈"》上，《人民日报》1993年2月22日。
④ 《韩杼滨部长在全路领导干部会议上提出铁路走向市场的基本思路和走势》，《人民铁道》1993年1月9日。
⑤ 《改革开放三十年重要文献选编》上，中央文献出版社，2008，第732~733页。

路领导干部工作会议，会议提出，铁路行业要突破瓶颈，首先要明确铁路发展中存在的根本问题和核心难点，必须探索一条坚持市场导向的深化改革之路。随后讨论并通过了铁路改革的纲领性文件《铁道部关于贯彻党的十四届三中全会决定，深化铁路改革若干问题的意见》（即"铁路改革三十条"），该文件对铁路发展具有深远意义，在国务院批准后，立即下发全路实施。

"铁路改革三十条"提出："改革开放是推动铁路发展的强大动力，是实现铁路历史性大发展的必由之路。"同时，也承认"从总体上讲，市场经济的原则是覆盖全社会的，铁路作为重要的物质生产部门和商品流通的运输主渠道，在社会主义市场经济的发展中，不可能游离在外"。也就是说，就铁路发展而言，无论是主动还是被动，面向市场已经是不可能避免的历史必然。

"铁路改革三十条"详细阐述了中国铁路要破除瓶颈制约，实现跨越式发展必须深化改革，同时提出铁路深化改革的总体目标："是在国家宏观调控下，发挥市场对铁路运力等资源配置的基础性作用，建立适应社会主义市场经济的铁路管理体制和运行机制，加快铁路建设，扩大运输能力，改善经营管理，提高经济效益，更好地为国民经济和社会发展服务。"

"铁路改革三十条"主要内容包括：一是转换经营机制，逐步建立现代企业制度；二是转变政府职能，完善宏观调控体系；三是开拓铁路对外开放的新领域；四是深化铁路科技和教育管理体制改革；五是坚持两手抓两手都要硬的方针，保证铁路改革顺利进行。此外，"铁路改革三十条"还具体部署了铁路市场化的发展思路和详细步骤。更为重要的是，"铁路改革三十条"还总结出了相当多的宝贵发展经验："铁路必须把自身改革的个性特点与全国改革的共性要求结合起来，正确处理社会公益性与企业性、运输统一指挥与企业自主经营的关系，坚持市场取向，从管理体制、组织结构、企业制度，直至运价制度、经营方式等方面，进行一系列改革，努力探索从现实状况下走向市场的具体途径。"总之，铁路不同类型企业的改革必须统一规划、分类指导、配套实施、有序推进。

"铁路改革三十条"还提出了对市场化改革影响至深的"主辅分离"问题。改革的主要方向是精干主体，剥离副业，分流人员，优化运输企业组织结构。改革要求主要有："不直接参与运输过程的单位，通过剥离先

135

行步入市场，自主经营、自负盈亏。直接参与运输过程的单位，可将有些独立的经营项目，实行租赁经营或承包经营。……亏损的支线、专用线和集资建设的货场，经铁道部批准，可以联营、出租、抵押或有偿转让等。"

在铁路系统政企分开的主要表现形式之一就是实现"网运分离"。因此，"铁路改革三十条"提出铁路深化改革，首先要转变政府职能，充分发挥宏观调控的作用。在传统铁路管理体制中存在权力集中、管理层次过多、程序冗余等严重弊端。因此，要实行政企分开，实现流程精简、规则统一、管理有效，从而不断推进铁道部机构改革。铁道部应该在确保运输调度统一指挥的前提下，着重在路网发展规划、建设基金投向、国有资产监控、经济结构调整、企业行为导向等方面加强实现调整。与之相应的措施还包括弱化部门微观管理等。总之，要将转变政府职能、实现政企分开贯穿整个铁路市场化的过程。

"铁路改革三十条"还提出铁路改革发展还需要进一步扩大对外开放。要在中央的指导下，充分利用基础良好等优势，抓住当前的有利时机，并适当引进国外技术、设备，以及人才。尤其值得注意的是，要充分借鉴国际上的成功经验，结合实际情况探索出适合我国铁路行业改革发展的创新之路。

二 走向市场第一步：网运分离政策

新中国成立以后，我国铁路一直实行的是高度集中的管理体制，其明显特征是"政企合一、统收统支"。铁道部一方面作为国务院组成部门统筹领导全国铁路发展，另一方面又作为经济主体参与经济活动。面对银行时，铁道部是贷款主体；面对地方时，又是投资主体；面对下属单位时，其又是管理主体。在整个铁路事业中，铁道部几乎包办铁路建设上下游的所有工作。这种高度集中的管理体制的最大优势是集中力量办大事，在国民经济恢复时期，为抢修铁路作出了重大贡献；在我国铁路事业起步时，对建立完整的铁路管理体系也至关重要。但是随着国民经济的进一步发展，随着经济体量和铁路里程的不断增加，这种管理体制已经很难适应新的发展局面。一方面铁道部作为贷款主体，面临的还贷压力越来越大，另一方面铁道部作为政府组成部门需要管理的事务越来越多。

在原有收支两条线、全路高度集中的管理体制下，铁路运输出现了严重的供需失衡，经营效益低下。由于不需要自负盈亏，企业缺乏自我发展的主观能动性，没有突破经营难关、发展瓶颈的雄心壮志，导致铁路运输市场竞争力逐渐下降，效益日益衰退。1980 年铁路在全社会客运周转量中的占比大于一半，达到 60.5%，随后的 16 年一直呈下降趋势，下降到 36.3%；货运周转量所占份额也从 47.5% 下降到 35.4%，并且有明显的继续下滑趋势。究其原因主要有两点：其他运输方式分流，铁路运输市场竞争力弱。从 1994 年起，铁路运输甚至面临全行业亏损的尴尬处境。[①]

"网运分离"是指把铁路网的管理与铁路运输分离，因为前者具有自然垄断性，而后者具有市场竞争性。通过剥离重组等形式，成立一个功能为统筹规划、统一管理的国家路网公司，以及一些经营能力强、竞争优势大的客运公司和货运公司，对两类企业实行分类精准管理。[②]

就世界各国经验来看，铁路运输企业可以有两种重组方式，其一为分解原来的国营铁路，或按照区域分解，比如日本就是采取区域分解的方式对铁路运输企业进行重组；或根据专业分解，比如德国、英国等就是采取专业分解的方式对铁路运输企业进行重组。这种分解重组的方式能够优化管理流程，提高工作效率。其二为集中非国有国营的铁路公司，可以通过市场并购等方式来扩张规模，比如美国就是采取这种方式对铁路运输企业进行重组。这种通过市场并购的重组方式的优势在于能实现统一规划、全局管理。以上两种重组方式看似截然不同，操作更是逆向而为，但其实质相同，都是为了提高市场竞争力而为。[③]

我国不能选择"区域分解"对铁路进行改革，主要原因有三：一是日本采用区域分解模式，是因为日本客运量远高于货运量，人口流动在一定时间内是具有区域性的，而我国铁路运输以货运为主，至少货运量占比很高，而货物运输主要是跨区域流动的。二是在已有铁路局基础上再进行区域分解，只会加重原有铁路局的职能，客观上会进一步巩固现有的集中管理模式。三是日本实行的是市场经济体制，即使实行区域分解也不会形成

① 俞洁敏：《铁路"网运分离"运输管理体制改革探索》，《铁道经济研究》1999 年第 3 期。

② 赵吉斌：《关于铁路实行"网运分离"改革的实践与思考》，《铁道经济研究》2000 年第 5 期。

③ 宋强太、杨月芳：《铁路运输现行体制的弊端与网运分离模式的选择》，载中国铁道学会铁道运输委员会编《铁路运输企业改革与发展学术研究论文集》，中国铁道出版社，2003，第 16 ~ 17 页。

地域垄断。而我国则不然，区域分解必然会造成铁路运输行业形成区域垄断，不利于其市场化改革。

国家"十五"计划提出要打开市场，充分发挥价格作用，持续扩张商品市场，重点培育要素市场，建立健全全国统一、公平竞争、规范有序的市场体系。引入竞争机制，加快电力、铁路、民航、通信、公用事业等垄断行业管理体制改革。同时，要求交通运输行业加快以政企分开为核心的交通运输管理体制和经营机制改革，铁路实行"网运分离"，将民航机场和港口的管理机构下沉至地方，全面重组航空运输企业，走大集团发展的路线。[①]

除了响应国家号召以外，对铁路自身实行"网运分离"有哪些好处呢？首先，将铁路建设和铁路运营分离，实际上是将"盈亏分离"。众所周知，建铁路本身是巨大的财力物力投入，加之我国特殊国情，不可能实行完全市场化的铁路运价（无论客货），如果继续"政企合一"，铁路发展的包袱永远无法消除，长期亏损，甚至巨额亏损是必然的发展趋势。以呼和浩特局为例，该局 1999 年末银行贷款 2.75 亿元，向铁道部借款 6360 万元，欠铁道部往来款 6.1 亿元，借贷合计约 9.5 亿元，年利息支出预计 6500 万元。[②] "网运分离"后，可以将运输业务引入市场因素，在打破行业垄断后，利用积极竞争促行业发展。可见，"网运分离"最大的好处就是将铁路系统能够市场化地分离出来，使运营体系逐渐市场化。其次，"网运分离"可以最大限度地保证铁路建设的公益属性。在社会主义市场经济体制下，铁路建设完全开放实行市场化竞争起码在现阶段是不太可能实现的，铁路毕竟要承担大量的公益职能，尤其还涉及国家安全问题。

铁道部在 1999 年 8 月 20 日走出尝试"网运分离"的第一步。铁道部下发了《直管站段铁路局组建内部客运公司指导意见》，提出了组建客运公司的指导思想和构架设计等改革意见。1999—2000 年，呼和浩特铁路局、南昌铁路局、昆明铁路局率先宣布成立铁路局内部客运公司。1999 年

---

① 《中华人民共和国第九届全国人民代表大会第四次会议文件汇编》，人民出版社，2001，第 55 页。

② 赵吉斌：《关于铁路实行"网运分离"改革的实践与思考》，《铁道经济研究》2000 年第 5 期。

11 月 8 日，铁路局内部客运公司成立，采用"集营销策划、票务管理、客车调配、旅客服务"于一体的管理模式。2000 年 3 月 21 日，全路运输工作会议在北京召开，会议提出要进一步加快客货运输改革。一是推进组建专门的客运公司，落实公司权责，搞好经济。二是逐步实现站票分离，达到票额资源共享。三是深化运价改革，实行上下浮动票价，增强货运价格灵活性，充分发挥价格的杠杆作用。四是提高货运运输效率，压缩货物滞留时间，减少货物运输环节。[①]

2000 年 4 月 18 日，铁道部发布《深化客运公司改革试点若干意见》，提出要将解放思想、转变管理贯穿行业改革发展全过程。此外，还要求各客运公司试点局尽快明晰经营权责，以完全做到一级管理。其主要内容有：明确公司作为利润中心要重点发挥人、劳、财、计等综合管理职能，一方面要优化人事和分配制度，加强对人力的培训与监督，因地因时制宜地调整人员管理和分配制度，在提高工作效率的基础上改善员工工作条件。另一方面要完善财务清算办法，明晰财务清算清单，做到公开透明、沟通及时，才能实现最大程度的盈利。[②]

2000 年 12 月 2 日，全路第一家在有分局的铁路局体制下组建的客运公司——广州铁路集团客运公司（以下称"广铁集团"）正式挂牌成立。这标志着中国铁路"网运分离"改革迈出了实质性的步伐，是中国铁路运输体制改革的突破，更是开启了铁路客运竞争市场的新局面。

根据"网运分离"要求组建的广铁集团，实际上也是铁道部关于改革企业经营体制的一种尝试。首先，广铁集团实行生产要素重组，即重组公司人员、经营业务和客运资产，以客运段和客车车辆段的全部运输业务和相关联的多元经营业务组建客运公司，并将客车检修和运营分开，实现客运专业化经营管理。其次，实行一级法人管理，公司内部实行事业部制结构。客运公司按地区、业务分设装备和客运事业部。事业部是直接的生产组织者，公司根据需要授予其一定的职权，设置相应的指标进行生产经营考核。再次，广铁集团管理范围内的公司以及其他铁路局建立相互付费清算关系。最后，广铁集团实行完整的收支财务核算，实行资产经营责任

① 李晓华：《铁路加快客货运输改革步伐》，《人民铁道》2000 年 3 月 24 日。
② 《深化客运公司改革试点若干意见（2000 年 4 月 18 日）》，载彭开宙主编《2000 中国铁路改革与发展重要文稿》，中国铁道出版社，2001，第 586 页。

制，对所经营的客运资产承担保值增值责任。

尽管"网运分离"能够解决铁路发展过程中遇到的许多问题，但是它还有许多不足之处，特别是铁路网在市场上运营所面临的问题。比如，铁路网是否具有自然垄断性，能否进一步拆分，是否必须统一指挥管理，如何明确基础路网建设的权责利，怎么分配路网使用收取的费用等。要实现铁路改革发展，必须将以上问题妥善解决。

同时，还有学者呼吁应该尽快修订完善《铁路法》以适应新形势下的铁路改革，为实现"网运分离"提供法理依据。1982 年，国务院将制定《铁路法》列入了立法计划。1983 年，铁道部成立了《铁路法》起草委员会，1985 年形成《铁路法（草案）》第一稿。之后，国务院委派国务院法制局等单位用 4 年的时间到各个地方和不同层面调研，铁道部又不断修改完善法律条文和相关配套条例，直到 1989 年 10 月，才形成报送国务院的送审稿。1989—1900 年，国务院常务会议两次审议《铁路法（草案）》。1990 年 9 月 7 日第七届全国人民代表大会常务委员会第十五次会议通过《铁路法》，并于 1991 年 5 月 1 日起正式施行。

《铁路法》是国家管理铁路、调整铁路运输法律关系的基本法。但该法涉及的诸多内容还未能适应市场经济的发展需求，包括政府与企业的责任，两者的地位及经济关系等。例如，《铁路法》（1990 年）第十五条规定："地方铁路运输的物资需要经由国家铁路运输的，其运输计划应当纳入国家铁路的运输计划。"这带有明显的指导性计划色彩。又如，《铁路法》（1990 年）第二十五条规定："国家铁路的旅客票价率和货物、包裹、行李的运价率由国务院铁路主管部门拟订，报国务院批准。国家铁路的旅客、货物运输杂费的收费项目和收费标准由国务院铁路主管部门规定。国家铁路的特定运营线的运价率、特定货物的运价率和临时运营线的运价率，由国务院铁路主管部门商得国务院物价主管部门同意后规定。"此项规定虽然体现了我国铁路行业的"人民属性"和"公益属性"，但是显然并不符合市场化竞争的规律。

因此有学者提出对有关铁路改革的一些重大方针政策和重大运输问题，如铁路管理体制和投资体制改革、"网运分离"的阶段性推进、运输企业的公司化改造、引进外资及外商经营管理铁路、对铁路建设分类投资和相应的政企责任、市场配置铁路运输资源、铁路与可持续发展等，都应采用正式的立法途径予以规定。① 因此，"网运分离"改革在推进的过程中备受争议，部分学者认为"网运分离"效率较低，并且落地不实，只能在某种程度上为铁路改革提供多种可供选择的企业重组方式。还有学者认为，"网运分离"缺乏经济学理论支撑，且目前未见成功案例，无法从根本上打破路网垄断的局面。虽然不同的声音很多，但是"网运分离"仍然是我国铁路改革中关键一步，它是实现铁路市场化和现代化的初步尝试和大胆探索。

三　深化面向市场的改革：主辅分离政策

高度集中的管理体制是在新中国成立初期，工业基础薄弱的背景下，需要提高建设效率而形成的。铁路系统最初涵盖教育、医疗、公安等领域，形成了一个自我封闭的社会服务体系，久而久之便形成了一个"大而全"的自我服务体系。2002 年底铁路部门的员工中从事运输主业的有 148 万人，从事辅业的有 100 万人左右，总人数达到 248 万人。而在 1998 年前铁路员工有 310 万人，历史最高曾达到 342 万人。铁路辅业主要由以下三部分组成：一是具备政府职能的单位，如铁路司法系统、卫生防疫系统等，约有职工 8 万人；二是具有社会服务功能的事业单位，如医院、大中专学校、中小学、幼儿园等，约有职工 12 万人；三是如物资公司、设计单位等其他非运输企业，约有职工 80 万人。②

由此可知，铁路系统在主辅分离之前，对职工生老病死等一切需要的服务是可以提供的。与此同时，铁道部可以一手包办包括从规划、设计、施工到后勤的整个铁路工程上下游几乎所有事项。这样一个完整封闭的系统已经自成社会服务管理体系。

在工业基础薄弱的时期，这一体制能很好地发挥"集中力量办大事"的作用。但是，这样一个庞大的系统由于其本身的市场就是封闭完整的，故其不可能实现市场化。这一体制能够完成经济活动的全过程，但效率低、效益差，不符合建立社会主义市场经济体制的要求。在这种体制下，铁路行业会出现人员分工不均衡、劳动生产率低、社会负担重等问题，长此以往极不利于其改革和发展。为避免出现铁路管理体制转换难以操作、

① 郑国华、杨秋娟：《应加快我国铁路改革的立法工作》，《综合运输》2000 年第 12 期。
② 才铁军：《减负轻装好跨越——中国铁路跨越式发展深度报道之五》，《人民铁道》2003 年 9 月 11 日。

铁路难以实现自我发展的问题，辅业也应分离出去。

2000 年铁道部正式开始实施改革，第一步是剥离出工程基建等 5 个公司以及 10 所高校，累计剥离人数超过 71.4 万人，使全国铁路职工总数大幅缩减。到 2002 年底，属于铁路客运、货运等"主营"部门的职工剩下 148 万人，占铁路全部职工数的 60% 左右。同时铁路系统的教育、公检法、卫生等在内的"辅助"部门职工数也不断减少，到 2002 年"辅助"部门职工总人数降低到 100 万人左右，大约占全路职工总数的 40%。从经营质量来看，2002 年铁路系统总资产为 6800 亿元，其中属于铁路"主营"事业的运输业比重超过 80%，"辅助"事业的非运输业则进一步下降到不足 20%。①

2001 年，铁路运输企业在建立多元经营新格局的过程中，已有 11 个铁路局将 150 个单位和建筑施工企业纳入多元经营新格局，资产总额 657373 万元，负债 418023 万元，所有者权益 239350 万元，其中实收资本 257063 万元，从业人员 58260 人，退离休人员 350509 人。②

2003 年 6 月 28 日，铁道部召开了铁路跨越式发展研讨会，会上明确了主辅分离、辅业改制这一目标。会议还涉及政企分开的具体内容，划定政府职能和企业职能，以及制定以产权制度改革为核心的辅业改制措施，以期实现运输主业与辅业完全分离。实现主辅彻底分离要从以下几方面入手：一是将铁路公检法和卫生防疫单位管理权完全移交政府；二是把铁路学校、医院管理权移交给所属区域；三是对非运输企业进行改制分流。③ 7 月 31 日、8 月 9—10 日，铁道部分别召开了全路推进主辅分离、辅业改制工作座谈会以及铁路专项改革工作座谈会。会议主要确定了三项重大改革方案：完善铁路局内部客运公司、组建专业运输公司和部属非运输企业脱钩。会议提出，要符合社会主义市场经济体制的特点，铁路管理体制必须要有根本上的改革。这标志着主辅分离改革的序幕正式拉开。④

截至 2003 年 12 月底，铁道部将 225 所中小学划分至所在辖区管理，剥离教职工 15780 人，两者均占铁路教育系统的 1/4 以上；将 50 所幼儿园

---

① 才铁军：《减负轻装好跨越——中国铁路跨越式发展深度报道之五》，《人民铁道》2003 年 9 月 11 日。
② 王金祥：《铁路多元经营新格局的实践与思考》，《铁道经济研究》2003 年第 1 期。
③ 《任务之五——推进铁路管理体制改革实现我国铁路跨越式发展的重点》，《人民铁道》2003 年 6 月 29 日。
④ 《为铁路跨越式发展提供强大动力》，《人民铁道》2003 年 8 月 12 日。

管理权移交给所属辖区，剥离职工 1433 人，均占总数的 1/10 左右；将 13
所医院的管理经营权移交，并剥离医务人员 4153 名。同时，94 所中小学
及其 6233 名教职工，39 所医院及其 14847 名职工均签署了移交协议。其
中部分学校移交给了当地政府管理，包括上海局所属中小学，昆明局和呼
和浩特局所有中小学、职业学校和幼儿园，济南局的青岛分局、兰州局的
西宁分局和银川分局所属中小学等。①

　　此外，铁道部为了适应市场经济发展的客观需要，将发展多种经营作
为一种配合措施。早在 1994 年铁道部就对全路多种经营进行宏观规划、政
策指导和管理，为此成立了"多种经营集体经济发展中心"。

　　"九五"期间，铁路多种经营按照 1996 年全路多元经济工作会议确定
的三个战略转变的要求，大力调整产业结构，积极推进规模经营，经济总
量不断扩大，产业结构得到进一步优化，形成了覆盖运输代理及仓储、商
贸、旅游、饭店、餐饮、广告信息、房地产、工业、施工、外经外贸、农
林牧渔等多种产业的企业群体和经营网络，成为铁路走向市场的一支重要
经济力量。至"九五"期末，铁路运输系统多种经营总资产达到 604.5 亿
元，比"八五"期末增加了 284.04 亿元，是"八五"期末的 1.89 倍；净
资产 260.8 亿元比"八五"期末增加了 137.93 亿元，增长 1.12 倍。"九
五"期间，铁路运输系统多种经营累计实现营业收入 1845 亿元，比"八
五"期间增加 890.9 亿元，是"八五"期间的 1.93 倍；实现利润 135.9
亿元，比"八五"期间增加 13.99 亿元，增长 0.11 倍。2000 年铁路多种
经营收入达 444 亿元，同比增长 25%，盈利 26.63 亿元，增长了 15%。相
比于铁路运输业，"九五"时期铁路多种经营累计营业收入是客运收入的
1.24 倍，是货运收入的 3/4。②

　　"十五"期间，铁路多种经营总收入突破 1000 亿元，2000 年的基数上
增长了 1 倍以上，这意味着铁路多种经营经济规模不断扩大。五年累计实
现营业总收入达到 3620 亿元，比"九五"时期增长约 96.2%，平均年增
长率达到 17.6%。2005 年铁路多种经营盈利 27.87 亿元，在 2000 年的基

① 铁道部劳动卫生司：《2003 年铁路主辅分离、辅业改制情况综述》，载王志国主编《中国
　铁道年鉴 2004》，中国铁道出版社，2004，第 43 页。
② 王兆成：《历史的一页，恢宏的篇章——"九五"铁路多元经营回顾》，载彭开宙主编
　《中国铁道年鉴 2001》，中国铁道出版社，2001，第 94 页。

础上增长了4.7%；而在整个"十五"期间，利润总额高达131.07亿元。2005年铁路人均产值达到28.3万元，在2000年的基数上增长了2倍以上，平均年增长率达24.5%，可见铁路多种经营劳动生产率逐渐提升。

到2005年底，铁路运输系统多种经营总资产已经达到了782亿元，比"九五"时期增长29.4%；其中净资产达到了390亿元，比"九五"期末增长了49.5%，国有资产保值增值率年均接近9%。整个"十五"期间，铁路多种经营实力明显提高。2005年，全路有61家企业达到"双超"目标，比2003年增长65%；"双超"即营业收入超过1亿元，营业利润超过1000万元。除此之外，单就营业收入而言，有168家企业超过1亿元，比2003年增长65%；单就营业利润而言，有49家企业利润总额超过1000万元，比2003年增长29%。同时全路各级各类企业经营收入总额中有80%以上来自铁路以外的市场收入。[①]

铁路实行主辅分离的过程中，对于分离出来的企业该采用哪些管理模式也是学界一直在不断探讨的问题。例如有的学者提出应该在铁路分离企业中推行员工持股计划，铁路局及分局多元经营管理中心所属的其他有关企业的员工，只要自己愿意，均可以参加被改制公司的股份认购，且与改制公司职工享有完全一样的认购权。还有学者认为应该在非运输企业中积极推行考核制度，打破国营企业"吃大锅饭"的弊端，要适应多元经营的特点，根据其需求制定符合多元经营特点的管理人员考核评价体系，并依据岗位职责，列清单明确考核指标和考核标准，重点考核经营业绩和工作实绩，考核结果应该与荣誉、待遇等相关联。[②]

2011年全路非运输企业完成的营业总收入比2010年增长30.4%，总额接近3000亿元。有15个地方铁路局营业收入超过100亿元，比2010年增加了近50%；有6个地方铁路局营业收入甚至超过200亿元，比2010年增加5个。2011年全路非运输企业实现净利润35亿元，年增长率接近40%。"双超"（收入超亿元，利润超千万元）非运输企业达到110家。非运输企业户均资产达到1.24亿元，同比增长24%；营业收入户均2.3亿元，同比增长35.3%；实现利润户均263万元，同比增长59.4%。各铁路局都在积极改革机

---

① 以上数据参见彭开宙《服从服务于铁路跨越式发展　努力实现"十一五"铁路多元经营跨越式发展》，《铁道经济研究》2006年第3期。

② 毛少飞：《铁路多元经营企业推行聘任制的思考》，《上海铁道科技》2006年第5期。

制、重组企业，且不断优化非运输企业组织结构。到 2011 年底，全路非运输企业 1328 家，较上年减少 59 家，其中，一级和二级企业占全部法人企业的 97.3%；四级法人企业全部被撤销；还有 11 个铁路局撤销了三级法人企业。①

第三节　多元开放格局的形成

一　逐步开放的投融资政策

铁路高度集中的管理体制体现在两个方面：一个是从纵向上来看，整个系统自成一体，形成了一个内部封闭循环的社会管理系统。另一个是从横向上看，与铁路外的其他领域几乎无交集，最明显的特征是铁路建设资金的流动都在系统内循环往复，既没有外部资金注入，也没有资金流向其他领域。这种单一的资金流动方式面临两大风险：一是就内部而言，任何一个流通环节出现问题，很容易引发资金枯竭。最典型的例子就是"拨改贷"，一旦国家财政投入收紧，会造成整个铁路系统的资金危机。二是就外部而言，没有外部资金注入系统，整个铁路发展的资金压力全部压在国家财政预算上。这种投资模式，既增加了国家财政负担，又不利于市场化改革。

在"八五"时期及其之前，国家财力有限，投资明显不足的情况下，为了满足铁路建设资金需要，最佳解决办法是打破单一投资体制模式，向路外开放投资权限，建立多元化投融资体系，而这就需要对铁路原有的投资体制进行整体改革。因此，在研究如何解决铁路发展对国民经济的瓶颈制约问题时，有人提出要对铁路的投资体制进行改革。而在具体模式上或者推进步骤上虽然认识不同，但存在一个基本共识，就是要改变完全由国家财政投资铁路建设的现状，逐步建立起国家、地方、铁路部门、企业等多方投资的模式，与此同时，也需要扩大国内外借款规模、发行专项债券、实行合资经营、股份制经营等多渠道的多元化铁路投资体制。

1991 年 3 月 25 日第七届全国人民代表大会第四次会议在北京举行，

---

① 彭开宙：《全面实施多元化经营战略　为开创铁路科学发展新局面而努力奋斗——在全路多元化经营工作会议上的讲话（摘要）》，《中国铁路》2012 年第 2 期。

会议审议通过的《关于国民经济和社会发展十年规划和第八个五年计划纲要的报告》提出要增加银行贷款，并建立铁路建设基金，进而解决重点建设项目资金短缺的问题。①

根据《铁路建设基金管理办法》②（财工字〔1996〕371号），铁路建设基金指的是由国务院批准征收并专项用于铁路建设的政府性基金，由各铁路运输企业在核收铁路货物运费时查收，铁路建设基金的征收标准和金额应当在货运征收凭证上标明，所征收金额应纳入铁路运输企业运输收入单独核算，其征收标准由国务院核定，且未经国务院同意不得随意调整。铁路建设基金的经费筹集方式是：各运输企业按铁道部的要求及时上缴至铁道部，再经由铁道部向财政部申报收缴明细，填制一般缴款凭证，按财政部制定的预算科目分别于每月月中、月末分两次向中央国库缴纳各企业汇出的铁路建设基金。这是规定了铁路建设基金的收缴方式。在支出方面，规定由铁道部按照国家批准的使用计划向财政部申请拨款，财政部再将进入国库的铁路建设基金根据当时入库的具体情况办理拨款手续。铁道部从财政部收到拨款之后，必须按照国家批准的用途，向项目建设单位和用款单位拨付资金。另外，铁路建设资金有关汇缴和下拨基金的开户银行和账号的设置，应由铁道部与财政部协商进行确定。

铁路建设基金实行的是财政预、决算审批制度。每年12月10日前，铁道部需根据国务院有关规定，制订第二年的铁路建设基金收支计划，再经由财政部审核批准后执行。其中，用于铁路基本建设用途的，由财政部根据计划部门批准的项目计划安排支出。在财政年度结算后的三个月内，铁道部负责编制上一年度铁路建设基金的收支决算，并上报财政部审核。

各铁路局在每年9月30日前向铁道部财务司报送第二年的资金使用计划，尤其是还本付息资金和大型项目建设资金。财务司在15个工作日内向下批复资金使用计划。铁道部下属各单位收到批复后，在30日内向财务司报送每月、每季度资金具体安排明细。同时规定各建设单位无权更改经部批准的资金使用安排，必须依照建设计划进行，而且无权再下拨铁路建设

---

① 李鹏：《关于国民经济和社会发展十年规划和第八个五年计划纲要的报告》，人民出版社，1991，第28页。
② 《铁路建设基金管理办法》，《中国财政》1997年第5期。

资金。①

　　国务院规定从 1991 年 3 月 1 日起货运价格平均每吨公里征收 0.2 分。对百姓生活中的基本消费品和农业生产资料实行免缴。② 1992 年 7 月 1 日起，在货运价格征收的 0.2 分基础上，每吨公里再加征 1 分，1993 年再以此为基础加征 1.5 分，总征收水平达到 2.7 分/吨公里。1996 年铁道部再次调整了货物运输价格，同时也简化了铁路建设基金的收缴流程，使铁路货运运价每吨公里的总体水平达到 2.8 分。1998 年又在每吨公里的原有运价基础上加征 0.5 分，达到 3.3 分/吨公里。根据相关部门统计，从 1991 到 1997 年，全国征收的铁路建设基金总规模达到了 1724 亿元，全部投入了铁路基本建设。③ 截至 2012 年，22 年间全国累计征收铁路建设基金超过 9000 亿元，近 5 年每年征收超过 600 多亿元。④ 铁路建设基金的设立，起到促进国内铁路建设和发展的作用，在面临政府投资和社会融资不足的情况下，铁路建设基金是我国铁路基本建设资金的稳定来源。

　　2001 年，铁道部为了进一步提高铁路建设基金的使用效率，减少资金的滞留环节，选取了部分单位和项目进行改革试点。按照《关于铁路建设基金财政试点改革的通知（2001）》⑤，铁道部选取了沈阳铁路局、郑州铁路局作为建设单位试点改革；选择工程管理中心洛湛线、北京铁路局京秦通道作为建设项目试点改革。改革的核心内容是，由铁道部财务司将建设资金直接拨付建设单位或建设项目，不再经由中间财务管理部门。建设单位按照要求，每月报送财务计划至铁道部财务司，资金使用问题直接由财务司与建设单位协商解决。这样一来，极大地提高建设基金的到位率和使用效率，相应地提高了经济效益。

　　铁路建设基金的一个较为重要的意义是拓展了铁路发展资金的来源。发挥同样作用的还有银行建设贷款、铁路投资专项债券、外资投入、地方

---

① 中华人民共和国铁道部：《关于印发〈铁路建设基金预算管理暂行办法〉的通知（2001）》，中国国家铁路集团档案史志中心，档案号：203 号。

② 林晓言编著《投融资管理教程》，经济管理出版社，2003，第 94 页。

③ 徐增麟主编《新中国铁路 50 年（1949—1999）》，中国铁道出版社，1999，第 302 页。

④ 张汉斌：《我国早期的铁路建设融资》，《中国金融》2013 年第 20 期。

⑤ 中华人民共和国铁道部：《关于铁路建设基金财政试点改革的通知（2001）》，中国国家铁路集团档案史志中心，档案号：225 号。

资金投入等。

如前文所述，"拨改贷"曾经给铁路发展带来了极为严重的资金短缺问题。但铁路建设基金设立以后，情况发生了变化。在此之前，"拨改贷"产生的资金本息均需由铁道部自身承担，这笔巨额费用无法通过其他方式分摊，并且贷款来源只能是国家规定的中国建设银行。但步入 20 世纪 90 年代后，因为铁路建设基金开始运行，铁路投融资渠道的组成开始逐步发生变化，最初由中国建设银行独家负责铁路建设贷款，之后逐渐发展为由国家政策性银行和商业股份制银行共同承担，有效缓解了铁路建设的资金压力。铁道部为了尽快解决国民经济"瓶颈"问题，铁路系统自"七五"计划以后贷款金额不断提高，到"八五"时期，我国铁路累计向银行贷款已达到 571 亿元，年均超过 100 亿元。可以看出，贷款成为当时我国铁路发展的一个非常重要的资金来源。① 1993 年上半年，中国建设银行以各种方式筹集资金，累计拨付铁路建设贷款金额达 37.1 亿元，有效保障了京九、南昆和北京西客站等铁路重点建设项目的资金需要。② 1994 年，中央决定成立国家开发银行，铁路建设成为国家开发银行支持的重点领域。从 1994 年至 1996 年，国家开发银行共向铁路行业 49 个项目发放贷款 328.2 亿元，其中大中型项目贷款金额达 326.8 亿元，占贷款总额的 99.6%，用于中西部铁路新线建设和旧线改造的贷款额约占总贷款额的 80%，达 262.4 亿元。③

1998 年，铁道部与国家开发银行签订了《加快铁路建设贷款协议》，重点支持铁道部制定的"决战西南，强攻煤运，扩展路网，突破七万"的战略目标，仅当年就发放铁路建设贷款 440 多亿元，比 1997 年同期贷款额增长了 70%。④ 因此，在"八五"时期的前三年，铁路使用银行贷款数额还相对不高，但是到"八五"中期以后，铁路系统的各级各类企业使用银行贷款已经较为普遍。1998—2000 年，国家开发银行共计拨付铁路基本建

① 中国交通年鉴社编《中国交通年鉴 1996》，中国交通年鉴社，1996，第 90 页。
② 《筹措资金 力保重点 建行上半年向铁路建设贷款 37 亿》，《人民日报》1993 年 7 月 28 日。
③ 王致中、魏丽英：《中国铁路改革与发展研究（1978—1998）》，当代中国出版社，2001，第 264 页。
④ 《国家开发银行史》编辑委员会编著《国家开发银行史（1994—2012）》，中国金融出版社，2013，第 169 页。

设专项贷款就达到 445 亿元，超过 1994—1996 年全部贷款之和，占到同期铁路基本建设投资 30％以上。① 2010—2012 年的 3 年间铁路部门贷款额分别为 6852 亿元、6054 亿元和 4026 亿元。加上贷款利息，中国铁路总公司 2013 年利息支付约 1300 亿元。② 一方面展现出我国铁路在当时历史时期的快速发展，另一方面也给铁路发展积累了大量的债务负担。

　　1992 年，经国家经委和中国人民银行批准，铁道部首次发行中国铁路投资专项债券 20 亿元，债券偿还期限 3 年，年利率为 9.5％，并要在 1995 年 8 月按期还本付息。③ 铁道部又在 1995 年 12 月 23 日公开发行"1995 中国铁路建设债券"，发行规模 15.3 亿元，发行期限仍为 3 年，年利率高达 15％，3 年到期后一次性还本付息。④ 1997 年，经国家计划委员会和中国人民银行批准，铁道部再次发行铁路建设专项债券 213237 万元。债券分为两类，第一类为 3 年期债券，共计 53237 万元，年利率为 8％，不计算复利，到期一次性还本付息；第二类是 5 年期债券，发行规模 16 亿元，年利率为 8.6％，同样不计算复利，到期一次性还本付息。筹集的资金主要用于建设南疆线、西安安康线、宝成复线，以及进行成昆铁路电气化改造等。⑤ 据统计，1992—1998 年的 6 年间，铁道部一共发行了 6 期债券，共筹集资金 100 亿元以上，为加速推进当时的铁路建设提供了重要的资金支持。⑥

　　为了控制债券发行规模，规范债务性资金使用，铁道部于 2009 年下发《关于规范铁路建设项目使用债务性资金的通知（2009）》⑦，规定国家铁路项目的债务性资金必须由铁道部统一筹集，各单位按照部批资金预算和工程进度向铁道部财务司申领。各单位预算安排和使用均需要报铁道部财务司批准，且不得自行更改。截至 2013 年 8 月底，铁道部累计发行了中期票据 9 期，铁路建设专项债券 42 期，以及规模不等的短期融资券和超短期

---

① 韩晓普、刘延平：《铁路"十五"建设使用国家开发银行贷款问题的思考》，《中国铁路》 2002 年第 2 期。

② 张汉斌：《我国早期的铁路建设融资》，《中国金融》2013 年第 20 期。

③ 心真：《20 亿元铁路投资债券开始发行》，《人民日报》1992 年 8 月 29 日。

④ 赵洪武：《铁道部发行"1995 中国铁路建设债券"》，《中国铁路》1996 年第 2 期。

⑤ 《铁路建设债券今起公开发行》，《人民日报》1998 年 6 月 10 日。

⑥ 徐增麟主编《新中国铁路 50 年（1949—1999）》，中国铁道出版社，1999，第 302 页。

⑦ 《关于规范铁路建设项目使用债务性资金的通知（2009）》，内部资料，中国国家铁路集团档案史志中心，档案号：32 号。

融资券，共募集资金超过 1.1 万亿元。2012 年，中央决定将铁路建设债券发行额度调整到 1500 亿元，此规定一直维持到 2015 年。由于中国铁路总公司在 2010—2013 年时间内的资产规模和负债规模发生变化，最终导致这一负债数量突破了我国《公司法》的相关规定。《公司法》规定企业已发行尚未兑付债券和中期票据总额不能超过企业净资产的 40%。2010—2013 年由于铁路部门债务融资模式单一，中国铁路总公司负债规模高达 2.92 万亿元，资产负债率由 2004 年底的 26.6% 上升到 2013 年 6 月底的 62.3%，这直接导致中国铁路总公司财务指标紧张和融资成本居高不下，甚至有债务信用危机之虞。①

我国利用外资修建铁路开始时间较早，改革开放之初，铁道部在 1979 年就开始使用日本政府贷款。1984 年，我国又开始向世界银行申请贷款修建铁路，1994 年我国开始使用亚洲开发银行贷款用于铁路建设。截至 1995 年底，我国铁路累计使用 3 批日本政府贷款，资金累计约 22.68 亿美元；向世界银行申请了 7 批贷款，贷款金额约 20.3 亿美元；向亚洲开发银行申请了 2 亿美元左右的贷款。另外，德国政府还向我国铁路建设贷款 1 亿美元，澳大利亚政府提供贷款 1500 万美元。上述金额共计 46.13 亿美元。1987 年 3 月 1 日，铁道部将 1981 年 6 月 20 日成立的铁道部贷款工程办公室改组为利用外资和引进技术办公室，主要负责全路利用外资和引进技术的计划编制、项目谈判、总结评估等。该办公室于 1990 年 8 月 27 日更名为利用外资和引进技术中心（以下简称"外资中心"）。②

2006 年，铁道部印发《铁路利用外资借款财务管理办法》和《铁路利用外资借款会计核算办法》③，明确规定"外资中心"负责外资借款的外债登记，借款的借入、支付，还本付息手续及全路国铁建设项目外资会计核算业务；督促铁路公司履行还款付息职责。上述业务是从铁道部财务司剥离后，移交至"外资中心"。就外资利用情况来看，"六五"期间我国铁路基本建设投资利用外资为 10.68 亿元，之后至"十二五"期间利用外资

① 张汉斌：《我国早期的铁路建设融资》，《中国金融》2013 年第 20 期。
② 中国铁路史编辑研究中心编《中国铁路大事记（1876—1995）》，中国铁道出版社，1996，第 410 页。
③ 中华人民共和国铁道部：《关于印发〈铁路利用外资借款财务管理办法〉和〈铁路利用外资借款会计核算办法〉的通知（2006）》，内部资料，中国国家铁路集团档案史志中心，档案号：69 号。

分别为：14.6 亿元、35.66 亿元、64.61 亿元、116.4 亿元、172.66 亿元、112.67 亿元。从上述数据可以看出，我国铁路基本建设投资利用外资情况呈现"规模小、增长慢"的特点。以"十二五"时期为例，在此期间，我国铁路基本建设投资总额为 21615.75 亿元，外资投资占比仅为 0.5% 左右。外资投资占比最高时期是"六五"时期，"六五"期间我国铁路基本建设投资总额为 185.3 亿元，外资投资占比为 5.8% 左右。[①] 换言之，我国铁路基本建设投资总额 40 多年来呈现的是快速增长的态势，但外资投资占比呈现不断下滑的趋势。

1992 年 8 月，国务院印发了国家计委和铁道部联合发布的《关于发展中央和地方合资建设铁路的意见》，该文件指出要坚持"统筹规划，条块结合，分层负责，联合建设"的方针。1993 年 11 月，国家计委和铁道部又联合印发了《〈关于发展中央与地方合资建设铁路的意见〉实施办法》，进一步推动了合资铁路的建设。1995 年，铁道部提出要"大力发展合资铁路和地方铁路，继续按规范组建合资铁路公司"[②]。以此为界，我国合资铁路拉开了快速发展的序幕。"八五"时期末（1995 年），我国合资铁路营业里程为 2738.3 公里，到"九五"时期末我国合资铁路增长到 5181.1 公里，增速达到 90% 左右。到"十五"时期末，我国合资铁路增加至 8462.3 公里，"十一五"时期末，我国合资铁路达到 20577.2 公里。截至 2018 年，我国合资铁路快速攀升至 57844.6 公里，20 多年时间增长了 20 倍。合资铁路占全国铁路营业里程比例，也从"八五"时期末的 4.38% 增长到 2018 年的 44% 左右。[③]

总之，经过长时间的改革和探索，我国形成了一套较为完整的铁路资金筹措模式。这种模式以铁路建设基金为主，同时允许外资和地方政府共同出资修建铁路。另外，铁路管理部门也可以贷款、专项债券等多种形式筹集铁路建设资金。这种模式构成了国家、地方、企业等多种主体共同出

[①] 中国国家铁路集团有限公司发展和改革部编《铁路统计指标手册（至 2018 年）》，内部资料，2019，第 110 页。

[②] 《大力推进改革　全面强化管理　夺取铁路改革与发展的新胜利（下）——韩杼滨部长在 1995 年 1 月 6 日全国铁路领导干部会议上讲话（摘要）》，《铁道运输与经济》1995 年第 3 期。

[③] 中国国家铁路集团有限公司发展和改革部编《铁路统计指标手册（至 2018 年）》，内部资料，2019，第 31 页。

资修建铁路的全新投融资体制。这种新的铁路投资建设模式极大地缓解了因国家财政资金不足而造成的铁路建设资金短缺的问题，是这个时期中国铁路建设能够取得巨大成就的重要原因。

二 面向路外的开放政策

《铁路法》在 1982 年即纳入国务院立法工作，但经历 8 年时间，才于 1990 年经全国人大常委会审议通过后颁布实施。《铁路法》规定了铁路的实际内涵，即铁路是由国家铁路、地方铁路、专用铁路和铁路专用线组成，其中国家铁路是指由国务院铁路主管部门（当时指铁道部）管理的铁路；地方铁路是指由地方人民政府管理的铁路；专用铁路是指由企业或者其他单位管理，专为本企业或者本单位内部提供运输服务的铁路；而铁路专用线是指由企业或者其他单位经营管理的与国家铁路或者其他铁路线路接轨的岔线。[①] 也就是说，除了代表国家行使铁路修建权的铁道部外，其他授权单位均可以修筑铁路，尤其是地方政府。铁路面向路外开放的格局以法律形式固定下来。

发展地方铁路具有诸多优势：一是能充分动员铁路沿线人民群众参与建设，发挥地方政府建路的积极性，客观上使铁路建设从等待"国家要我修"变为"我要国家修"，有力地减少了建路阻碍。二是地方政府参与其中，更有利于准确地根据地方实际合理确定运量，实事求是地决定项目的建设标准和立项与否。三是可以充分利用地方的灵活政策，减免一定税负，同时能更有效地优化征地拆迁费用，降低铁路造价。四是在施工及运营过程中，可大量采用当地劳动力，既降低人力成本，又为当地提供相当的就业岗位。五是可充分利用地方特色，大力发展特色经营，以提高经济效益。

从实际操作层面而言，我国地方铁路实际从 20 世纪 50 年代就开始修建。1958—1960 年，各地修建地方铁路 400 多条，营业里程 6000 多公里。[②] 1960 年，铁道部设立了地方铁路总局。"文化大革命"期间，国家铁路运输不时中断，运量与运能的矛盾十分紧张。在这种历史条件下，1966—1976 年，我国地方铁路的发展又出现了一个新的高潮。全国共新建

[①] 全国人民代表大会常务委员会法制工作委员会编《中华人民共和国法律汇编（1990）》，人民出版社，1991，第 92 页。

[②] 栾魁余、张建平、蒋兴全：《发展中的地方铁路》，《中国铁路》1993 年第 4 期。

通车地方铁路 3300 多公里。河南、河北、广东等省还建设了一批适应窄轨铁路需要的机车车辆工厂，初步形成了窄轨地方铁路的工业体系。党的十一届三中全会以后，地方铁路的发展开始步入健康的轨道。铁道部于 1977 年召开了第二次全国地方铁路会议（第一次是 1960 年），1978 年又决定，每年将大修和改造中换下的旧钢轨的一部分无偿调给地方，用于地方铁路建设和改造。

大多数省（自治区、直辖市）在省（自治区、直辖市）委和省（自治区、直辖市）政府的领导下设置了专门机构直接管理地方铁路。1984 年铁道部在计划统计局成立了地方铁路处，作为中央对地方铁路的归口单位。它主要是一个协调、指导性机构，负责统一规划和进行技术业务指导工作，而不是实质性的管理机构。此外，还有一个对全国地方铁路进行行业管理的社会经济团体——中国地方铁路协会。

各省、自治区、直辖市的地方铁路管理部门大体有三种类型：一是在计划部门或交通厅设置地方铁路局或地方铁路公司。辽宁、河北、湖南、山西、山东、四川、江西等省和天津市等地设立了地方铁路局；黑龙江省、新疆维吾尔自治区设立地方铁路公司；河南省、内蒙古自治区设立地方铁路总公司。地方铁路局下面设立地方铁路分局或地方铁路处。地方铁路总公司下设分公司。二是由国家铁路代管，在国家铁路局内设立地方铁路处。如广东省在广州铁路局内设立了地方铁路处，广西壮族自治区在柳州铁路局内设立地方铁路处。三是有些地区因地方铁路营业里程太少，由地（市）管理。

1988 年 8 月 17 日，时任铁道部部长李森茂在中国地方铁路协会年会上进一步指出，铁路面临一个历史性的大发展，国家建路、地方建路、合资建路，将成为我国铁路发展的新格局。随着国家对地方铁路政策的明确，地方修建铁路的积极性逐渐高涨。1984 年以后的 4 年中，基建投资累计完成 71761 万元，新建地方铁路 804 公里，预计到 2000 年将新建地方铁路 6000 公里。①

国家将铁路向地方开放后，地方铁路之间也呈现不断联合的态势。地方铁路的横向联合大体有两类：一类是地方铁路和国铁的横向联合，主要

---

① 《我国地方铁路蓬勃发展效益显著》，《人民铁道》1988 年 8 月 24 日。

表现在地方铁路承运货物到国家铁路的过轨运输。其形式有窄轨地方铁路和国家铁路之间的换装；准轨地方铁路和国家铁路之间的换货票；地方铁路货票一票到底的地方铁路和国家铁路联运。另一类是地方铁路和地方企业、单位的横向联合。其形式大体有两种：一是组织产销和多种运输方式。二是成立跨行业、跨地区的协调组织。如河南和安徽的一些运输单位计划建立地方铁路、公路、水运联合运输服务中心，在安徽、河南接壤地方设立联合运输服务点。

铁道部于 2000 年 12 月 8 日发布了《铁道部投入地方铁路建设资金管理办法》，用以引导和推动地方铁路的投资体制改革，提高铁路投资的经济效益。该文件指出中铁建设开发中心作为铁道部的出资代表，并明确规定了铁道部在地方铁路建设中投入的资金的使用和管理细则。[1] 2001 年，中铁建设开发中心对全国 13 个项目进行了改制投资，[2] 地方铁路投资改革开始有了实质性推进。铁道部同时也加大了对地方铁路基本建设的资金投入，2001 年铁道部投入地方铁路基本建设资金 31850 万元，几乎接近 "九五" 时期地方铁路投资的总额（32100 万元）。[3]

"六五" 末期（1985 年），地方铁路基本建设投资总额为 10498 万元，其中铁道部投资 2366 万元，地方投资 8132 万元，地方投资占比为 77.5%。到 2005 年，地方铁路基本建设投资总额为 168116 万元，其中铁道部投资 3000 万元，地方投资 165116 万元，地方投资占比为 98.2%。我国地方铁路营业里程也呈现稳中有进、不断上升的趋势。1965 年我国地方铁路营业里程为 1965 公里，1985 年上升到 3101 公里，2015 年增长到 5907 公里。[4]

三 面向世界的对外开放

改革与开放是互为条件、相互促进的关系。因为改革可以为开放扫清障碍，开辟道路；开放则可以为改革不断提出新课题，促使改革向纵深发

① 铁道部政策法规司编《中国铁路法规、规章及规范性文件大全》，中国铁道出版社，2003，第 194~195 页。
② 广东省惠州至澳头、黑龙江绥阳到东宁、河南临汝到登封、四川金沙湾到筠连、山西沁源到沁县、山东桃村到威海等。
③ 中国交通年鉴社编《中国交通年鉴 2002》，中国交通年鉴社，2002，第 77 页。
④ 中国国家铁路集团有限公司发展和改革部编《铁路统计指标手册（至 2018 年）》，内部资料，2019，第 139 页。

展。"大包干"是铁路经济体制的根本性改革，通过改革，就是要闯出一条具有中国特色社会主义的铁路建设和管理的新路子，达到加快铁路建设和发展的目标。如果仅仅停留在内部的改革上，关起门来搞"大包干"，是有局限性的，也是难以深化的。只有坚持在开放中改革，才能突破改革中遇到的难点，找到深化的契机。

向世界开放是我国改革开放基本国策的题中应有之义。所谓对外开放，就是要改变闭门造车的状态，吸引国外的先进技术、管理经验和国际资金为我所用。同时，还要促进国内技术和商品打入国际市场，参与国际分工合作和公平竞争。因此，大力发展外向型经济是我国深化改革、发展国民经济的必由之路。加之，我国是欧洲连接东亚、东南亚地区的唯一大陆通道，所以铁路的发展不仅对我国发展外向型经济具有重大意义，同时对世界经济的繁荣也具有不可忽视的重要作用。

1993 年，时任铁道部部长韩杼滨在全路领导干部会议上强调，各铁路部门"要积极参与国内、国际两个市场的竞争，充分利用好国内、国际两种资源"①。铁道部又于 1996 年 4 月发布了《铁路"九五"扩大对外开放规划》，明确了"九五"期间铁路对外开放的目标以及主要任务，并要求加强铁路对外开放工作的宏观管理、归口管理和队伍建设。②

从 1993 年开始，我国铁路建设出现了新一轮的投资热潮，"八五"期间年均基本建设投资总额达到 248.95 亿元，是"七五"时期年均数（68.87 亿元）的 3.6 倍。③ 尽管如此，"八五"期间国民经济快速发展，生产和消费需求快速增加，对铁路运力的需要也在同步提高，因此铁路建设规模也应该保持同等的增长速度，但铁路建设资金仍然非常短缺。这一问题在当时通过充分引进和利用外资，得到有效缓解，同时也推动了我国铁路对外开放的进程。

早在 1979 年，日本政府就开始向中国提供银行贷款，其中部分资金用于铁路修建中。其中，"八五"时期以来，我国铁路共获得日本政府贷款

---

① 韩杼滨：《深入贯彻十四大精神，加快改革开放步伐，为实现铁路历史性大发展而努力奋斗——在全路领导干部会议上的讲话》，《人民铁道》1993 年 1 月 9 日。
② 《铁路"九五"扩大对外开放规划（1996）》，载黄四川主编《1996 中国铁路改革与发展重要文稿》，中国铁道出版社，1997，第 539～546 页。
③ 中国国家铁路集团有限公司发展和改革部编《铁路统计指标手册（至 2018 年）》，内部资料，2019，第 39 页。

1320 亿日元，用于宝中、衡商、南昆、胶黄等 4 条新线建设，4 条铁路线路全长 1828 公里。同时，铁道部将国家三批贷款余额 197 亿日元用于西安至安康的新线电气化施工建设，以及用于购置进口的隧道掘进机等。①

1989—1995 年，我国还先后利用世界银行 4 批贷款（即第 4—7 批），累计利用外资 20 亿美元左右，主要用于改造青岛四方机车车辆厂、建设浙赣铁路的复线路段、升级徐州铁路的站房功能、加快推进成昆铁路和武广铁路的电气化改造，以及建设成昆铁路的通信网络等。②

此外，我国铁路贷款渠道不断扩大。1994 年，我国铁路向亚洲开发银行贷款 2 亿美元，主要用于京九线的通信信号技术装备、轨料及养路机械购买等。1995 年又从澳大利亚获得贷款 1500 万美元，用于兰新复线通信建设和升级项目。截至 1998 年底，我国用于铁路发展的对外贷款总额已达 65.5 亿美元。③

铁路的对外开放也表现在铁路建设上。改革开放后，铁路建设领域逐渐打破了由国家作为单一主体投资、再由铁路管理部门独家建路的封闭格局，积极探索多渠道筹集资金、多形式修建铁路的新道路。20 世纪 80 年代地方企业与铁道部集资和引进外资共达 73 亿元（铁道部约占 18%），修建了 17 条铁路，总长 3900 多公里（包括复线与电气化改造，不包括自建自营的地方铁路），分布在 10 多个省、自治区。多渠道筹资修路，不仅弥补了国家投资的不足，加快了铁路建设，扩大了铁路运输能力，而且对所在地区的经济建设起到重要作用，促进了整个国民经济的发展。④

中国铁路不仅引进外资，而且重视引进国外先进技术和设备，包括内燃电力机车及其制造技术、大型道路养护机械技术及软件、电气化铁路成套设备及技术等。例如：中国铁路早在 1986 年 5 月就通过国际投标，利用向世界银行申请的 1000 万美元贷款，与英国铁路工程公司签订了改善长春客运厂的技术咨询和引进新型客车技术的合同，以此引进铁路车辆及制造技术，使其产量由 750—800 辆提高到 1500 辆，技术性能优良，时速可达

① 徐增麟主编《新中国铁路 50 年（1949—1999）》，中国铁道出版社，1999，第 314 页。
② 林晓言编著《投融资管理教程》，经济管理出版社，2003，第 85 页。
③ 徐增麟主编《新中国铁路 50 年（1949—1999）》，中国铁道出版社，1999，第 315 页。
④ 徐增麟主编《新中国铁路 50 年（1949—1999）》，中国铁道出版社．1999，第 320 页。

140km/h；1994 年又利用衡广复线日元贷款余额 3000 万美元，与韩国公司协作建造了 30 辆不锈钢客车，时速可达 200km/h；同年又通过贷款从德国公司引进了 96 辆地铁车厢。① 通过引进一些铁路科技的关键技术，在一定程度上促进了我国铁路技术的发展。

在"八五"时期开始的时候，铁道部就强调在引进国外设备时需要考虑引进标的的技术含量，提高引进技术的起点。同时，要注意高质量技术的引进、吸收与再创新。在此过程中，昆明机械厂就是一个典型的例子。该厂利用世界银行提供的贷款，引进了奥地利普拉塞·陶依尔公司的大型捣固车和清筛机及制造技术，并通过技术吸收和再开发，提高了原有设备的动力稳定器和压载车。这些国产大型道路养护设备，已达到了 20 世纪 90 年代的世界平均水平，可以实现国产替代进口。1995 年，亚洲开发银行的贷款项目举行招标，采购 15 台路面养护设备，昆明机械厂成功中标其中 13 台，为国家创收外汇 1265 万美元。② 1996 年 3 月 4 日，在全路对外合作工作会议上，时任铁道部部长韩杼滨发表了题为《抓住机遇　积极开拓　形成铁路全方位扩大对外开放的新格局》的讲话，提出铁路对外开放的总体思路是："解放思想，抓住机遇，全面推进，重点突破，对外合作规模取得较大发展，质量效益有显著提高，形成全方位扩大铁路对外开放的新格局。"③

与此同时，中外合资的铁路企业也在向前发展。在铁路对外开放的初期，即 1992—1997 年，全路有 25 个直属企业与外资合作开办中外合资企业 180 家，吸引外资 2.06 亿美元。这些企业的共同特点有四：一是外商的投资方式以兴办合资企业为主。180 家企业中，中外合资企业共有 172 家，外商独资企业 8 家，占比分别为 95.6% 和 4.4%。二是以生产企业为主，且行业分布较广。合资企业中有 119 家为生产性企业，占比为 66.1%，分布在建材、铁路产品、机械制造等领域。三是投资规模不大，以中小企业为主。180 家合资企业中，注册资本 100 万美元以下的企业 99 家，占比为 55%；注册资本 100 万—500 万美元企业 55 家，占比为 30.6%，两者合计

---

① 王致中、魏丽英：《中国铁路改革与发展研究（1978—1998）》，当代中国出版社，2001，第 437 页。

② 《"九五"铁路对外合作形成全方位开放新格局》，《人民铁道》1996 年 3 月 9 日。

③ 《"九五"铁路对外合作形成全方位开放新格局》，《人民铁道》1996 年 3 月 9 日。

占比超过 80%。四是合作企业涵盖铁路领域国际知名跨国集团，如德国西门子、美国 ABC、英国 GPT 等。这些企业为我国铁路技术的快速发展发挥了重要作用。[①]

卡斯柯信号有限公司（CASCO）是我国铁路系统中的第一家中外合资企业，它由中国铁路通信信号公司和美国通用铁路信号有限公司共同投资发起成立，注册资本 480 万美元，公司总部位于上海，于 1986 年 3 月 14 日开始营业。截至 1997 年底，中国铁路通信信号公司先后成立了 15 家中外合资企业，外资投资金额超过 1000 万美元，这些企业生产的科技产品[②]对建设京九铁路，以及我国铁路的普遍提速起到了重要作用。[③]

铁路对外经济和贸易的发展是对外开放的另一个重要标志。1979 年，铁道部成立了中国土木工程总公司，从事对外承包工程和劳务合作业务。截至 1991 年底，中国土木工程总公司新签订和执行的合同达 840 多份，合同总金额达 9.3 亿美元，营业额达 6.9 亿美元，取得了较好的经济效益和社会效益。[④] 1980 年，中国铁路对外服务公司正式成立，它的主要业务包括签订商业广告、组织旅游、利用火车车厢来组织商品巡回展览及举办技术研讨会等。[⑤] 到 1991 年，中国铁路对外服务公司已在香港、泰国、深圳等地建立了 14 个子公司和办事处，并与来自美国、英国和中国香港等 30 多个国家和地区的 200 家企业先后建立了业务关系。从 1981 年至 1991 年，中国铁路对外服务公司已累计创利 3057 万元，创汇 5250 万美元。[⑥]

中国铁路对外经济和贸易的合作自 20 世纪 90 年代起迅速发展，具有对外经济贸易权的单位数量迅速增加，到 1994 年，铁道部有了 13 个具有对外经营权的单位。在"八五"期间，中国铁路对外承包工程、劳务合作和设计咨询等对外经济技术合作业务共签约 18.5 亿美元，营业额累计达到 7.4 亿美元。[⑦] 其中，1995 年底，中国土木工程总公司与尼日利亚交通运

---

① 《全国铁路历史统计资料汇编（1949—2006）》，铁道部统计中心，2008。

② 如计轴设备、数字程控交换机、超速防护设备、微机连锁等，特别如 S12 程控交换机、S700K 型电动转辙机。

③ 中国交通年鉴社编《中国交通年鉴 1998》，中国交通年鉴社，1998，第 121 页。

④ 中国交通年鉴社编《中国交通年鉴 1998》，中国交通年鉴社，1998，第 95 页。

⑤ 《中国铁路对外服务公司成立》，《人民日报》1980 年 6 月 20 日。

⑥ 《铁路外服公司创汇 5000 多万美元》，《人民日报》1991 年 12 月 14 日。

⑦ 徐增麟主编《新中国铁路 50 年（1949—1999）》，中国铁道出版社，1999，第 320 页。

输部签订了《尼日利亚铁路修复改造项目的合作合同》，合同金额高达 5.3 亿美元，成为当时中国铁路史上最大的国际经济合作项目。[1]

"九五"期间，中国铁路对外经贸合作进入了新阶段，经营规模和业绩不断提升，其经营业务范围主要包括工程承包、劳务合作、设计咨询以及进出口贸易等。据统计，1991—1998 年，全路经济技术合作项目合同总金额接近 30 亿美元，实际营业额超过 19 亿美元。[2] 同时，铁路产品出口数量也在连年提高，其中出口的主要商品是机车车辆。1995 年，我国机车车辆出口额达到 2.1 亿美元，超过了前 4 年的总和。[3]

对中国铁路而言，2001 年底中国加入世界贸易组织是开放铁路运输市场的千载难逢的机遇，但同时也面临着相当大的挑战。根据铁道部经济规划研究院孙林、徐明露 2002 年的研究，加入世界贸易组织将为中国铁路的改革和发展带来以下几个方面的机遇：一是能够加速推进中国铁路运输和铁路经济体制的改革，尤其是国有铁路企业的改革，可以为铁路体制改革注入新动力；二是有利于吸引外资，推动铁路技术进步，进一步提高铁路管理水平；三是有利于形成更具竞争力的铁路运输市场，提高铁路运输企业的效率；四是有利于铁路市场新业务的发展；五是有利于保障我国企业在国际市场上享有平等待遇的权利，并积极参与跨国竞争与合作。[4]

同时，随着国内市场的逐步开放，铁路运输业也将面临一定的挑战。武剑红、徐明露认为，这些挑战主要表现在以下几个方面：现行的铁路管理机制、组织体制以及经营管理模式不能满足市场经济的需求；缺乏对内外开放的铁路运输业相关的法律法规可能与世界贸易组织要求的透明原则南辕北辙；外方可能采取"挑奶皮"战术，更多地进入那些高利润且具有市场潜力的刚起步的专业运输市场，这将威胁我国铁路货运新的增长点；

---

① 韩杼滨：《抓住机遇 积极开拓 形成铁路全方位扩大对外开放的新格局——在全路对外合作工作会议上的讲话（1996 年 3 月 4 日）》，载黄四川主编《1996 年中国铁路改革与发展重要文稿》，中国铁道出版社，1997，第 75 页。

② 据《中国交通年鉴》1991—1998 年度铁路外经贸数据计算。

③ 韩杼滨：《抓住机遇 积极开拓 形成铁路全方位扩大对外开放的新格局——在全路对外合作工作会议上的讲话（1996 年 3 月 4 日）》，载黄四川主编《1996 年中国铁路改革与发展重要文稿》，中国铁道出版社，1997，第 74 页。

④ 孙林、徐明露：《挑战与机遇并存：加入 WTO 对我国铁路运输和相关产业的影响》，载中国铁道学会秘书处编《加入 WTO 后中国铁路的改革发展与科技创新》，中国铁道出版社，2002，第 89 页。

在需求高峰期，本就繁忙的铁路干线的运输能力将变得更加紧张；外资企业在中国从事的公路运输，形成了另类铁路竞争；外国公司与直接货运业务相结合，可能从事相应的仓储和货运代理业务，这将对我国铁路仓储和货运代理业务，尤其是国际货运代理业务的影响会更大；外商的进入将加剧中国铁路高质量技术、管理人才和熟练技术工人的竞争，进一步造成中国铁路高层次人才的流失。①

因此，正如时任铁道部部长傅志寰所指出的，中国铁路在面临着机遇与挑战并存的局面下，有三点必须做到：第一，政府必须转变管理铁路的职能和方式；第二，加快铁路运输体制改革势在必行；第三，必须积极应对人才培养、使用和激励等方面的挑战。②

第四节　中长期铁路发展政策的制定

一　制定《中长期铁路网规划》的背景

工业革命以来，铁路一直是国家重要的基础设施和国民经济的大动脉。它也是承接货物流通和人员流动的重要交通工具，关系到国民经济的整体发展。铁路基础设施建设的重要前期工作是铁路网规划，制订科学的铁路网规划及其实施方案，是提高铁路网运输能力、满足交通需求及充分发挥投资效益的基础。目前从我国铁路网的现状来看，铁路建设成本高、周期长，建设资金严重不足，如果规划不科学、布局不合理，不仅会浪费大量的建设资金和土地资源，同时也可能导致运输能力不足等一系列严重后果，对社会经济的持续健康发展造成一定制约。因此，要根据经济社会发展的需要，进行科学布局和合理规划，以最低的代价来解决当前铁路运输发展的瓶颈问题，改变被动局面，使其成为国民经济发展的保障，从而保证铁路运输的可持续发展。③

① 武剑红、徐明露：《中国加入 WTO 铁路准备好了吗》，《人民铁道》2000 年 6 月 14 日。
② 傅志寰：《中国加入 WTO 后铁路运输业面临的机遇、挑战和对策》，载国务院研究室编《中国加入 WTO：机遇·挑战·对策》，中国言实出版社，2002，第 257～258 页。
③ 周荣征：《中长期铁路网规划布局及优化方法研究》，博士学位论文，西南交通大学，2011，第 1 页。

铁路网通常是在特定的空间内（国家、区域或国际范围内），由干线、支线、联络线、车站和枢纽组成的网络结构的铁路系统，满足一定历史条件下客货运输的需要。[①] 就其形成及发展过程而言，"在由交通需求和自然条件决定的区域内，重要的工业大城市、政治经济中心、矿产开发基地、能源物资供应基地、河港、海港等形成交通中心站。这些车站将通过铁路线连接起来，然后逐步延伸到其他地区，形成跨区域的客货运输通道。铁路网的形成是一个从稀疏到密集、从树状到网状，从迂回到直接逐步完善的过程"。[②] 交通运输作为国民经济发展的基础，国家发展工业化以铁路为先导，大多数国家花费60—70年的时间建成铁路网，投入大量财力物力，其重要性可见一斑。

正所谓先网后化，即先有铁路网，而后有工业化。建成铁路网是实现国家工业化的先决条件。与西方国家的工业化进程相比较，我国不存在铁路网建设领先于工业化水平的阶段，甚至在某个成长期内铁路成为工业发展的薄弱环节。中国铁路网的建设有其独特之处：自改革开放以来，中国铁路网的建设发展受国民经济社会发展的指引。在此过程中，铁路的发展正追赶着同向领先的国民经济。中国铁路通过挖潜扩能、扩大规模、优化结构、改善体制等系统性改革，以满足国民经济发展的需要。这一改革过程为铁路网建设能力的不断提高提供了强大的牵引力和支撑。

中国的铁路网建设具有"起步晚、规模小、技术薄弱"的特点。中国近代以来的百年屈辱与铁路的发展息息相关，因此，铁路可以说是我国追求现代化的重要风向标。新中国成立之前，全国铁路通车里程约20000公里，由于历史和地理因素，大部分铁路集中在东北和华北。改革开放后，采取改造旧线、建设新线、技术优化升级等措施，明显改变了中国铁路网格局，有效改善了昔日"里程少、布局偏、密度低"的情况，大致构建了铁路网的骨架。中国铁路现代化之路呈现在前进中有曲折、在曲折中不断前进的态势。在"七五"期间，铁路发展滞后的问题主要是通过对铁路事业挖潜扩能，并辅以建设新线来解决的，但是，"大包干"政策实施后，

[①] 屈广义：《铁路网规划环境影响评价方法研究及案例应用》，博士学位论文，哈尔滨工业大学，2011，第16页。

[②] 屈广义：《铁路网规划环境影响评价方法研究及案例应用》，博士学位论文，哈尔滨工业大学，2011，第16页。

铁路发展问题并未得到彻底解决。

"八五"期间，铁路改革明确了市场化趋势，中国铁路取得了长足的发展，铁路的"瓶颈"得到了缓解。"九五"期间跨世纪的 5 年铁路建设，实现了中国铁路的赶超式发展，并通过规模空前的铁路大建设，逐渐突破了铁路"瓶颈"的局限。"从 1998 年到 2001 年的四年中，中国铁路建设年均投资超过 540 亿元。到 2001 年底，中国的铁路运营里程、复线铁路里程、电气化铁路里程都位居亚洲第一，7 万公里的铁路运营里程跃居世界第三"，"中铁无论在数量和装备水平上都上了一个新台阶，铁路网规模不断扩大，路网结构显著优化，交通运输限制口明显减少，解决了运输通道容量紧张的问题，打破了铁路发展对国民经济发展的制约，改变了铁路运输生产力严重不适应社会经济发展的形势"。①

至此，中国铁路网基础设施不断加强。经过应对"瓶颈"、缓解"瓶颈"、突破"瓶颈"等一系列铁路改革探索，我们制定了系统规划，也具备了突破"瓶颈"的基本条件。

但是值得关注的是，铁路的发展始终在一定程度上滞后于整个国民经济的发展，甚至在一段时间内成为阻碍国民经济发展的重要障碍。在中国铁路发展的几十年中，它一直扮演着"追赶"的角色，对内，它在不断追赶国民经济发展的整体速度；对外，在不断追赶发达国家的先进技术。这种情况确实是有愧于国民经济"先行官"的角色定位。

1998—2002 年，武广、哈大电气化铁路，京九南段、蓝烟、新菏兖日、株六、黎南复线铁路，西康、南疆、梅坎、神延、内昆、水柏、朔黄、达万铁路，以及秦沈客运专线，粤海铁路通道跨海轮渡工程等 53 个具有重要影响的大中型铁路建设项目建成投产。这 5 年，完成新线铺轨 7025 公里，双线铺轨 5008 公里，电气化铺轨 5703 公里。截至 2001 年底，我国铁路运营里程提前一年达到"7 万公里以上"的目标。截至 2002 年底，全国铁路的运营里程达 71500 公里，居世界第三，亚洲第一；全国的复线铁路里程达到 23800 公里，占运营里程的 33.3%；电气化里程达 18300 公里，占运营里程的 25.6%；西部地区铁路运营里程达 26660 公里，比 1997 年增长 13.3%。②

① 傅志寰：《跨世纪发展的中国铁路》，《中国铁路》2002 年第 11 期。
② 以上数据为笔者根据铁道部统计中心编《全国铁路历史统计资料汇编（1949—2006）》统计而来。

经过数年的发展，中国的铁路干线更加适应时代发展，通道的通行能力显著提升，网络规模扩大，路网骨架加强，路网结构得到了优化，铁路运输压力得到缓解。在某种程度上，铁路发展成绩斐然，这为完善铁路网打下了坚实的基础。

另外，从投资规模和运营里程的角度来看，"八五"时期后三年内"大投资，高增长"的发展趋势得以延续。但是，如果分析具体的各项指标，就会发现铁路发展速度仍然没有赶上国民经济的总体发展水平，依旧处于"追赶"的位置。

2001年国家铁路完成货物发送量178592万吨，比2000年增长7.9%，增幅、增量均为历史最高水平。2002年国家铁路完成货物发送量186894万吨，又比2001年增加4.6%。2001年我国铁路全行业完成旅客发送量105155万人次，比2000年增长0.1%；完成旅客周转量4767亿人公里，比2000年增长5.2%。2002年，我国铁路全行业完成旅客周转量4969.38亿人公里，比2001年增长4.2%，而同期中国GDP的增长速度基本在8.5%左右。[1]

在这种背景下，2004年1月7日召开的国务院常务会议原则上通过了《中长期铁路网规划》（以下简称"04规划"）。"会议认为，铁路具有运力大，成本低的优点，在运输方面有着举足轻重的地位。会议原则上同意制定中长期铁路网规划，加快铁路发展，这对于促进国民经济持续快速增长，全面建设小康社会是非常必要的。"[2] 这是新中国成立以来第一个铁路网的中长期顶层设计，也是国务院批准的第一个行业类规划，拉开了中国铁路"成网建设时代"的帷幕。铁路网规划由国务院首批，在公路、民航、水运等其他网络组织逐渐兴起，动摇了铁路在世界上的垄断地位的时代背景下，这具有非同小可的意义。同时还表明，相较于其他运输方式，铁路始终是运输业中最具竞争力的主导产业。

"04规划"有三方面主要内容。一是建设"四纵四横"客运专线，运营里程在12000公里以上，客车时速目标值达到200公里/小时及以上。同

---

① 参见《中华人民共和国铁道部2001年铁道统计公报》和《中华人民共和国铁道部2002年铁道统计公报》。

② 《温家宝主持召开国务院常务会议讨论并原则通过〈中长期铁路网规划〉和〈国务院关于进一步加强安全生产工作的决定〉》，《人民日报》2004年1月8日。

时，铁路网布局得到改善，规划建设新线约 16000 公里，规划既有线增建二线 13000 公里，既有线电气化 16000 公里。二是调整"十五"建设计划。到 2005 年，铁路营业里程达到 75000 公里，其中复线铁路 25000 公里和电气化铁路 2 万公里以上。三是到 2010 年，铁路网营业里程达到 85000 公里左右，其中客运专线约 5000 公里，复线 35000 公里和电气化 35000 公里。①

二　《中长期铁路网规划》的调整

2006 年 3 月 14 日第十届全国人民代表大会第四次会议通过了《中华人民共和国国民经济和社会发展第十一个五年规划纲要》（以下简称《"十一五"规划纲要》）。《"十一五"规划纲要》指出，"十一五"时期在全面建设小康社会进程中处于承前启后的关键时期，在经济社会发展各个方面，既具有良好基础、面临难得机遇，也存在一定的困难和严峻挑战。

以此为前提，《"十一五"规划纲要》提出："统筹规划、合理布局交通基础设施，做好各种运输方式相互衔接，发挥组合效率和整体优势，建设便捷、通畅、高效、安全的综合运输体系。加快发展铁路运输。重点建设客运专线、城际轨道交通、煤运通道，初步形成快速客运和煤炭运输网络。扩展西部地区路网，强化中部地区路网，完善东部地区路网。加强集装箱运输系统和主要客货枢纽建设。建设铁路新线 1.7 万公里，其中客运专线 7000 公里。"②

虽然经过多年的建设与发展，我国在交通基础设施方面取得了较大成就，但"瓶颈"状况仍未完全消除，整体水平仍然较低，存在比较突出的结构性矛盾，尚不能有效满足我国经济和社会快速发展的要求。其中存在以下几点主要矛盾：一是交通网络的规模性难以体现，交通运输体系基础设施规模亟待扩大，覆盖率仍需提高，主要运输通道的运输能力十分紧张，还不能适应国民经济和社会发展的需求，能够辐射全国的运输骨架体系尚需加强建设。二是运输网络的结构建设仍需优化，各类运输方式的优势并未做到合理接洽配合，自身优势仍未充分得到展示，"宜路则路、宜水则水"的原则

---

① 《国家〈中长期铁路网规划〉内容简介》，《交通运输系统工程与信息》2005 年第 4 期。

② 《中华人民共和国国民经济和社会发展第十一个五年规划纲要》，人民出版社，2006，第 29 页。

仍未落地。三是城乡区域之间的交通运输体系发展尚存在较大差距，发展不平衡、不合理的总体态势并未根本转向。四是综合运输到达通道和集成化交通枢纽规划建设与经济发展不匹配，导致的后果就是各类运输方式之间难以协同合作，分工不明确、不清晰，不同运输方式之间的相互衔接仍存在较大提升空间，整个交通运输系统的运作效率和服务质量存在进步的空间。

根据我国发布的《中长期铁路网规划》调整原因来看，2004 年以来国家的产业结构不断优化调整，国民经济强调市场化、工业化发展，社会生活倾向城镇化、国际化，这无疑对社会发展和经济建设提出了更高的要求和更符合时代发展趋势的标准，尤其要坚持各方面的可持续发展。新的时代环境召唤着与众不同的发展需求，"04 规划"显然已经滞后于当今科技主导的铁路运输网络建设，铁路运输体系发展需要适应不断变化、更新的外部发展环境。

一是国家宏观经济政策调整。铁路交通运输的特点是产业链相对较长，对铁路沿线地区经济拉动辐射作用大。在促进全国经济发展方面：首先，铁路投资建设自身需要各产业领域协同配合，对拉动内需有显著带动作用，是综合运输体系中的经济增长点；其次，铁路建成投入使用后，能够切实提升国家交通运输体系的运行能力，改善国民出行条件，在降低出行费用、提升出行效率、减少运输事故方面的效果明显，使广大出行者直接获益。不止于此，以交通通道的开发建设及铁路周边沿线地区的整体环境的改善为基础，对相关辐射地区和相关产业形成连带性、可持续的强力带动影响作用。

2008 年爆发了辐射全球的金融危机，导致世界经济发展速度明显降低，对我国经济来说，影响主要集中在出口贸易、汽车、钢铁、房地产等实体经济方面，这些产业受到的波及与影响可以说不容小觑。针对此种现象，国家为了扩大内需，提出了"出手要快、出拳要重、措施要准、工作要实"的发展原则，加强对宏观经济政策的调整，甚至出台了 10 项措施。在基础设施建设方面，加快了铁路和机场等大型公共基础设施的建设，以及加快汶川地震灾区的灾后重建，以此来推动我国国民经济的稳定快速增长。而针对这 10 项措施所对应的十大工程，国家到 2010 年底累计投入了约 40000 亿元。在落实国家政策方面，这一宏观层面的重大决策调整毫无疑问为新的铁路建设吸引了数量更大的资金投入，推动了铁路运输网络建设的改革步伐，阶段性地调整了发展建设的思路，主动自觉地以新的产出带动吸引新的投入。而在发挥行业作用方面，在当今整个世界经济发展速度放缓，国家进行宏观经济政策调整的时代背景下，响应时代发展要求，加快构建铁路网络体系，加快铁路基础设施建设的发展步伐，并且在政策层面，对铁路建设进行科学的规划，多管齐下，对保证我国经济的平稳快速发展、吸引固定资产投资进入，以及扩大内需等方面起到显著的作用，帮助我国在应对国际金融危机的时代环境下，推动国民经济平稳快速发展。

二是在国民生活层面，对中国城镇化进程的不断推进。按照统计模型，城镇化的一般过程包含人口职业的转向，产业结构的升级转型等方面的内容。而要推动城镇化进程不断向前，主要包括"推力"和"拉力"两方面的力量。推力主要是针对乡村来说，比如那些迫使和吸引人群走出乡村的因素，而对应的拉力就是针对高速发展的城市来说，比如那些能够拉动人群来到城市的因素。其中，拉力的组成部分主要指的是：丰富的社会服务资源，便捷高效的交通运输网络，多元完善的文化设施环境。2008年的统计数据显示，中国的城镇化率已经达到45.68%，接近50%。① 从现状来看，迅速加快的城镇化进程需要更强的动力支撑，因此便捷化程度更高、普及率更高的交通网络建设迫在眉睫。科学技术的发展以及我国的机械化装备水平不断提升，铁路尤其是距离相对较短的城际铁路日益成为牵引城市化进程的新型"引擎"，集成化的城市圈建设，迫切需要对连接大中型城市圈、密度高、倾向公交化的城际铁路等新型的城市轨道交通网络进行新建和增建。

三是铁路建设的积极性、踊跃性空前高涨。2006年10月，党的十六届五中全会公报中指出，要把我国建设成为资源节约型、环境友好型社会。我国能源的基本国情是富煤贫油少气，并且能源分布不均。而铁路运输的特点是运送量大，速度快，成本较低。毋庸置疑，这是建设资源节约型、环境友好型社会相对理想的运输方式。而现今我国经济的发展面临着许多客观条件的约束，铁路运输在区域经济发展中有不容忽视的重要作

---

① 《中国城镇化水平达45.68% 人口已突破6亿》，搜狐网，http://news.sohu.com/20090415/n263407150.shtml。

用，尤其是许多地方政府希望通过以铁路为主的交通枢纽建设来加快整个区域内的发展，部分地区甚至出现了规划建设的铁路项目已经超出了"04规划"的情况。以地处我国西南部的四川省为例，2007 年底，四川省委九届四次全会全面布局，面向整个四川的未来发展，作出了建设"西部综合交通枢纽"这一重大战略决策，提出了突出南向、加强东向、扩大北向、畅通西向的发展布局思路，并且将分阶段建设 18 条铁路干线、21 条高速公路、2 条水运巷道等交通设施，以期构建起整个全方位开放的综合交通运输大通道。

四是以客运和货运为两极的铁路运输需求增长态势持续稳定。2002—2007 年，我国国内生产总值年均增长超过 10%。而且在衡量经济发展的两个重要指标——宏观经济的发展水平和增长速度方面来看，我国经济总体上呈现持续向好的趋势，国内各行业发展趋势良好。聚焦铁路行业，仅仅在铁路换算周转量这一个指标上，年均增速就达到了 8.5%，远远超过"04 规划"预测的运量增速 4.7%。在"04 规划"中，铁路营业里程年均增长仅有 2%，[①] 这是由于我国的铁路设施建设与此前的经济发展速度并不匹配，积累了一定的"历史负债"，呈现相对滞后的态势，而在此后的一定时期内，客运和货运两端的运输需求量逐年稳定增加，铁路网络规模总量上的"缺口"随着经济持续增长也越来越不容小觑。尤其是我国改革开放后，外资大量涌入，对我国的交通基础设施提出了新的要求，即要符合全球化的新发展态势。同时，我国的对外经济合作和贸易往来在这一时期显著增加，这更要求我国的外向型运输通道要和对外的经济往来需求同步持续增长，比如增加或者重新建设各个重要港口和口岸的铁路运输通道建设等。

2007 年 11 月，国家批复了一份有关此后铁路运输网络的长期规划——《综合交通网中长期发展规划》，提出到 2020 年我国的铁道网总规模要达到 12 万公里以上，复线率和电气化率分别达到 50% 和 60%，其中城际轨道交通线路和铁路客运专线 1.5 万公里以上。[②] 根据这份规划，我国铁道部正式开始调整修订"04 规划"。

---

① 《铁道部杨忠民全面解析我国中长期铁路网调整规划》，中国政府网，http://www.gov.cn/gzdt/2008 – 12/01/content_1164867_2.htm。

② 《〈综合交通网中长期发展规划〉内容简介》，国务院新闻办公室网站，http://www.scio.gov.cn/m/xwfbh/xwbfbh/wqfbh/2013/0620/xgzc/Document/1331516/1331516.htm。

紧接而来的《中长期铁路网规划（2008 年调整）》（以下简称 "08 规划"）是充分考虑了国家经济社会发展的新环境和新形势后，在 "04 规划" 和《铁路 "十一五" 规划》的基础上，依据 2007 年国家批复的《综合交通网中长期发展规划》，将重点区域的发展，我国改革开放后对外经济贸易往来，国土资源开放与利用，客运货运市场的总体需求和趋势，以及整个能源大通道规划建设等诸多实际情况纳入整体统筹考虑的范围，并且协调和联动其他多类型的运输方式，以实现对国民经济重点行业发展的支持，这就要求对铁路建设的规模及总体布局进行一定程度的适应性调整；将 2020 年全国铁路营业里程从 10 万公里增加到 12 万公里以上，不仅如此，电气化率由之前的 50% 提高到 60%，将客运专线里程由此前的 1.2 万公里以上增加到 1.6 万公里以上，基本形成布局合理、结构清晰、功能完善、衔接顺畅的铁路网络。同时，还在 2004 年的 "四纵四横" 的铁路客运专线及原有的城际铁路的基础框架上，进一步延伸并扩大整个客运专线覆盖面，加强客运专线之间相互连通和衔接，发挥整体优势。客运专线及城际铁路建设目标由 1.2 万公里调整为 1.6 万公里以上。这一快速客运网，连接所有省会及 50 万人口以上的大城市，覆盖全国 90% 以上人口，大大缩短城市间时空距离。届时，北京、上海、郑州、武汉、广州、西安、重庆、成都等中心城市，与邻近省会城市将形成一至两小时交通圈、与周边城市形成半小时至一小时交通圈。在建设环渤海、长三角、珠三角地区城际铁路同时，规划建设长株潭、成渝、中原、武汉、关中、海峡西岸城镇群等经济发达和人口稠密地区城际铁路，覆盖沿线各中心城市和主要城镇，实现小编组、高密度公交化运输，有效满足地区大容量客运需求。①

在 2008 年 11 月 27 日召开的中长期铁路网规划调整新闻发布会上，时任铁道部副部长陆东福指出，规划调整方案的公布实施不仅对建立可持续发展的综合交通运输网具有深远的战略意义，也对当前加快铁路建设提供了更加可靠的科学依据。全面落实调整规划，不仅能够有效扩大内需、增加就业、拉动当前经济发展；而且从长远来看，有利于发挥铁路在国家交通运输体系中的比较优势，对于降低全社会运输成本，实现节能减排目标，为全面建设

---

① 《铁道部杨忠民全面解析我国中长期铁路网调整规划》，中国政府网，http：//www.gov.cn/gzdt/2008 - 12/01/content_ 1164867_3. htm。

小康社会提供可靠的运力支持。①

而从现实的数据来看，2009 年，全国铁路固定资产投资（含基本建设、更新改造和机车车辆购置）完成 7013.21 亿元，比 2008 年增加 2865.79 亿元，增长 69.1%，为"九五"时期和"十五"时期投资总和的 80.3%，创历史最高水平。②

按照"08 规划"的预期，2008—2020 年的 12 年间，我国将在铁路方面投入巨量的资金，以期建成辐射全国的综合运输集成网络体系。"08 规划"提出，建设新线约 41000 公里，并建设客运专线 116 万公里以上。这一客运专线的预计建设规模，体量接近于世界当时已经建成并且正式投入运营的高速铁路总里程（共计 6350 公里）的 3 倍。如果能够按照"08 规划"的目标要求，完成既定的目标，那么我国"人便其行、货畅其流"的铁路基础网络布局将形成。

而能够参考的数据是，"08 规划"发布后，2009 年全国铁路旅客发送量完成 152451 万人次，比 2008 年增加 6321 万人次，增长 4.3%。另外，2009 年，在货物运输方面，全国铁路货物发送量完成 332041 万吨，比上年增加 6113 万吨，增长 1.9%；在重点物资运输方面，全国铁路煤炭运量完成 175071 万吨，比上年增运 2229 万吨，增长 1.3%；冶炼物资运量完成 77682 万吨，比上年增加 6112 万吨，增长 8.5%；集装箱运量完成 7172 万吨，比上年增运 309 万吨，增长 4.5%。至 2009 年底，客运专线已累计完成投资 7875.6 亿元，建成投产 10 条客运专线总计 3459.4 公里，其中 2009 年完成了投资 3774.9 亿元，建成投产武广线、甬台温线、温福线等 5 条客运专线，共计 2318.9 公里。另外，宁安线、宁杭线、杭甬线、成绵乐线、柳南线等辐射各省重点城市，缩小城际交通差距的客运专线也在 2009 年开工，建设规模 2283.8 公里。

武汉—广州客运专线于 2009 年 12 月 26 日开通运营，全长 1068 公里，是当时世界里程最长的高速铁路，最高时速可以达到 350 公里/小时，武汉到广州最快 3 小时到达。此条客运专线累计投资接近 1300 亿元（含武汉天兴洲大桥和新广州站），其中 2009 年完成投资 348 亿元。北方的重要铁路

---

① 《中长期铁路网规划调整新闻发布会文字实录》，中国政府网，http://www.gov.cn/wszb/zhibo286/wenzi_iframe.htm。

② 《中华人民共和国铁道部 2009 年铁道统计公报》，《中国铁路》2010 年第 4 期。

干线——哈大客运专线，以及长三角重要铁路干线——沪宁城际铁路线的线下工程也基本建设完成。①

"08 规划"实际上大幅度提高了"十一五"时期铁路发展的整体速度和整体水平，其直接影响是铁路发展各项指标大幅度超过"十五"时期。

三 高速发展的中国铁路

中央在"十二五"规划中提出："加快铁路客运专线、区际干线、煤运通道建设，发展高速铁路，形成快速客运网，强化重载货运网。""建成'四纵四横'客运专线，建设城市群城际轨道交通干线，建设兰新铁路第二双线、郑州至重庆等区际干线，基本建成快速铁路网，营业里程达到4.5 万公里，基本覆盖 50 万以上人口城市。"②

铁道部根据国家"十二五"规划的总体部署，制定了铁路发展的行业指标。在铁路网建设方面，铁道部提出，到 2015 年，全国铁路总营业里程力争达到 12 万公里以上，其中高速铁路达到 1.6 万公里以上，西部铁路达到 5 万公里以上，复线率达到 50%，电气化率达到 60%。以高速铁路干线为骨架、总规模为 5 万公里左右的快速铁路网基本建成，总规模在 7 万公里左右的区际大能力通道布局基本成网，繁忙干线实现客运和货运分线运输。在铁路技术装备现代化方面，铁道部提出，时速在 200 公里及以上的动车组成为快速客运的主要装备，全路投入运营的动车列车组达到 1500 列以上；大功率机车成为主要干线运输的主力机型，投入运营的大功率机车达到 13000 台以上，占全国机车保有量的比例达到 60%。新型空调客车达到 36000 辆，占全国客车保有量的比例达到 80%；货车车辆时速要达到 120 公里/小时的技术标准，70 吨级及以上的通用货车要占全部货车保有量的 30%。在铁路运力及周转目标方面，铁道部提出，到 2015 年，全国铁路客运量达到 30 亿人次，货运量要达到 48 亿吨，换算周转量达到 5.1 万亿吨公里，与 2010 年相比较，这三项指标分别增长 78.6%、32.2%、41.7%。③

---

① 《中华人民共和国铁道部 2009 年铁道统计公报》，《中国铁路》2010 年第 4 期。
② 《中华人民共和国国民经济和社会发展第十二个五年规划纲要》，人民出版社，2011，第 36、38 页。
③ 卢春房：《依法建设 规范管理 推进"十二五"铁路建设再创新辉煌——在全路建设工作会议上的讲话（摘要）》，《中国铁路》2011 年第 1 期。

铁道部从"十二五"时期开始集中精力提高高速铁路的运营里程。2011 年我国新增高速铁路 4715 公里，在此基础上，铁道部细化了整个"十二五"时期的高速铁路投资计划。按照计划，2012 年要新增高速铁路 3038 公里，投资总额为 3300 亿元左右；2013 年要新增高速铁路 3667 公里，预计投资总额为 3650 亿元左右；2014 年要新增高速铁路 4421 公里，预计投资总额为 5429 亿元左右；2015 年要新增高速铁路 3847 公里，预计投资总额为 3434 亿元左右。照此计划，2012—2015 年每年高速铁路的投资金额占到铁路基本建设投资的 60% 以上。可见，在 2011 年，铁道部就已经下定决心全力建设高速铁路。[①]

同时，全国各地也纷纷投身于铁路建设，铁路建设的投资也在各地出台的"十二五"规划中相应加大。四川规划 5 年内新增 2700 公里以上的铁路运营里程，有望建成成西客专、成绵乐客专等 10 余条客运专线……加快建设客运专线、快速铁路、高速公路和高等级航道，形成畅通周围省市，连接京津冀、长三角、珠三角、北部湾等地的快捷运输道路。[②] 经济重镇浙江省更是成立了千亿级的投资公司——浙江省铁路投资集团有限公司来加快铁路建设。浙江省希望在龙头企业的带动下，发挥铁路的集成效应，实现铁路产业化发展。浙江省提出：第一阶段（2011—2012 年）要做大产业。何为大产业，既是财务上做大，同时更要使专业化管理强化，打造能够带动多个支柱产业发展、具有核心竞争力和自主发展能力的产业龙头，第二阶段（2013—2114 年）要将产业做强。通过兼并收购、股权投资、战略联盟等资本运作手段在已形成的产业管理的优势下对产业进行优化调整。第三阶段（2015 年及以后）的重点是产融结合。目标是以上市公司为龙头，实现点带面的辐射作用，特别是在金融服务和提升资产证券化的大力发展提升的基础上，实现产业间的集群化整体发展，推动企业集约化发展。[③]

中国铁路总公司也在整个"十二五"期间，不断调增铁路投资计划。中国铁路总公司在全国进行了 11 次调增投资计划。其中，成都铁路局的投

① 《"十二五"高铁清单浮出水面　未来五年新线投产规模 3 万公里》，《中国招标》2011 年第 6 期。
② 《四川省"十二五"交通规划》，《建筑机械》2011 年第 6 期。
③ 帅长斌：《打造千亿级综合性投资集团——详解浙江省铁路投资集团有限公司"十二五"规划》，《浙江经济》2011 年第 3 期。

资计划完成了 177.7 亿元，超额实现目标。除此之外，包括上海铁路局、沈阳铁路局、南昌铁路局，以及广州铁路集团和兰新高速铁路甘青公司在内的多家单位全年均完成了超过 200 亿元的投资。① 中国铁路总公司为了配合不断增加的建设投资，也对管理政策进行了不断调整和优化。一是使续建项目施工组织编制审查机制得到了完善。全路 261 个续建项目的施工组织设计在中国铁路总公司工程管理中心陆续组织审查后，提出了有针对性的整改方案。二是使新开工项目的预审工作得到了加强。在下属各施工单位自行组织研究的基础上，中国铁路总公司又委派总公司工程管理中心对 68 个新开工项目进行抽检，并提出了指导意见，如优化全线标段划分、阶段工期安排、重点工程施工方案等。三是使已有开通项目的管理得到了强化。首先，中国铁路总公司总体布局，让有开通任务的铁路局和铁路公司针对本单位、本项目的个体特点和具体困难，实现资源的点对点优化配置。其次，中国铁路总公司对重难点项目的施工组织和工程设计集中梳理，对其中一些重点关键线路的施工策略进行实时调整，以保证项目的顺利开通运营不受到阻碍。四是中国铁路总公司就现场技术问题，组成专家团队集中处理。另外，对全路在建项目涉及的技术方案问题，中国铁路总公司组织各建设单位进行了统一的梳理规划，聚焦线路安全、运输承载能力、运营标准变化、开通目标和开行方案五大方面，研究制定具体方案，及时组织研究解决现场临时出现的技术问题。

通过加大投资、优化管理、调整政策，在"十二五"期间，我国铁路取得了巨大成就。在整个"十二五"期间，铁路完成了 3.58 万亿元的固定资产投资，与"十一五"期间相比，增长了 47.3%，新线投产里程达到了 3.05 万公里，与"十一五"相比较，增长了 109%。截至 2015 年末，中国铁路网总里程达到 12.1 万公里；尤其是在高铁建设方面取得了巨大的成就，全国高铁运营里程达到 1.9 万公里，里程数位居全世界第一，占高铁总里程的 60% 以上。

"十二五"期间我国铁路网建设也取得重大突破。铁路网规模快速扩大。截至 2015 年底，中国 12.1 万公里的铁路总里程中："复线里程 6.4 万公里，

① 卢春房：《精心组织　科学管理　夺取"十二五"铁路建设全面胜利——在中国铁路总公司建设工作会议上的讲话（摘要）》，《中国铁路》2015 年第 2 期。

比'十一五'末增加2.7万公里，增幅72.9%；电气化里程7.4万公里，比'十一五'末增加3.2万公里，增幅76.2%"，复线率达到52.9%，比"十一五"时期末提高11.8个百分点；电气化率达到60.8%，比"十一五"时期末提高14.2个百分点；高速铁路运营里程超过1.9万公里，比"十一五"时期末增加1.4万公里，增幅达到272.55%。[1]

铁路网的完善自然会带来铁路运输能力的快速提升。"十二五"时期，国家铁路完成旅客发送量106亿人次，较"十一五"时期增长49.1%；完成货物发送量155亿吨，较"十一五"时期增长13.6%。其中高速铁路发挥了重要作用，2008年动车组发送旅客1.3亿人次，到2015年动车组发送旅客11.6亿人次，增幅接近800%。动车组列车旅客发送量占全路的比重由8.9%增长到46%；期间动车组列车单日最高发送旅客628万人次。截至2017年底，动车组累计旅客发送量已突破50亿人次，安全运行里程超过37.4亿公里。2015年动车组旅客发送量和周转量占世界高铁的比例分别为60%和65%。[2]

日益完善的铁路网和不断提高的运营能力对国民经济的促进作用也越发明显。首先，我国构建的新型铁路体系以高速铁路为主，而这极大地缩短了我国主要城市间的时空距离，便捷了我国人民的出行生活。其次，新建铁路的开通运营，特别是新建的高速铁路对沿线地区的交通便利水平起到极大的促进作用，这个作用在我国中部和西部地区尤为明显。例如，"十二五"期间新开通的高速铁路沿线的贵阳、南昌、南宁等城市的铁路通达程度得到了明显的提升，反观没有被高速铁路覆盖的中西部地区在这方面则出现了不同程度的下降。最后，铁路网络的通达性还与区域经济发展密切相关。改善铁路的通达性能够直接促进沿线地区的GDP增长和产业结构调整，并且推动第二、三产业的发展，降低第一产业在经济发展中的占比，促进社会资源和生产要素向第二、三产业流动，尤其是对第三产业的作用最为明显。[3]

---

[1]　周黎、郭树东、贾光智、王缪莹、曲云腾、肖增斌：《"十二五"期间铁路发展回顾》，《中国物流与采购》2018年第3期。

[2]　周黎、郭树东、贾光智、王缪莹、曲云腾、肖增斌：《"十二五"期间铁路发展回顾》，《中国物流与采购》2018年第3期。

[3]　徐翔、余巧凤：《"十二五"时期我国铁路网通达性变化及其对经济发展的影响》，《铁道经济研究》2018年第4期。

第五节　铁路开放加速冲刺：成立中国国家铁路集团

在 2000 年以前，铁路管理部门间断性地尝试着经济体制或管理体制的改革，大致从以下几个方面奠定了有力基础。

首先，逐步改善经营体制，从激发内生活力着手。推行以总收入、利润与工资分配挂钩为主要特征的经济承包责任制。铁路集体企业开始时基本上是按照全民企业的模式办的。集体企业的活动基本是听命于主办单位或主管部门的指挥，厂长是执行型的，企业缺乏自主权；分配上是吃大锅饭；企业职工缺乏主人翁意识。从 1983 年开始，一些铁路局在集体企业推行了经济承包责任制。这种经济承包责任制是以总收入、利润与工资分配简单挂钩为主要特征的，初步解决了分配上的平均主义。随着改革的逐步深入，由这种简单的挂钩形式发展到自上而下、上下结合，"包死基数，确保上交，超收多留，欠收自补"的经济承包责任制。在承包内容上也相应地增加了劳动生产率、安全生产等指标，兼顾国家、企业和职工三者利益，并且和厂长（经理）目标责任制结合起来，使企业发展目标按责、权、利相结合的原则，层层落实到个人，充分调动了各级干部和群众的积极性，推动了经济承包责任制的步步深入。这是目前集体企业较为普遍实行的一种形式。

其次，改革劳动和分配体制，逐渐重视技术人才和经营人才的作用。铁路集体企业职工的基本工资在改革前基本上是沿用了国营企业职工等级制的工资标准，而且主要是按工作年限评定工资，造成工作好坏、技术高低、简单工种与复杂工种一个样的局面，影响了职工的积极性。企业内部的分配关系必须进行改革。许多铁路局在改革企业经营形式的同时，用计件工资、全额分成工资、利润提成工资、包工工资、岗位工资、百元工资收入含量、联产计酬和计时加奖励等八种分配形式取代了原来的等级制工资形式。这些分配方法的一个共同特点是在分配原则中突出了竞争机制，谁的技术高，劳动数量多、质量好，收入就多，反之，收入就少，甚至连原来的基本工资数额也拿不到。这就治了懒汉，调动了职工多劳动争贡献的积极性。

最后，在小型、微利或亏损企业中试行租赁制。引进竞争机制，公开招标选拔经营者，依据出租企业的资产价值收取一定数量的租金，签订租赁经营合同，将企业的经营管理权在一定期限内完全让渡给承租者，由承租者自主经营企业。不少铁路局进行了这方面的试点，取得了一些成效。但由于物价上涨的影响，期初核定的企业资产价值，到租赁期末会发生很大变化，这对出租者是明显不利的。而且，租赁制有几个问题不好解决：一是租金基数和基数利润很难合理确定；二是承租人和集体企业职工的矛盾难以解决，往往调动了承租人的积极性，却调动不了企业中其他职工的积极性；三是承租人的短期化行为难以解决，往往出现拼设备、吃老本，搞掠夺性经营甚至违法经营的现象。而且，由于把经营权交给了承租人，平时不能干预，等出了问题时，再去纠正为时已晚，不可避免地给国有资产带来损失。

这些改革尝试，为铁路管理部门进行市场化和企业化改革积累了正反两方面的经验。

一　铁路管理部门的历史沿革

从 1949 年新中国成立至今，围绕中国铁路开放发展的核心问题始终是如何实现政企分离。新中国铁路之所以被称为"人民铁路"很大程度上是因为从其诞生之日起就承担了一定的"公益"属性，这种公益性似乎已经变成了社会主义新中国铁路的天然属性。但是从铁路本身而言，它负责的是国民经济的流通环节，所以其本身又具有"市场"属性。这两种截然不同的属性一直伴随着新中国铁路的发展。

纵观新中国铁路改革开放的全过程，有三个历史节点较为重要：1998年、2013 年和 2018 年。1998 年 3 月 10 日，第九届全国人民代表大会第一次会议通过了国务院机构改革方案。2013 年 3 月 14 日，第十二届全国人民代表大会第一次会议批准通过了《关于国务院机构改革和职能转变方案的决定》，正式撤销铁道部，成立中国铁路总公司。2018 年中央决定以中国铁路总公司为基础，改组成立中国国家铁路集团有限公司，完成了政企分离改革的顶层设计。

在 1949—1998 年这一阶段，在实施计划经济体制的大背景下，中国铁路逐步形成了政府机构设置的基本框架。而这种基本框架中，存在着政企不分、无法形成科学决策的投资体制，难以发挥市场在资源配置中的决定性作用等突出的弊端，容易造成责任不清、决策失误等问题。在这种政企不分的环境中，本属于企业的事务和职能被政府包揽，部门重叠，互相牵制，专业性差，办事效率低下。党的十四届三中全会制定了以公有制为主体，多种经济成分共同发展的方针，国有经济的规模不断增长壮大，企业的组织形式、运营模式都相应发生了很大变化，通过经济部门直接管理企业的原有体制，已经越来越不适应建立现代企业制度的要求。

1998 年，根据《第九届全国人民代表大会第一次会议关于国务院机构改革方案的决定》，国务院明确了组成机构改革的四条原则，具体如下：按照社会主义市场经济的要求，转变政府职能，实现政企分开；按照精简、统一、效能的原则，调整政府组织结构，实行精兵简政；按照权责一致的原则，调整政府部门的职责权限，明确划分部门之间职责分工，完善行政运行机制；依法治国、依法行政的要求，加强行政体系的法制建设。由上可知，实现政企分开是当时国务院机构改革的核心目标。①

在此背景下铁道部为加快铁路政企分开，推进机关机构改革，转变机关职能，确定了四项改革主线，即：有利于实现政企分开，转变政府职能，落实企业的市场主体地位；有利于政府机关精兵简政，提高行政效率；有利于优化人员结构和干部人事制度改革；有利于新时期铁路建设和改革两大任务的完成。经过研究，铁道部决定组建运输指挥中心（用于统筹管理"车机工电辆"等工作）和铁道部工程管理中心（用来理顺铁路建设管理体系）。这一轮改革取得了机关职能转变、职责进一步理顺、人员结构优化、人数进一步精简等成果。②

首先，铁道部将部门职责重新划分为三大类。第一类部门负责宏观设计规划全国铁路的发展，具体包括：规划铁路行业的发展，拟定相关战略、方针政策和法规；编制并且监督执行国家铁路规章制度；编制组织并指导实施国家铁路各项年度计划，开展合资铁路、地方铁路的相关建设计划；管理铁路建设行业，组织管理实施大中型铁路建设项目，进行行业相关信息统计工作；制定铁路行业技术政策、标准和管理法规，开展铁路技

---

① 《十五大以来重要文献选编》上，人民出版社，2000，第 242 页。
② 孙永福：《推进机构改革 转变政府职能 加快铁路政企分开步伐》，《铁道经济研究》1999 年第 1 期。

术监督；组织重大新技术、新产品的研究和成果鉴定，组织引进国外先进技术；研究制订国家铁路管理体制改革方案，指导和推动国家铁路企业深化改革。第二类部门负责履行作为国务院组成部门的管理职能，具体包括：管理国家铁路事业经费；负责全路建设基金和资金的安排使用；协调铁路工业产品价格；研究提出国家铁路运价意见，获批后负责具体实施方案的制订和监督执行。第三类部门负责管理铁路系统的内部事务，具体包括：宏观管理全国铁路的运输和调度指挥工作；培育并规范铁路运输市场；监督、检查国家铁路的安全生产和路风建设；组织管理国家铁路战备工作；管理国家铁路在人事、教育、机构编制、劳动工资、卫生防疫、环保节能、治安保卫等方面的工作；管理国家铁路的外事和对外经济合作交流工作；负责开展国家铁路系统的党建和思想政治工作，加强铁路职工队伍建设。[①]

以此为依据，铁道部重置了内设机构，其中包括职能司局12个，如办公厅、政策法规司、发展计划司等。保留政治部，其中办公室和组织部分别与办公厅和人事司合署办公。还设立纪律监察委员会（监察局）、全国铁道团委、直属机关党委等。铁道部部属企业32个，其中公司11个、铁路局14个、其他单位7个。铁道部部属事业单位32个，包含高校、医院、研究机构、出版社和报社等。

这是在整个国家从计划经济向市场经济转型背景下，铁道部主动改变"政企合一"模式的初步尝试，为铁路系统实现政企分开迈出了一大步。但是长期积累的历史包袱、特殊的行业属性、庞大的内部系统，以及铁路建设的系统性都决定了彻底打开铁路封闭系统不是短时期内能够完成的。我们仅从铁路职工人数这个指标就能直观感受到铁路系统的庞大。我国铁路职工人数的高峰是1990—1995年，常年维持在350万人左右。通过1998年机构改革后，铁路职工呈现逐年下降的趋势，到2010年下降到207万人。[②] 换言之，1998—2010年每年国民经济其他部门要多消化10万人左右的就业问题。单单就这一项改革就能用举步维艰来形容。所以在2008年国务院机构改革时，中央"考虑到我国铁路建设和管理的特殊性，保留铁道

---

① 汪乾庆：《铁道部改革后的职能配置和内设机构》，《中国铁路》1998年第9期。
② 中国国家铁路集团有限公司发展和改革部编《铁路统计指标手册（至2018年）》，内部资料，2019，第118页。

部。同时，要继续推进改革"①。因而未能按照"大部制"的改革思路将之与民航、公路等部门合并。尽管困难多、任务重，但国家要求和推动铁道部改革的决心从未动摇，围绕"政企分开"的铁路相关改革也一直都在进行。

2013年3月14日，《第十二届全国人民代表大会第一次会议关于国务院机构改革和职能转变方案的决定》被批准通过，铁道部正式撤销，实行铁路"政企分开"。决定由交通运输部统筹规划铁路、公路、水路、民航发展，加快推进综合交通运输体系建设。将铁道部"拟订铁路发展规划和政策"的行政职责划入交通运输部。而其他行政职责，如拟定铁路技术标准，监督管理铁路安全生产、运输服务质量和铁路工程质量等，由交通运输部下属国家铁路局承担。铁道部的企业职责，则由当时组建的中国铁路总公司承担，负责铁路运输统一调度指挥，经营铁路客货运输业务，承担专运、特运任务，负责铁路建设，承担铁路安全生产主体责任等。国家考虑到铁路仍处于建设发展重要时期，同时承担许多公益性任务，《国务院机构改革和职能转变方案》提出，继续支持铁路建设发展，加快推进铁路投融资体制改革和运价改革，建立健全规范的公益性线路和运输补贴机制，继续深化铁路企业改革。② 改革后，由中国铁路总公司统一进行铁路运输的调度指挥，以此实现全路集中统一管理，确保铁路运营秩序和安全，确保重要运输任务完成，不断提高管理水平，为人民大众提供安全、便捷、优质服务。

中国铁路总公司于2015年5月24日颁布了《关于深化铁路企业改革的意见》，确定了开展铁路企业改革的基本原则、思路和任务。该意见提出，将从六个方面深化铁路企业改革，具体包括：（1）从加强运行机制建设方面入手，全面激发企业发展活力；（2）以提升运输服务水平、加强市场竞争力为目标，深入推进铁路运输组织改革；（3）落实铁路投融资体制改革政策措施，以保障高效率、高质量完成铁路建设；（4）深化合资铁路管理改革，促进合资铁路规范有序运行；（5）提高铁路资源利用效率和效益，加强铁路资产的经营开发；（6）实施铁路"走出去"战略，提高铁路

① 《组建交通运输部 不再保留交通部、民航总局》，中国政府网，http：//www.gov.cn/2008lh/zb/0313d/content_916763.htm。
② 《十八大以来重要文献选编》上，中央文献出版社，2014，第223页。

企业国际竞争力。① 至此，中国铁路企业改革的大方向和主要方式基本形成，《中国铁路总公司关于深化铁路企业改革的意见》也成为进一步构建中国铁路现代企业制度的重要政策基础。

自铁道部成立以来，这次改革可以说是改革幅度最大的一次，将属于国务院组成部门的行政职能全部划转至其他部委。全面按照企业属性要求，中国铁路总公司重新定义其自身职能。然而这次改革依然留有未尽事宜，即作为一个企业如何对自身的内部管理架构重新构建，特别是中国铁路总公司与下属铁路局的定位与关系。

二 中国国家铁路集团有限公司诞生

2018 年 12 月 5 日，中国国家铁路集团有限公司正式完成更名登记，这代表了中国铁路总公司及其下属机构的一次市场化的系统升级，也代表了中国铁路企业改革的进一步深化。这一改革从铁道科学院等 17 家非运输企业改制开始。18 个属于原中国铁路总公司的铁路局也全部完成了工商变更登记，各铁路局先后改制为铁路局集团有限公司。改制后的公司作为铁路运输主体正式走向市场。从长远发展的角度来看，公司化治理结构的执行与优化，是中国铁路彻底摆脱传统的发展模式，建立现代企业制度的重大战略决策，公司制改革也成为中国铁路企业从传统的运输生产型转型升级为现代运输经营型的必然选择。

2019 年 6 月 14 日，财政部印发了《财政部关于中国铁路总公司公司制改革有关事项的批复》，将中国铁路总公司由全民所有制企业改制为国有独资公司，改制后名称为"中国国家铁路集团有限公司"（简称"国铁集团"），由财政部代表国务院履行出资人职责。根据财政部批复的《中国国家铁路集团有限公司章程》，中国国家铁路集团有限公司是国有独资公司，承担国家规定的铁路运输经营、建设和安全等职责。经国务院批准，中国国家铁路集团有限公司为国家授权投资机构和国家控股公司。经营范围包含六大类：铁路工程建设及相关业务；铁路客货运输及相关服务业务；铁路专用设备及其他工业设备的制造、维修、租赁等业务；铁路物资购销、物流服务、对外贸易等业务；铁路土地综合开发、金融业务、互联

---

① 韩江平主编《中国铁道年鉴 2015》，《中国铁道年鉴》编辑部，2016，第 67 页。

网信息、卫生检测与技术服务；国务院或主管部门批准或允许的其他业务。由此可见，不属于企业的非经营性职能已经全部取消。

同时，中国国家铁路集团有限公司按照企业化运作，对标市场化公司管理模式，设立董事会负责公司日常经营事务。董事会由 11 名成员组成，董事长为公司法定代表人，其中职工董事 1 人。公司外部董事由财政部派出，职工董事由公司职工代表大会等民主选举产生。董事会设董事长 1 人；根据工作需要，可设立副董事长 1 人。董事会职权一共包含十四条，包含：执行出资人的决定，接受财政部的指导和监督，保障公司和董事会的运作依法规范；制订公司中长期发展战略规划；决定公司的经营计划和投融资方案等。以现代企业经营模式为标准，中国国家铁路集团有限公司还设有经理层和监事会。经理层设总经理 1 人，总经理兼任董事或者副董事长，副总经理、总会计师共 5 人。公司设总工程师、总经济师、总调度长、安全总监、总法律顾问各 1 人。

2019 年中国国家铁路集团有限公司改革的其中一个较大突破是重新梳理了同下属铁路局集团公司的关系。2019 年 10 月 28 日，国铁集团下发了《关于明确国铁集团对铁路局集团公司管理关系的规定》，明确了国铁集团和铁路局集团公司的职能定位，即：铁路局集团公司是依据《公司法》设立、由国铁集团出资的子公司。国铁集团与铁路局集团公司是以资本为纽带的母子公司关系和平等的民事法律关系主体，均为独立的公司法人，均享有独立的法人财产权。

同时，该规定还明确了两级公司的不同职能定位。国铁集团是铁路局集团公司的出资人，作为国铁企业总部，是资本投资型公司；主要履行国家赋予的出资人、铁路运输统一调度指挥、安全管理、建设管理、铁路行业运输收入清算和收入进款管理、党的建设等职能；主要以服务国家战略、优化国铁资本布局、提升产业竞争力为目标，以对铁路战略性核心业务控股为主，开展投融资、产业培育、资本运作和参与国际竞争等，培育铁路核心竞争力和创新能力，确保国有资产保值增值，提升国铁资本控制力、影响力。而铁路局集团公司则是国铁集团的子公司，是资产经营型公司；主要从事铁路运输服务和多元化经营业务；承担安全生产、市场经营、队伍建设和国有资产保值增值的主体责任，是自主经营、自负盈亏、自担风险、自我约束、自我发展的市场主体；负责管好用好区域内铁路和资源，实现国铁集团和铁路局集团公司发展目标。

本次改革的一个亮点是划分了国铁集团和铁路局集团公司的不同权责，按照现代企业管理制度赋予不同的功能。《关于明确国铁集团对铁路局集团公司管理关系的规定》从三个层面划定了国铁集团的职责。

一是国家赋予的职责。就此而言，国铁集团的主要职责由五个方面构成：（1）负责铁路运输统一调度指挥，统筹调配路网性运力资源，维护铁路运输秩序和整体效率效益，承担路网运输组织主体责任。（2）负责监督检查铁路运输、工程建设、设备质量、运营商品、从业人员劳动、网络和信息化等方面的安全管理，组织反恐防暴和系统性重大安全隐患整治，按照国家规定权限实施铁路安全事故调查处理或配合国家组织的事故调查处理，负责与铁路安全监督管理部门协调联系。（3）负责研究提出铁路发展规划建议及国家铁路网建设和筹资方案建议，拟订铁路投资建设计划，统筹铁路建设项目前期工作，管理建设项目，对重大项目实施建设专业化管理。（4）负责铁路行业运输收入清算和收入进款管理，统一制定涉及清算及进款管理的相关制度办法，承担铁路运输企业日常清算工作。（5）相关法律法规赋予的其他职责。

二是根据现代企业经营理念规定的出资人的职责。这部分也是国铁集团的主要职责，由十个部分构成。主要是组织贯彻执行国家政策和法律法规；制订国铁集团中长期发展战略规划，统筹组织国铁企业战略性经营活动以及其他重大事项。另外还负责统一管理外事工作的重大事项，落实国家"一带一路"建设部署，组织协调铁路"走出去"工作，推进重大国际科技合作交流、重要设备和技术引进工作。

三是尊重我国"人民铁路"的特殊属性，增加了国铁集团需要承担的社会责任一项。贯彻国家战略部署，组织落实国家规定的公益性运输以及关系国计民生的重点物资和军运、特运、专运、抢险救灾等重点运输任务。组织落实铁路建设扶贫、运输扶贫、定点扶贫工作，统筹管理国铁企业节能环保工作。

与此对应的，铁路局集团公司的职责也由两大类构成：第一类是需要报请出资人审定的事项，例如铁路局集团公司的年度财务预算、决算方案，利润分配方案和弥补亏损方案；制订铁路局集团公司重大项目和境外项目投资、重大土地综合开发、资本运营等方案。第二类是铁路局集团公司董事会能够决策的事情，例如制定铁路局集团公司发展战略和发展规划；决定除国铁集团审批以外的重点投资项目，制订年度运输计划、资产经营开发计划，制订权限额度内的基本建设投资计划、运输设施设备大修投资计划、装备投资计划、技术改造投资计划等重要经营计划。

除此之外，铁路局集团公司还需要承担一定的社会责任，即按照国铁集团的部署要求，承担落实国家规定的公益性运输及关系国计民生的重点物资和军运、特运、专运、抢险救灾、春暑运等重点运输任务，组织落实铁路建设扶贫、运输扶贫、定点扶贫工作，统筹管理本公司节能环保工作。

为了进一步厘清铁路局集团公司与自身下属单位的关系，国铁集团还要求铁路局集团公司积极落实市场主体地位，加快转变经营机制，努力拓展市场，规范对所属运输站段、非运输企业的管理关系。总体而言，中国国家铁路集团有限公司的筹建遵循了两项基本原则，一是完全按照严格的现代企业经营管理制度制定公司的内部架构，并作为市场主体参与市场竞争，剔除了所有非企业职能。二是遵循了我国铁路的特殊情况，在国铁集团和铁路局集团公司的职能中都明确赋予了必须承担的社会责任。可以说，本轮改革符合了我国基本国情和"人民铁路"的特殊属性。

第六章　中国共产党铁路政策的成效评析

第一节　对马克思主义基本原理的丰富和发展

一　丰富了马克思主义的人民主体思想

一切为了人民是唯物史观的根本观点。"人民，只有人民，才是创造世界历史的动力。"[①] 马克思人民主体思想以人的解放为逻辑主线。在寻求政治解放的过程中，马克思以宗教和黑格尔国家观为批判对象，着重阐发了人民是国家权力主体的思想，认为人民主权需要民主制来维系。在实现社会解放的过程中，马克思认为异化劳动是产生世俗束缚的根源，"感性的对象性活动"是劳动对于人的本来意义，着重表达了人民在劳动生产和历史发展中的主体地位。以人的解放为逻辑主线，人民主体应真实展现于政治生活和社会生活的统一中。[②] 因为人民群众是历史活动和发展中的主体，这就决定了无产阶级的各项制度必须坚持一切为了人民。人民群众既是物质资料生产活动的主体，又是人类精神生产活动的主体，更是社会历史变革的主体。一切为了人民是中国共产党根本宗旨的集中体现。无论是进行革命斗争还是开展新中国的建设，中国共产党始终坚持一切为了人民，充分相信群众、依靠群众，注重发挥群众的主动性、积极性和创造性。1949 年 7 月毛泽东在会见全国铁路职工临时代表会议暨全国机务会议

---

① 《毛泽东选集》第 3 卷，人民出版社，1991，第 1031 页。
② 张雷：《马克思人民主体思想的逻辑主线及其当代启示》，《理论学刊》2020 年第 5 期。

全体与会代表的时候发表了《依靠群众办好铁路建设事业》的重要讲话，指出：在新中国的铁路建设中"不管是老干部还是新干部，都要懂得依靠群众、重视群众"①。面对建设社会主义国家的艰巨任务，毛泽东始终强调要调动一切积极因素为社会主义事业服务。

北起江西省鹰潭、南至福建省厦门的鹰厦铁路，全长694公里，横跨福建全省，是中国东南沿海重要的铁路干线。鹰厦铁路的修建是以毛泽东同志为主要代表的党的第一代中央领导集体贯彻多党合作、民主协商，调动各方面积极性建设社会主义的一个实例。新中国成立之前，地处东南沿海的福建省境内没有一条铁路，交通不便严重制约了该省的经济社会发展。1950年闽籍爱国华侨陈嘉庚在全国政协一届二次会议上提出了修建福建铁路的建议。该建议得到了毛泽东、周恩来的理解和重视。毛泽东在与铁道部商量之后将"一五"期间修建铁路的计划进行调整，推迟已经纳入规划建设的湘潭至韶山铁路，优先建设鹰厦铁路。鹰厦铁路于1955年2月动工兴建。闽赣两省组织11万多民工与铁道兵8个师共同施工，在高峰期参加筑路的军民总人数达到20多万人。全体筑路人员以"叫高山低头、河水让路"的英雄气概奋力拼搏，开展劳动竞赛；在施工装备落后的情况下，发动群众提合理化建议，攻克一个个重难点工程。鹰厦铁路于1956年12月竣工通车，1957年12月验收交付运营，比原计划提前了一年。1958年11月鹰厦线连通福州的外福线也相继通车。鹰厦铁路改变了福建没有铁路的历史，将厦门与内地连接起来，不仅改善了福建境内的交通运输条件，促进了福建省经济的发展，而且在政治和军事上也具有重大意义。

西藏作为中国的边疆民族地区，加快西藏地区的发展不仅在国防安全上有重要意义，而且在促进少数民族发展、民族交流上都具有重要的意义。进藏铁路作为连通西藏与内地的纽带，在加快西藏地区发展中占据重要的地位。1994年7月15日，在中央召开第三次西藏工作座谈会前夕，江泽民接见了时任西藏自治区政府主席的多杰才旦和曾任西藏自治区党委第一书记的阴法唐。江泽民在听取了多杰才旦和阴法唐关于修建青藏铁路的提议后"很重视，指示铁道部做好相关准备工作"②。在几天后召开的第

① 《毛泽东年谱（1893—1949）（修订本）》下，中央文献出版社，2013，第530页。
② 阴法唐：《青藏铁路建设的决策》，《党建》2010年第1期。

三次西藏工作座谈会上，江泽民指出，"西藏发展的重点要放在加强农牧业，搞好交通、能源、通讯等基础产业和基础设施上"，要求"进藏铁路的论证和勘探工作要继续进行"。① 2000 年 2 月，江泽民在听取"十五"期间大项目建设计划汇报时发现青藏铁路项目没有列入计划，随即指示铁道部要做好进藏铁路的相关准备工作；事后，铁道部先后派出副部长蔡庆华、孙永福带队进藏进行实地考证。② 同年 11 月 10 日，江泽民在铁道部关于修建青藏铁路的汇报材料上作了长达 3 页的批示，指出"应该下决心尽快开工修建进藏铁路，这是我们进入新世纪应该做出的一个重大决策"。同时江泽民把进藏铁路的修建上升到党在 21 世纪的"重大决策""政治决策"的高度，强调指出，"无论从经济发展、政治稳定和国防安全，还是从促进民族团结，更有力地打击达赖集团的民族分裂主义活动"等方面考虑，修建进藏铁路都是"十分必要"和"非常有利的"。此外，江泽民还针对进藏铁路的修筑技术、运营问题特别嘱咐，"加强对冻土地区的工程地质应用性勘探、研究和试验。对青藏高原铁路的运输、管理、维修模式也应该事先有比较完善的预案"。③

二　丰富了马克思主义科学决策的方法论

在《德意志意识形态》中，马克思、恩格斯的共产主义观集中体现了马克思科学性与价值性相结合的方法论特征通过实践辩证法得到统一。一方面，马克思、恩格斯对共产主义社会进行了理论展望，例如，消灭了异化，废除了旧式不合理的分工，实现了物质生活与自主活动的统一，个人发展与共同体发展实现统一等等。但另一方面，共产主义又是现有不合理社会的必然要求和产物。资本主义社会使异化登峰造极，使人类受着市场偶然性的制约，沦落为偶然性的个人，大多数人陷入贫穷，并与有钱有教养的资产阶级世界对立，生产力变成破坏性的力量。与此同时，资产阶级社会又通过分工、交往的普遍性、世界历史的形成，为共产主义的实现创造着物质基础、交往条件和人性前提。因此马克思、恩格斯认为"共产主义对我们来说不是应当确立的状况，不是现实应当与之相适应的理想。我

① 《江泽民文选》第 1 卷，人民出版社，2006，第 392 页。
② 阴法唐：《青藏铁路建设的决策》，《党建》2010 年第 1 期。
③ 《江泽民文选》第 3 卷，人民出版社，2006，第 136、137 页。

们所称为共产主义的是那种消灭现存状况的现实的运动。这个运动的条件是由现有的前提产生的"①。由此可见，在《德意志意识形态》中，科学性分析与价值性判断已经作为马克思主义方法论的本质特征确立下来，并因此成为马克思主义的一条哲学原则。随着马克思经济学研究的推进，科学性分析与价值性判断通过马克思对资本主义生产方式的剖析不仅被微观化，而且得到实际的运用。马克思通过对资本主义生产方式所具有的消极面和文明因素两个方面的阐述，深刻论述了资本主义生产方式本身所蕴含的解放因素，为共产主义社会的实现提供了科学论证，娴熟地将科学性分析与价值性判断有机结合起来运用到了对资本主义生产方式的内在剖析中。②

新中国成立伊始，为了改变交通运输落后的局面，中央设立了交通部和铁道部负责指导全国交通的恢复和发展。毛泽东多次强调铁路是"先行官"，要为国民经济的恢复和发展开道。"先行官"即表明铁路是国民经济的先行部门，所以国民经济恢复和建设的重点应该放在铁路建设上。在经济恢复时期周恩来就明确指出，"中央人民政府的经济投资，将着重用在发展工农业所首先需要的水利事业、铁道事业和交通事业方面"。③在国民经济恢复时期和"一五"时期，国家用于铁路基本建设的投资分别为11.34亿元和62.89亿元，占全国基本建设投资总额的14.47%和11.44%。④

按照现代综合交通运输体系的概念，完整科学的交通运输体系必须有各种交通运输方式的协调组合。在"二五"计划的制定过程中，周恩来提出要增强运输能力必须以铁路为重点，但是也要"相应地进行全国运输网和通讯网的建设"；要注意地区协调发展，加强"西北和西南两个地区的铁路、公路的建设"，加强"沿海、长江的港口的建设"；要求运输和邮电

① 《马克思恩格斯选集》第1卷，人民出版社，2012，第166页。
② 赵义良、王萌苏:《马克思方法论本质特征的历史演进与理论内涵》，《中共中央党校学报》2015年第4期。
③ 《周恩来选集》下卷，人民出版社，1984，第46页。
④ 《全国铁路历史统计资料汇编（1949—2006）》，铁道部统计中心，2008，第224页；《中华人民共和国发展国民经济的第一个五年计划（1953—1957）》，人民出版社，1955，第23页；国家统计局编《伟大的十年——中华人民共和国经济和文化建设成就的统计》，人民出版社，1959，第38页。

部门根据上述要求"分别轻重缓急，进行全面规划"以保证完成"二五"计划中关于运输、邮电方面的各项任务。① 周恩来还特别强调铁路虽然重要，但是必须稳步推进，尤其是铁路、公路等交通基础设施建设领域，他强调修建铁路"不是一二年的问题，也不是三五年的问题"②，是一个长时间的问题，我们要从实际出发、量力而行。

以习近平同志为核心的党中央以协调发展理念为指导，为解决国内东部、中部、西部地区经济发展不平衡以及城乡发展不平衡问题，提出构建现代综合交通运输体系支撑国内经济协调发展的思想。

区域和城乡发展之间的不协调、不平衡问题是我国经济社会发展面临的一大难题。解决发展中的不平衡和不充分的问题是我国全面建成小康社会、实现两个一百年奋斗目标的必然要求。为了推动区域、城乡协调发展，中国提出构建现代综合交通运输体系，加强区域、城乡间的互联互通，以此来带动区域的发展。

习近平在 2014 年 12 月 9 日的中央经济工作会议上指出，西部一些地区如果"与周边国家实现了互联互通，就会成为辐射中心"，迎来发展的机遇。③ 2015 年 10 月，习近平在党的十八届五中全会第二次全体会议上的讲话中指出，缩小城乡区域发展差距，既要缩小国内生产总值总量和增长速度的差距，还要"缩小居民收入水平、基础设施通达水平"等方面的差距。④ 2017 年 2 月 23 日习近平在河北省安新县进行实地考察，主持召开河北雄安新区规划建设工作座谈会时讲话指出，在雄安新区的规划建设中要做好交通建设的顶层设计，"构建快捷高效交通网，打造绿色交通体系"。⑤

自然条件等方面的因素叠加交通基础设施薄弱、交通发展落后等各式各样的原因，共同造成了区域经济发展不平衡。由于交通运输发达，大量人口和资本加速流向生产中心和市场。高速铁路已成为区域经济协调发展的助推器，其发展能够使生产力区域分布摆脱自然地域条件的限制，为加强区域经济协调发展提供可靠依据。以习近平同志为核心的党中央以构建

---

① 《中共中央文件选集（一九四九年十月～一九六六年五月）》第 24 册，人民出版社，2013，第 203、204 页。
② 《周恩来经济文选》，中央文献出版社，1993，第 60 页。
③ 《习近平谈治国理政》第 2 卷，外文出版社，2017，第 236 页。
④ 《习近平谈治国理政》第 2 卷，外文出版社，2017，第 81 页。
⑤ 《习近平谈治国理政》第 2 卷，外文出版社，2017，第 238 页。

现代综合交通运输体系为抓手支撑区域协调发展，并推动实现京津冀协同发展战略、长江经济带发展战略和深入实施西部大开发、东北振兴、中部崛起、东部率先的区域发展总体战略。习近平始终坚持交通运输在国民经济中的基础性、先导性和战略性地位，高度重视交通基础设施建设在推动地区经济社会发展中的重要作用，强调交通建设的统筹规划、多种交通运输方式的有机衔接，重视边缘地区、西部地区与周边国家的互联互通。因此，在新发展理念下的现代化交通运输体系建设，要把推进供给侧结构性改革和实施国家重大战略相结合，突出构建综合交通运输体系的协调性、科学性和现代性。

在统筹兼顾的科学决策的视域下，一方面，把综合交通运输体系建成为世界一流的立体化的综合交通运输网络，就要遵循安全、便捷、高效、绿色、经济的交通理念，发展多种交通运输方式。其根本重点在于建成衔接高效、互联互通的运行机制。为满足人民日益增长的高质量交通需求，现代综合交通运输体系应着眼于优化综合交通枢纽空间布局。另一方面，根据不同的区域特点、发展目标等构建不同的特色交通体系。例如，解决京津冀交通一体化建设滞后问题，实现"人流、物流、信息流一体化"①的目标。推动长江经济带发展要"坚持生态优先、绿色发展"的战略定位②。

三　坚持了马克思主义实事求是的基本立场

实事求是马克思主义的精髓，是中国共产党的根本思想路线和工作路线。毛泽东同志运用"实事求是"这一中国话语高度概括了马克思主义的世界观和方法论，并在现实实践中将其上升为中国共产党的思想路线，作为中国共产党人认识世界和改造世界的根本要求，成为党带领人民推动实现各项事业成功的重要思想武器。③正如习近平总书记所明确指出的："实事求是，是马克思主义的根本观点，是中国共产党人认识世界、改造世界的根本要求，是我们党的基本思想方法、工作方法、领导方法。不论过去、现在和将来，我们都要坚持一切从实际出发，理论联系实际，在实践

---

① 《习近平关于社会主义经济建设论述摘编》，中央文献出版社，2017，第253页。
② 《习近平关于社会主义经济建设论述摘编》，中央文献出版社，2017，第268页。
③ 董振华、谷耀宝：《论实事求是的思想路线》，《理论学刊》2020年第5期。

中检验真理和发展真理。"①

　　1978年12月党的十一届三中全会作出了把全党工作重点转移到社会主义现代化建设上来的战略决策，开启了改革开放的新征程。这是新中国成立以来党的历史的伟大转折，也是铁路工作从徘徊走上前进道路的新起点。邓小平在改革开放和现代化建设的总体设计中一直把铁路建设作为发展的战略重点，为中国铁路的创新发展作出了新的贡献。

　　一是强调交通运输、铁路建设在国民经济发展中的重要性和优先地位。"文革"结束之后邓小平复出，他出访的第一个国家是日本。日本的新干线让他印象深刻，进一步加强了他重视交通建设的思想。邓小平立足中国改革开放、社会主义现代化建设的全局，多次明确指出，"整个经济发展的战略，能源、交通是重点"②。他反复强调要把铁路交通先搞起来，要优先发展铁路。1989年6月，邓小平特别向第三代中央领导集体"建议组织一个班子，研究下一个世纪前五十年的发展战略和规划，主要是制定一个基础工业和交通运输的发展规划"③。邓小平的观点，即以铁路为代表的交通运输业在国民经济发展全局中具有先导性和基础性的作用，奠定了铁路在实现我国现代化"三步走"发展战略中的基础地位和先行官地位。

　　二是提出利用外资加快铁路建设的新思路。改革开放初期铁路建设受到资金短缺的严重制约。为了解决这个问题，邓小平提出"宁肯借债，也要加强"交通投资的思路，指出"借点外债"用于交通、能源建设"也叫改革开放"④。在利用外资加强铁路建设思想的指导下，从1979年到1995年末，我国铁路使用日本政府贷款共3批，约22.68亿美元，世界银行贷款共7批，约20.3亿美元，亚洲银行贷款2亿美元。另外，还使用德国政府贷款1亿美元，澳大利亚政府贷款1500万美元。以上总计为46.13亿美元。⑤外资有力地缓解了铁路建设资金不足的问题，加快了铁路建设，有力地推动了国民经济的发展。

① 《习近平谈治国理政》，外文出版社，2014，第25页。
② 《邓小平文选》第3卷，人民出版社，1993，第17页。
③ 《邓小平文选》第3卷，人民出版社，1993，第312页。
④ 《邓小平文选》第3卷，人民出版社，1993，第307、308页。
⑤ 杨荣林：《扩大利用外资加速铁路发展》，载中国交通年鉴社编辑《中国交通年鉴1996》，中国交通年鉴社，1996，第131页。

党的十八大以来，习近平总书记站在全面建成小康社会、实现中华民族伟大复兴中国梦的战略高度，把脱贫攻坚摆到治国理政的突出位置，提出了构建现代综合交通运输体系助力精准扶贫的思想，这是交通基础设施建设的重大理论创新。交通基础设施建设是扶贫开发和脱贫攻坚的基础性、先导性条件。加快实施交通扶贫脱贫攻坚是实现精准扶贫、精准脱贫的先手棋，是破解贫困地区经济社会发展瓶颈的关键，也是扩大内需、促进交通运输自身发展的重要举措。在我国构建现代综合交通运输体系助力精准扶贫有其独特的优势。我国建立的是以公有制为主体的社会主义基本经济制度，在交通运输领域坚持国有经济为主导，由国有资本控制交通运输等国民经济命脉，而国有资本与广大人民群众追求的价值目标一致，从而为脱贫攻坚奠定了制度性的基础。中国现代综合交通运输体系的建设和发展，对改善贫困地区生产方式、生产关系，推动生产力的发展发挥了基础支撑作用。

2015年11月中共中央、国务院颁布了《中共中央、国务院关于打赢脱贫攻坚战的决定》，强调要加强贫困地区基础设施建设，加快破除发展瓶颈制约，提出"推动国家铁路网、国家高速公路网连接贫困地区的重大交通项目建设，提高国道省道技术标准，构建贫困地区外通内联的交通运输通道。大幅度增加中央投资投入中西部地区和贫困地区的铁路、公路建设，继续实施车购税对农村公路建设的专项转移政策，提高贫困地区农村公路建设补助标准，加快完成具备条件的乡镇和建制村通硬化路的建设任务，加强农村公路安全防护和危桥改造，推动一定人口规模的自然村通公路"的任务要求。①

2017年2月3日，国务院印发《"十三五"现代综合交通运输体系发展规划》，强调要突出发挥交通运输对"脱贫攻坚的支撑保障"作用，"强化贫困地区骨干通道建设""夯实贫困地区交通基础，实施交通扶贫脱贫'双百'工程"。《铁路"十三五"发展规划》强调要进一步地加强铁路基础设施网络建设，"把有效支撑精准扶贫、精准脱贫放在突出位置，加强革命老区、民族地区、边疆地区、贫困地区铁路对外运输通道建设，提升

---

① 《十八大以来重要文献选编》下，中央文献出版社，2018，第61页。

铁路服务水平和覆盖程度"。①

第二节 建设成效

一 从瓶颈制约到基本适应

新中国成立以来，我国铁路发展始终面临的主要矛盾是运量与运力的矛盾。多年来，铁路发展规模和速度与国民经济发展需要不匹配，成为制约经济社会发展的瓶颈，即运力与运量供需矛盾。经过改革开放40多年的努力，这一矛盾逐步消除，铁路发展基本适应了国民经济发展的客观需要。本书选取数个2018年铁路发展主要指标与1990年相比较，以说明铁路自身的发展水平（见表6-1）。

表6-1 2018年中国铁路发展主要指标

年份	客运量（万人次）	客运周转量（亿人公里）	旅客平均行程（公里）	货运量（万吨）	货运周转量（亿吨公里）
1990	94888	2610.11	275	146209	10601.2
2018	331740	14063.99	424	319060	25800.96
增幅	249.6%	438.8%	54.1%	118.2%	143.4%

资料来源：中国国家铁路集团发展和改革部编《铁路统计指标手册》（内部资料）。

本书将2019年与2018年的各项主要指标相对比，由其中增速说明铁路发展情况已经与同时期GDP增速相匹配（2019年GDP增速为6.11%）。

首先是旅客运输量。2019年全国铁路旅客发送量为366002万人次，比2018年增加2.85亿人次，同比增长8.4%，其中，国家铁路旅客发送量357860万人次，比2018年增长7.9%。2019年全国铁路旅客周转量完成14706.64亿人公里，比2018年增加560.06亿人公里，增长4.0%，其中，国家铁路旅客周转量为14529.55亿人公里，比2018年增长3.3%（见表6-2）。②

---

① 《关于印发〈铁路"十三五"发展规划〉的通知》，中国政府网，www. gov. cn/xinwen/ 2017 - 11/24/content_5242034. htm。

② 国家铁路局编《2019年铁道统计公报》。

表 6 - 2　全国铁路旅客运输量

指标	2019 年	比 2018 年增长
全国铁路旅客发送量	366002 万人次	8.4%
国家铁路旅客发送量	357860 万人次	7.9%
全国铁路旅客周转量	14706.64 亿人公里	4.0%
国家铁路旅客周转量	14529.55 亿人公里	3.3%

资料来源：国家铁路局编《2019 年铁道统计公报》。

其次是货物运输量。2019 年全国铁路货运总发送量为 438904 万吨，比 2018 年增加 2.96 亿吨，增长 7.2%，其中，国家铁路完成 344010 万吨，比 2018 年增长 7.8%。2019 年全国铁路货运总周转量完成 30181.95 亿吨公里，比 2018 年增加 1254.11 亿吨公里，增长 4.3%，其中，国家铁路完成 27009.55 亿吨公里，比 2018 年增长 4.7%（见表 6 - 3）。①

表 6 - 3　全国铁路货物运输量

指标	2019 年	比 2018 年增长
全国铁路货运总发送量	438904 万吨	7.2%
国家铁路货运总发送量	344010 万吨	7.8%
全国铁路货运总周转量	30181.95 亿吨公里	4.3%
国家铁路货运总周转量	27009.55 亿吨公里	4.7%

资料来源：国家铁路局编《2019 年铁道统计公报》。

最后是路网建设。2019 年全国铁路固定资产投资总额为 8029 亿元，投产新线 8489 公里，其中高速铁路 5474 公里。全国铁路营业里程在 2019 年末达到 13.9 万公里，其中，高速铁路营业里程总规模达到 3.5 万公里；复线里程 8.3 万公里，复线率为 59.0%；电气化里程首次突破 10.0 万公里，电气化率为 71.9%；西部地区铁路营业里程 5.6 万公里（见图 6 - 1）。全国铁路路网密度为 145.5 公里/万平方公里。②

二　技术装备从跟跑到领跑

我国的高速铁路系统技术加快发展。几十年来，我国在高速铁路的发展中不断进行自我探索与技术积累。2004—2007 年是我国高铁引进国外技

---

① 国家铁路局编《2019 年铁道统计公报》。
② 国家铁路局编《2019 年铁道统计公报》。

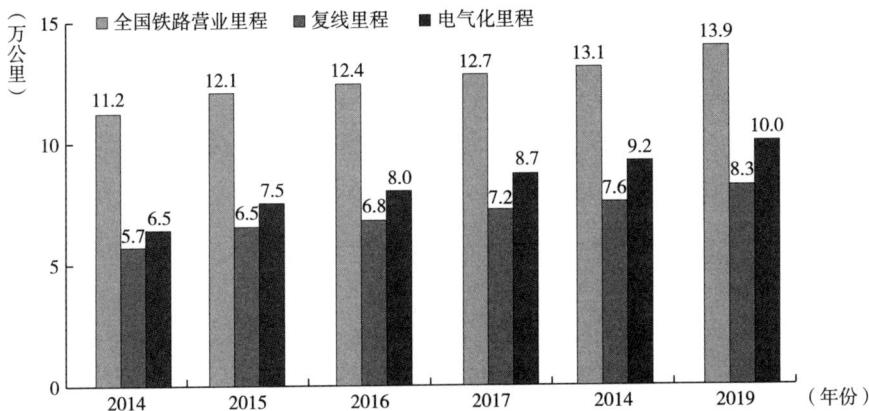

图 6 - 1　2014—2019 年全国铁路营业里程、复线里程、电气化里程
资料来源：国家铁路局编《2019 年铁道统计公报》。

术与消化吸收的阶段。在此阶段我国通过两轮大规模引进，成功获得了日本、法国、德国的高铁技术，不断进行技术积累，增强了我国铁路的自主设计能力，同时增强了来图制造能力，逐步实现追上世界先进水平的目标。2008—2010 年是我国高铁技术的自主创新阶段，这一阶段，我国以修建京沪高铁为代表的系列高速铁路为中心。2008 年铁道部与科技部签署了《中国高速列车自主创新联合行动计划合作协议》，提出研制新一代时速350 公里以上的高速列车。该计划的出台标志着我国高铁装备进入自主创新阶段。为实现我国高铁的宏伟目标，我国还通过国家科技支撑计划项目将企业、高校、科研院所、重点实验室和工程研究中心组织结合起来，充分发挥了举国体制的优势，将精力放在突破关键技术、生产重点产品和零部件上。由我国研制的 CRH380 系列动车组，至今仍然是我国高铁运营的主力车型。我国高速铁路技术领先主要体现在以下几个方面。

首先是领跑全球的路网规模。"四纵四横"铁路网在我国全面建成运营，营业里程快速增加。截至 2018 年底，我国铁路营业里程达到13.1 万公里，比 1949 年增长了 5 倍。高速铁路的发展更是飞速，实现了从无到有、从有到强的飞跃。高速铁路的营业里程更是占全世界高速铁路里程的 2/3，位居世界第一，达到 2.9 万公里。[1]

---

[1]　谢毅、寇峻瑜、姜梅、佘浩伟：《中国铁路发展概况与技术展望》，《高速铁路技术》2020 年第 1 期。

其次是机车车辆组谱系完整。速度在 160 公里/小时及以下的客运机车有内燃机车、电力机车。客车有 22 型、25 型车辆，以及动力集中式动车组 CR200。速度在 200—300 公里/小时动车组有：CRH1、CRH2、CRH3、CRH5、CR300 等。速度在 300 公里/小时以上的动车组有：CRH380A、CRH380B、CRH380C、CRH380D、CR400 等。

最后是高速铁路复兴号动车组技术世界领先。中国复兴号动车组拥有八大技术优势：（1）我国高铁整体设计及车体、转向架、牵引等关键技术在世界上处于领先地位。（2）在 254 项重要标准中，中国标准占 84%。（3）速度覆盖范围更广。如 350 公里/小时等级的 CR400，250 公里/小时等级的 CR300，160 公里/小时等级的 CR200。（4）使用寿命更长。复兴号设计使用寿命 30 年（和谐号设计使用寿命为 20 年）。（5）车身设计更佳。相比既有的 CRH380 系列，复兴号列车阻力降低了 7.5%—12.3%，人均百公里能耗下降 17% 左右。（6）安全性更高。复兴号全车部署了 2500 多项实时监测点，采集车辆各种状态信息 1500 多条，并能根据既定安全设置实现列车自动报警或预警，自动采取限速或者停车等防护措施。（7）乘车舒适度更高。复兴号不仅增加了座位的间距，完善了空调系统，还考虑了车外压力波造成旅客耳部的不适等问题并加以改善。（8）技术集成度更高。采用来源于不同厂家的零部件，采用不同技术规范和图纸进行生产，动车组能够统一列车零部件标准，实现零部件的互换，进行重联运行和完全一致地控制操作。

整体来看，我国铁路的自主发展能力与核心竞争力不断增强，总体技术水平进入世界先进行列。中国铁路以高速、高原、高寒、重载为发展主体，对工程建造、装备制造、系统集成进行不断创新，最终形成涵盖高速铁路、城际铁路、客货共线铁路、重载铁路的完整铁路技术体系。①

---

① 谢毅、寇峻瑜、姜梅、佘浩伟：《中国铁路发展概况与技术展望》，《高速铁路技术》2020年第 1 期。

结　语

　　70多年来中国铁路在中国共产党的领导下取得了举世瞩目的辉煌成就，完成了从弱到强、从线到网的发展历程，实现了从跟跑到并跑，从并跑到领跑的弯道超车，用数十年的时间超越了西方发达国家近两个世纪的技术积累，充分彰显了社会主义制度发挥"后发优势"的制度优越性。在本书最后，再以马克思主义的观点和方法研究其中带来的历史经验和现实启示。

一　中国共产党领导下的人民铁路彰显的制度优势是什么？

　　习近平总书记指出："中国共产党领导是中国特色社会主义最本质的特征，是中国特色社会主义制度的最大优势""制度优势是一个国家的最大优势，制度竞争是国家间最根本的竞争。制度稳则国家稳。新中国成立70年来，中华民族之所以能迎来从站起来、富起来到强起来的伟大飞跃，最根本的是因为党领导人民建立和完善了中国特色社会主义制度，形成和发展了党的领导和经济、政治、文化、社会、生态文明、军事、外事等各方面制度，不断加强和完善国家治理""制度优势是一个政党、一个国家的最大优势""我们党是吃过制度不健全的亏的。党的十八大以来，党中央坚持制度治党、依规治党，努力构建系统完备、科学规范、运行有效的制度体系，把全面从严治党提升到一个新的水平"。①

---

① 《习近平谈治国理政》第3卷，外文出版社，2020，第181、119、543页。

中国共产党领导下的"人民铁路"之所以能取得骄人成绩，其根本原因是在实践中形成了一套科学完备、与时俱进的制度体系。从党的领导制度来看，形成了"党政军民学，东西南北中，党是领导一切的"党的领导制度，形成了"统筹推进'五位一体'总体布局，协调推进'四个全面'战略布局"①的党的前进方向。从国家的政治制度来看，形成了四大基本政治制度：人民代表大会制度、中国共产党领导的多党合作和政治协商制度、民族区域自治制度和基层群众自治制度。从经济制度来看，形成了公有制为主体、多种所有制经济共同发展，按劳分配为主体、多种分配方式并存，社会主义市场经济体制等社会主义基本经济制度。这些制度是党领导下取得各项事业不断发展的重要保障，而且从实践来看，这些制度还在不断地完善和发展。

70多年来，在中国共产党的领导下，人民铁路一方面不断探索市场化改革的方向，另一方面又不断坚持和完善中国铁路的"人民属性"，彰显了社会主义制度的显著优势。

（1）坚持党的集中统一领导，坚持党的科学理论，保持政治稳定，确保国家始终沿着社会主义方向前进的显著优势。人民铁路从诞生那天起，就把坚持党的领导，用不断发展的中国化马克思主义指导铁路事业的发展放在极其重要的位置。70多年来，什么时候我们坚持了党的领导，铁路事业就蓬勃发展；什么时候偏离了党的领导，铁路事业必然遭受重大挫折。在人民铁路前进的道路上，只有依靠党的集中统一领导，依靠科学理论的指导才能不断前进。

（2）坚持人民当家作主，密切联系群众，紧紧依靠人民推动铁路发展的显著优势。铁路是中国共产党领导中国工人阶级登上政治舞台的最早发源地之一。在我们党团结带领人民进行革命、建设、改革的伟大实践中，铁路人始终听党话、跟党走，坚持人民铁路为人民，推动中国铁路事业实现历史性突破，取得历史性成就。②人民铁路始终坚持人民铁路为人民的根本宗旨，聚焦"交通强国、铁路先行"的目标任务。

① 习近平：《决胜全面建成小康社会　夺取新时代中国特色社会主义伟大胜利——在中国共产党第十九次全国代表大会上的报告》，人民出版社，2017，第20页。
② 陆东福：《传承中国铁路红色基因　在服务国家重大战略中担当作为》，《机关党建研究》2019年第8期。

（3）坚持全国一盘棋，调动各方面积极性，集中力量办大事的显著优势。新中国成立初期，为了快速建立工业体系，保证物资运输的时效性，全国铁路形成了高度集中的管理体系。改革开放之初，为了解决制约国民经济发展的"瓶颈"问题，全国铁路又开始逐步地进行财政体制改革和管理体制改革。自 2012 年以来，为了进一步解决中国铁路的发展制约，在短时间内连续两次进行市场化体制改革，完成了中国铁路走向市场化的最后一公里。这些无疑都彰显出"集中统一""令行禁止"的制度优势。

（4）坚持公有制为主体、多种所有制经济共同发展和按劳分配为主体、多种分配方式并存，把社会主义制度和市场经济有机结合起来，不断解放和发展社会生产力的显著优势。铁路本身是归属于市场的经济门类之一，但是社会主义国家的铁路又具有"公益属性"，这给社会主义国家发展铁路带来了全新的问题。这些问题在社会主义市场经济体制下正在得到逐步解决。

二　中国共产党铁路政策所彰显的理论品质

从高度集中的管理体制，到改革的尝试——铁路"大包干"，又到加大铁路基本建设投资，再到"主辅分离""路网分离"，最后走向市场化。中国共产党领导下的铁路政策不断发展变化，但是有一些贯穿其中的理论品质值得凝练总结。

（一）实事求是

邓小平同志说："搞社会主义一定要遵循马克思主义的辩证唯物主义和历史唯物主义，也就是毛泽东同志概括的实事求是，或者说一切从实际出发。"[①] 习近平总书记也深刻地总结道："40 年来，我们始终坚持解放思想、实事求是、与时俱进、求真务实，坚持马克思主义指导地位不动摇，坚持科学社会主义基本原则不动摇，勇敢推进理论创新、实践创新、制度创新、文化创新以及各方面创新，不断赋予中国特色社会主义以鲜明的实践特色、理论特色、民族特色、时代特色，形成了中国特色社会主义道路、理论、制度、文化，以不可辩驳的事实彰显了科学社会主义的鲜活生

---

① 《邓小平文选》第 3 卷，人民出版社，1993，第 118 页。

命力,社会主义的伟大旗帜始终在中国大地上高高飘扬!"① 在新中国成立之初,党中央将列宁关于铁路"纪律"的论述与中国需要恢复工业体系的实际相结合,作出了"铁道部无条件执行中国人民革命军事委员会之命令,保证军运之安全、迅速与便利;各级部队必须严格遵守军委铁道部奉令制定的总军运计划与铁路的既定规章和制度,以保证铁路军事运输的顺畅和合理使用铁路运输力"② 的决定。改革开放拉开序幕以后,在中央的支持下,铁道部召开会议,提出铁路计划体制按"统一计划、分级管理、综合平衡、保证重点"的原则进行改革,做到大的管住,小的放开,管而不死,放而不乱。这些具体政策无不体现出"实事求是"的理论品质。

(二) 以人民为中心的发展思想

习近平总书记指出:"忠实践行以人民为中心的发展思想……就要不忘初心、牢记使命,始终把人民放在心中最高位置,更好增进人民福祉,推动人的全面发展、社会全面进步。谋划发展,要着眼于满足人民日益增长的美好生活需要……不断提高人民生活品质、生活品位。深化改革,要站在人民立场上处理好涉及改革的重大问题,坚决破除一切阻碍生产力发展的体制机制障碍,坚决破除一切束缚社会文明进步的思想观念。"③ 切实把人民置于改革发展的中心位置,一切依靠人民,一切为了人民,这是中国共产党区别于古今中外一切政党的鲜明特征。正是中国共产党的人民性,才使其拥有了其他政党组织所不具备的先进性。在中国共产党诞生以前,历史上没有一个政党像中国共产党这样把谋求人民幸福作为自己的全部奋斗目标。中国共产党来自人民,根植人民,服务人民,党的执政必然是以人民利益为最高准则。④ 20 世纪 90 年代,铁道部党委集中开展的路风整顿行动,时时刻刻都把维护人民群众的利益放在首要位置。路风整顿工作有力制止了以车以票谋私、敲诈勒索旅客货主等情况。同时通过相关规章制度还有效遏制了领导干部的亲属利用职务或影响办理车皮计划的情

① 习近平:《在庆祝改革开放 40 周年大会上的讲话》,人民出版社,2018,第 11 页。
② 《朱德年谱》,中央文献出版社,1986,第 324 页。
③ 习近平:《学习马克思主义基本理论是共产党人的必修课》,《求是》2019 年第 22 期。
④ 朱湘虹:《以人民为中心的发展思想彰显中国共产党的执政本质》,《党建》2020 年第 2 期。

况，扭转了运输纪律松弛的现象，铁路反腐败、整顿路风工作得到了社会各界的广泛肯定。

三　中国铁路未来改革可能的方向

在 70 多年的发展历程中，新中国铁路一直在不断改革，其基本方向是迈向市场化。与其他经济部门一样，铁路部门改革的首要难点是正确处理市场与政府之间的复杂关系，这是我国所有行业改革都必须面对的问题。但与此同时，社会主义国家的铁路与生俱来的"人民属性"，或者说是"公益属性"，又与市场的公开竞争有所矛盾，因此这是中国铁路未来改革面临的特殊问题。

（一）正确处理市场与政府的关系

无论是社会主义国家，还是资本主义国家，市场与政府之间的关系都是经济发展过程中无法避开的问题，"看得见的手"和"看不见的手"共同推动经济发展。正确处理二者之间的关系，必须要有基本理论支撑，即习近平总书记所总结的："改革开放以来，我们不断扩大对外开放，把社会主义制度和市场经济有机结合起来，既充分发挥市场在资源配置中的决定性作用，又更好发挥政府作用，极大解放和发展了社会生产力，极大解放和增强了社会活力。"[①] 改革开放之初，曾经就社会主义经济体制内是否允许市场竞争展开了激烈辩论。回过头来看，这种争论意义不大。因为即使按照马克思主义基本原理来看，马克思也承认了市场对于创造活力的积极作用，他曾经专门指出市场竞争的作用："自由竞争是资本的现实发展。它是符合资本本性，符合以资本为基础的生产方式，符合资本概念的东西，表现为单个资本的外在必然性。""竞争使资本的内在规律得到贯彻，使这些规律对于个别资本成为强制规律。"[②] 党的十九届三中全会审议通过了《中共中央关于深化党和国家机构改革的决定》，特别强调需要"加强和优化政府反垄断、反不正当竞争职能，打破行政性垄断，防止市场垄断，清理废除妨碍统一市场和公平竞争的各种规定和做法"[③]。这充分表明

---

① 《习近平谈治国理政》第 3 卷，外文出版社，2020，第 123 页。
② 《马克思恩格斯全集》第 31 卷，人民出版社，1998，第 42、152 页。
③ 《十九大以来重要文献选编》（上），中央文献出版社，2019，第 261 页。

在继续推进和深化党和国家机构改革中，加强和优化政府的维护市场公平竞争和反垄断职能已然成为我国新时期深化改革的重要方向，尊重市场规律、回应市场需求、坚持公平竞争的新的竞争性发展模式跃然纸上，并正式登场。① 2020 年 5 月，中共中央、国务院印发《中共中央、国务院关于新时代加快完善社会主义市场经济体制的意见》，对当前和今后一个时期的经济体制深化改革、加快完善社会主义市场经济体制进行了顶层设计和制度规划，提出"坚持社会主义市场经济改革方向，更加尊重市场经济一般规律，最大限度减少政府对市场资源的直接配置和对微观经济活动的直接干预，充分发挥市场在资源配置中的决定性作用，更好发挥政府作用，有效弥补市场失灵"②。

铁道部党组在 1994 年审议通过的"铁路改革三十条"中阐述了铁路走向市场的基本思路和实施步骤，提出铁路必须把自身改革的个性特点与全国改革的共性要求结合起来，正确处理社会公益性与企业性、运输统一指挥与企业自主经营的关系，坚持市场取向；在走向市场的过程中，铁路运输、工业、基建、物资供销和多种经营企业具有不同的特点，要采取不同政策推进改革；铁路不同类型企业的改革必须统一规划、分类指导、配套实施、有序推进等。

总体来看，中国铁路未来市场化的方向不会改变，这是改革的核心要义。同时，政府也会逐渐破除铁路行业的垄断壁垒。回头看，中国铁路行业蓬勃发展的局面，如"八五"后期，"十一五"以来，都是在政府宏观支持下出现的。也就是说，中国铁路未来的改革目标是进一步实现市场化，但在改革的过程中绝对不能对其放任自流。

（二）正确处理新线建设和旧线改造的关系

自中国铁路改革以来，围绕其发展的重要问题就是如何处理新线建设和旧线改造的关系。两者之间的具体比例或者说资金分配是一个技术性命题，但是我们可以从宏观上予以讨论。铁路基本建设投资是一个定量，虽然随着国家财力的逐渐充裕，投资总额也在不断提高，2020 年全国铁路完

① 参见孙晋《习近平关于市场公平竞争重要论述的经济法解读》，《法学评论》2020 年第 1 期。
② 《十九大以来重要文献选编》（中），中央文献出版社，2021，第 510 页。

成固定资产投资 7819 亿元。① 但就长远来看，这个投资总额未必能够长期维持，同时这种增长速度也未必能长期保持。中国铁路既是宏观经济调控的对象，又是宏观经济调控的手段。经济下行，需要用投资拉动经济增长时，铁路基本建设投资总额会大幅攀升，如 2008 年。经济过热时，国家又会削减投资总额，适度放慢经济发展速度。因此，新线建设和旧线改造的关系是一个绕不开的问题。

新线建设过快，既有线路改造跟不上，路网功能则不能充分发挥，新增投资就会造成浪费。反之，铁路运能和运力又会制约国民经济发展。1949—1979 年的铁路基建投资中，从总体来看，新线建设资金的占比为55.8%，旧线改造资金的占比为 19.3%，机车车辆购置和工厂建设以及其他的资金占比为 24.9%。但是，在不同时期，比例又有所不同。从新中国成立之初到"二五"时期结束，新线建设资金的占比为 39.2%，同时期旧线改造资金的占比为 30.3%，新旧比为 1.29∶1。"二五"时期结束后，即从 1962 年开始，新线建设资金的占比达到 60.6%，同期旧线改造资金的占比为 16.8%，新旧比为 3.6∶1。而到"三五"和"四五"时期，新旧比为 6.5∶1。② 20 世纪 90 年代初期，"新线建设为辅"的政策导致中国铁路的运输强度和密度都居于世界前列。由于铁路超负荷运转，设备老旧情况严重，设备技术改造需求大，新线建设资金严重不足，严重束缚了当时中国铁路的发展。

总结全书，中国铁路在 70 年的时间里取得了极其辉煌的成就。最为根本的原因有三：一是在政治上坚持中国共产党的领导，毫不动摇地坚持"人民铁路为人民"的根本立场。二是在经济上将社会主义制度与市场经济有机结合，毫不动摇地坚持市场化改革方向。三是在具体方法上，坚持将马克思主义基本原理与中国铁路实际相结合，走出一条具有中国特色的铁路发展道路。

---

① 《2020 年全国铁路完成固定资产投资 7819 亿元 投产新线 4933 公里》，https：//baijiahao.baidu.com/s？id＝1687935599854815399&wfr＝spider&for＝pc。
② 相关数据根据铁道部计划统计局编《全国铁路历史统计资料汇编（1949—1987）》计算得出。

参考文献

一　经典著作

《马克思恩格斯选集》第1—4卷，人民出版社，2012。

《马克思恩格斯文集》第1—10卷，人民出版社，2009。

《列宁选集》第1—4卷，人民出版社，2012。

《斯大林全集》，人民出版社，1953—1956。

《毛泽东选集》第1—4卷，人民出版社，1991。

《毛泽东文集》第1—8卷，人民出版社，1993、1996、1999。

《邓小平文选》第1—3卷，人民出版社，1993、1994。

《习近平谈治国理政》第2卷，外文出版社，2017。

《习近平谈治国理政》第3卷，外文出版社，2020。

《胡锦涛文选》第1—3卷，人民出版社，2016。

《江泽民文选》第1—3卷，人民出版社，2006。

《陈云文集》，中央文献出版社，2005。

二　重要历史资料

《建国以来重要文献选编》（1—20册），中央文献出版社，1992。

《十二大以来重要文献选编》（上、中、下），中央文献出版社，2011。

《十三大以来重要文献选编》（上、中、下），中央文献出版社，2011。

《十五大以来重要文献选编》（上、中、下），中央文献出版社，2011。

《十八大以来重要文献选编》（上、中、下），中央文献出版社，2018。

《十九大以来重要文献选编》（上、中、下），中央文献出版社，2019。

宓汝成编《中国近代铁路史资料（1863—1911）》全3册，中华书局，1963。

宓汝成编《中华民国铁路史资料（1912—1949）》，社会科学文献出版社，2002。

江沛主编《中国近代铁路史资料选辑》全104册，凤凰出版社，2015。

中国铁路工程总公司年鉴编委会编《中国铁路工程总公司年鉴》（1998—2009），中国铁道出版社，1998—2009。

《中国铁路隧道史》编纂委员会编撰《中国铁路隧道史》，中国铁道出版社，2004。

三 其他著作

曾鲲化：《中国铁路史》，燕京印书局，1924。

中国铁铁道部档案史志中心编《中国铁道年鉴（1999）》，中国铁道出版社，1999。

铁道部档案史志中心编《中国铁道年鉴（2002）》，中国铁道出版社，2002。

铁道部档案史志中心编《中国铁道年鉴（2005）》，中国铁道出版社，2005。

铁道部档案史志中心编《中国铁道年鉴（2006）》，中国铁道出版社，2006。

铁道部档案史志中心编《中国铁道年鉴（2014）》，中国铁道出版社，2015。

吴昌元主编《1993中国铁路改革与发展重要文稿》，中国铁道出版社，1994。

吴昌元主编《1994中国铁路改革与发展重要文稿》，中国铁道出版社，1995。

黄四川主编《1996中国铁路改革与发展重要文稿》，中国铁道出版社，1997。

黄四川主编《1997中国铁路改革与发展重要文稿》，中国铁道出版社，1998。

彭开宙主编《2000 中国铁路改革与发展重要文稿》，中国铁道出版社，2001。

彭开宙主编《2001 中国铁路改革与发展重要文稿》，中国铁道出版社，2002。

解高潮主编《2002 中国铁路改革与发展重要文稿》，中国铁道出版社，2003。

王志国主编《2005 中国铁路跨越式发展重要文稿》，中国铁道出版社，2006。

《路史》，油刻未刊本，1959。

凌鸿勋：《中华铁路史》，台湾商务印书馆，1981。

中华人民共和国铁道部编《铁路十年（1949—1958）》，铁道部内部文件未刊，1959。

龚云：《铁路史话》，社会科学文献出版社，2011。

徐增麟主编《新中国铁路 50 年（1949—1999）》，中国铁道出版社，1999。

铁道部统计中心编《全国铁路历史统计资料汇编（1949—2006）》，内部资料，2008。

京沪高速铁路股份有限公司编著《京沪高速铁路》，中国铁道出版社，2014。

《中国高速铁路》编委会编《中国高速铁路》，中国铁道出版社，2017。

陈良江、文望青编著《中国铁路桥梁（1980—2020）》，中国铁道出版社，2020。

《中国铁路桥梁史》编委会编著《中国铁路桥梁史》，中国铁道出版社，2009。

曲青山、吴德刚主编《改革开放四十年口述史》，中国人民大学出版社，2019。

中国国家博物馆编《中国改革开放 40 年》，上海教育出版社，2019。

郑有贵主编《中华人民共和国经济史（1949—2019）》第二版，当代中国出版社，2019。

李正华、张金才主编《中华人民共和国政治史（1949—2012）》，当代中国出版社，2016。

　　当代中国研究所：《新中国 70 年》，当代中国出版社，2019。

　　《交通强国建设纲要》，人民出版社，2019。

　　《交通强国建设纲要学习读本》，人民交通出版社，2020。

　　傅志寰、孙永福主编《交通强国战略研究》，人民交通出版社，2019。

四　期刊论文及报纸文章

　　吴伟峰：《中国铁路投融资机制的探索实践——广东改革先行地区的经验》，《学习与实践》2020 年第 12 期。

　　李瑞雪：《以铁路枢纽为核心的广州交通物流融合发展对策》，《铁道运输与经济》2020 年第 11 期。

　　刘瑞红、朱从兵：《全面抗战时期南京国民政府铁路建设述论》，《江汉论坛》2020 年第 9 期。

　　彤新春：《从跟随到赶超——中国铁路技术进步的策略分析（1949—2019)》，《社会科学家》2020 年第 7 期。

　　高德步、王庆：《产业创新系统视角下的中国高铁技术创新研究》，《科技管理研究》2020 年第 12 期。

　　黄阳华、吕铁：《深化体制改革中的产业创新体系演进——以中国高铁技术赶超为例》，《中国社会科学》2020 年第 5 期。

　　刘建丽、李先军：《中国铁路行业改革成效、现实问题及高质量发展思路》，《理论学刊》2020 年第 2 期。

　　李小鹏：《落实加快构建新发展格局决策部署 加快建设交通强国》，《旗帜》2021 年第 1 期。

　　孔庚、王炳林：《中国共产党在国家治理体系中的地位和作用》，《思想教育研究》2020 年第 10 期。

　　王炳林、李鹏飞：《党史研究方法的调研与思考》，《党史研究与教学》2020 年第 4 期。

　　交通运输部党组：《加快建设交通强国》，《求是》2020 年第 3 期。

　　陈金龙：《科学总结改革开放历史经验的基本向度》，《中共党史研究》2018 年第 7 期。

　　赵光辉：《交通强国愿景下我国交通行政管理趋势及应对》，《广西社会科学》2018 年第 4 期。

李捷：《理论创新与实践创新的良性互动和新时代新思想的创立》，《红旗文稿》2017 年第 23 期。

于翔：《孙中山铁路建设思想研究》，硕士学位论文，沈阳工业大学，2015。

崔罡、崔啸晨：《中国铁路史研究综述及展望》，《西南交通大学学报（社会科学版）》2016 年第 5 期。

习近平：《携手推进"一带一路"建设——在"一带一路"国际合作高峰论坛开幕式上的演讲》，《人民日报》2017 年 5 月 15 日。

滕代远：《建设新的人民铁道》，《人民铁道》1949 年 5 月 1 日。

《搞改革需要学习马列主义理论》，《人民铁道》1984 年 9 月 21 日。

万里：《铁路整党要抓住"人民铁路为人民"这个中心》，《人民铁道》1983 年 11 月 27 日。

《在实行"大包干"的新形势下努力学习转变观念 全心全意全力以赴地为实现"七五"目标而奋斗》，《人民铁道》1986 年 4 月 18 日。

《铁路必须加快改革走向市场》，《人民铁道》1993 年 2 月 11 日。

刘玉明、刘延宏、张静：《中国铁路"走出去"建设项目的关键成功因素及影响机理研究》，《铁道学报》2019 年第 1 期。

黄民：《关于新时代铁路发展改革的若干思考》，《铁道学报》2019 年第 6 期。

李国武：《政治文化如何塑造产业政策？——〈打造产业政策：铁路时代的美国、英国和法国〉评析》，《社会发展研究》2019 年第 2 期。

黄苏萍、朱咏：《铁路、公路交通基础设施对经济增长的空间溢出效应——以长三角为例》，《华东经济管理》2017 年第 11 期。

王志凌、潘丽娟、罗蓉：《铁路建设与经济增长之间的动态关系研究——以贵州省为例》，《经济问题探索》2017 年第 7 期。

史俊玲：《国外典型铁路运输企业发展战略的分析与启示》，《铁道运输与经济》2016 年第 6 期。

郝江东：《1948—1949 年初斯大林对华政策调整再探讨》，《俄罗斯研究》2015 年第 6 期。

张永攀：《西藏铁路筹建的历史考察》，《中国边疆史地研究》2015 年第 3 期。

张晓通、陈佳怡：《中国高铁"走出去"：成绩、问题与对策》，《国际经济合作》2014 年第 11 期。

喻文光：《论铁路改革的法治化路径》，《国家行政学院学报》2013 年第 4 期。

刘胜题、吕珺珺：《铁路行业改革与法治化市场化融资》，《商业研究》2012 年第 11 期。

王慧英：《我国铁路运输发展建设的时空差异研究——基于"十一五"和"十二五"时期面板数据的分析》，《上海财经大学学报》2011 年第 5 期。

李兰冰：《中国铁路运营效率实证研究：基于双活动—双阶段效率评估模型》，《南开经济研究》2010 年第 5 期。

王会宗：《行政垄断与经济效率——基于中国铁路运输业的实证分析》，《经济问题》2009 年第 12 期。

《国民经济和社会发展第十个五年计划 综合交通体系发展重点专项规划》，《综合运输》2001 年第 10 期。

杨屹、宋炜、党兴华：《基于动力耦合模型的技术跃迁模式——来自铁路企业的实证分析》，《中国软科学》2008 年第 9 期。

黄四川：《开放经营是搞活铁路运输企业的必由之路》，《铁道运输与经济》1992 年第 2 期。

孙林：《铁路政企分开有关问题的探讨》，《铁道运输与经济》1997 年第 9 期。

五 外文文献

Gustavo Barros, "Herbert A. Simon and the Concept of Rationality: Boundaries and Procedures," *Brazilian Journal of Political Economy* 30, 2010.

He Huawu, "Key Challenges and Countermeasures with Railway Accessibility along the Silk Road," *Engineering*, 2016.

Ralph William Huenemann, *The Dragon and the Iron Horse*, Cambridge, Mass: The Harvard University Press, 1984.

P. Dorhout, "Building Rail Revenue Management on An Airline Foundation – Choosing Wisely from a Mixed Bag," *Journal of Revenue and Pricing Management*, 2014.

L. Veelenturf, D. Potthoff, D. Huisman Detal et al. , "Railway Crew Rescheduling with Retiming," *Transportation Research Part C: Emerging Technologies*, 2012.

J. Cowie, *Climate Change: Biological and Human Aspects*, Cambridge: Cambridge University Press, 2007.

Herman E. Daly, *Beyond Growth: The Economics of Sustainable Development*, Boston: Beacon Press Books, 1996.

Matti Puranen, " 'All under Heaven as One Family': Tianxiaist Ideology and the Emerging Chinese Great Power Identity," *Journal of China and International Relations*, 2019.

Stephanie E. Hampton, Carly A. Strasser et al. , "Big Data and the Future of Ecology," *Frontiers in Ecology and the Environment*, 2013.

Thomas Zimmerman, *The New Silk Roads: China, The U. S. and the Future of Central Asia*, New York: New York University, 2015.

图书在版编目（CIP）数据

新中国成立以来党的铁路政策／曹文翰著 . -- 北京：
社会科学文献出版社，2023.7
ISBN 978 - 7 - 5228 - 2024 - 8

Ⅰ.①新… Ⅱ.①曹… Ⅲ.①铁路运输 - 运输政策 -
中国 Ⅳ.①F532.0

中国国家版本馆 CIP 数据核字（2023）第 116574 号

新中国成立以来党的铁路政策

著 者／曹文翰

出 版 人／王利民
责任编辑／黄金平
责任印制／王京美

出 版／社会科学文献出版社·政法传媒分社（010）59367126
        地址：北京市北三环中路甲 29 号院华龙大厦 邮编：100029
        网址：www. ssap. com. cn
发 行／社会科学文献出版社（010）59367028
印 装／三河市尚艺印装有限公司

规 格／开 本：787mm × 1092mm 1/16
        印 张：13.25 字 数：218 千字
版 次／2023 年 7 月第 1 版 2023 年 7 月第 1 次印刷
书 号／ISBN 978 - 7 - 5228 - 2024 - 8
定 价／89.00 元

读者服务电话：4008918866